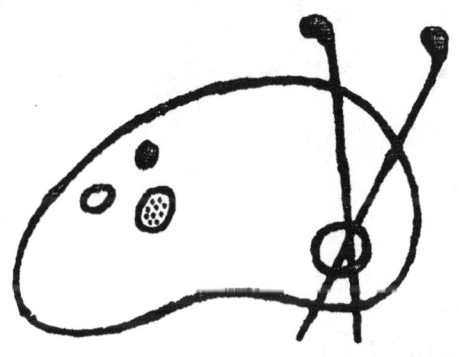

Début d'une série de documents
en couleur

COUVERTURES SUPERIEURE ET INFERIEURE D'IMPRIMEUR

113
97

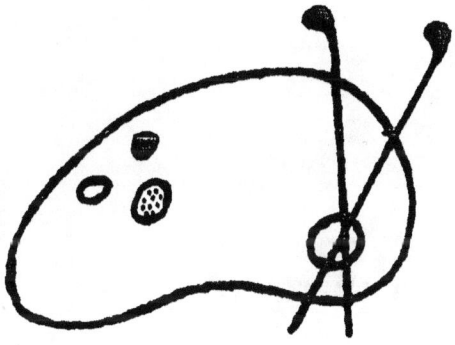

Fin d'une série de documents en couleur

LE CAPITAINE
AUX MAINS ROUGES

BEAUGENCY. — IMP. LAFFRAY.

LE CAPITAINE

AUX

MAINS ROUGES

PAR

RAOUL DE NAVERY

NOUVELLE ÉDITION

LIBRAIRIE BLÉRIOT
HENRI GAUTIER, Successeur
55, QUAI DES GRANDS-AUGUSTINS, 55
PARIS

LE
CAPITAINE AUX MAINS ROUGES

I

L'oncle Roskoff.

Dans une humble masure que la rafale semblait prête à emporter et que les grandes vagues menaçaient, une vieille femme, vêtue de l'austère costume des veuves bretonnes, serrait sur son cœur avec une douloureuse énergie un enfant d'environ quatorze ans. Il était grand pour son âge, blond comme un Armoricain, pâle et un peu frêle. Ses yeux bleus roulaient en ce moment de grosses larmes; le précoce orgueil de l'homme aurait voulu les refouler, la tendresse filiale, enfantine encore, les faisait couler de ses paupières. La soirée était sombre; le vent soufflait rudement; les rares arbres de la côte craquaient, et l'on eût dit que des voix mystérieuses poussaient des sanglots confus dans la baie déserte. Etaient-ce les âmes des trépassés redemandant leurs amis et leurs frères, et recommençant l'appel funéraire de la famille à laquelle ils manquaient?

La cabane d'Anaïk était bien connue des braves gens d'alentour. Cette pauvre demeure restait hospitalière en dépit des malheurs qui tour à tour avaient ruiné la bourse et le cœur de la malheureuse femme. Sous l'appentis de galet et de bruyère une botte de paille attendait toujours le voyageur lassé. Un pichet de cidre et un *chanteau* de pain noir avec un morceau de lard s'étalaient pour lui sur la table de noyer.

Mais aussi le champ de la veuve était labouré par des mains amies, et quand ses forces et celles de Guilanek son fils s'épuisaient, les voisins se trouvaient là, au jour fixé, avec la bêche, la charrue, la herse ou la pioche, et le sarrasin grandissait, arrosé par la pluie du ciel et la sainte sueur des ouvriers.

Anaïk était une femme de quarante ans, vieillie prématurément, et dont la jeunesse ne dura pas plus que le bonheur. Ses cheveux, que l'on apercevait à peine sous sa coiffe de lin, étaient tout blancs; sa taille seule gardait de la verdeur; le regard, devenu morne à force de larmes, ne retrouvait que par intervalles l'éclair qui le fait vivre, et il fallait pour cela que la veuve parlât de son fils.

Guilanek était sa dernière, sa suprême tendresse.

Le père, Servan, périt en mer pendant une bourrasque horrible; deux matelots lui durent la vie; il mourut en essayant de sauver le troisième. Ce trépas héroïque, couronnant une vie sans tache, frappa au cœur Anaïk, dont Servan avait été le seul amour. Le veuvage devint pour elle une tombe anticipée; elle ne mourut pas, parce qu'elle était mère; mais la moitié de son âme demeura ensevelie avec Servan, le brave matelot.

Tant qu'il suffit pour nourrir l'enfant d'un peu de lait et de galette, Anaïk ne s'inquiéta pas; mais Guilanek grandit; avec ses forces augmentait sa raison. En regardant autour de lui, il vit que tous les garçons de son âge savaient tenir une rame, jeter un filet et manœuvrer une voile. Dès lors Guilanek rougit de son ignorance.

Ce n'est point que le petit Breton fût paresseux et boudât en face de la besogne; au contraire : Guilanek ne semençait le champ et soignait la chèvre, mais cette occupation se trouvait trop en désaccord avec les habitudes de ses voisins pour qu'il y trouvât du charme. Il pensa longtemps que sa mère attendait qu'il eût l'âge d'un mousse pour le confier à un pêcheur de la côte; mais il atteignit ses douze ans, et Anaïk parut au contraire s'efforcer de tourner ses goûts vers l'agriculture.

Pourtant, quand il était seul, Guilanek se disait en regardant la haute mer :

« Je ne suis pas une alouette de sillon, moi ! mais une mouette des vagues ! »

Quand le fils de Servan rencontrait des gens qui avaient connu son père, il les interrogeait sur ses goûts, ses habitudes; il se faisait décrire son bateau, ce pauvre bateau qui sombra dans la tempête; il gravait les moindres détails dans sa mémoire, et remplissait son esprit des humbles et héroïques souvenirs de cette vie. Les vieillards souriaient tristement en répondant à Guilanek. Ils souriaient, parce que la juvénile ardeur de l'enfant leur rappelait l'impatience qu'ils éprouvaient à son âge; et ils devenaient tristes, en songeant à la douleur d'Anaïk quand elle le verrait s'éloigner.

L'enfant comprenait les répugnances de sa mère; elles l'affligeaient, sans rien changer à sa secrète détermination. Un soir, assis près d'Anaïk devant un feu de bruyère, tandis que sa mère filait et qu'il sculptait une boîte à sel, Guilanek demanda :

« Mère, où est mon oncle Roskoff? »

La veuve tressaillit, et répondit avec effort :

« Le sais-je, mon pauvre enfant?

— Il y a deux ans que nous ne l'avons vu.

— Deux ans!

— Et il partait pour un long voyage!

— Il se rendait aux Indes.

— Quand devait-il revenir?

— On ne sait jamais quand on reviendra!

— Ah! mère, ce n'est pas une petite barque que la *Sainte-Anne*; on dit au contraire que jamais plus beau navire n'est sorti du port de Brest!

— Comment sais-tu cela?

— Je l'ai demandé à Yvon.

— Oui, c'est un grand navire que la *Sainte-Anne*, mon enfant, un grand navire quand on le compare aux coquilles de noix des gens de la côte; mais au milieu de l'Océan, c'est un point, un fétu de paille, et Roscoff tarde trop à reparaître.

— Ah! il reviendra! s'écria Guilanek : car j'ai fait un vœu.

— Toi!

— J'ai promis un cierge à sainte Anne d'Auray, si mon oncle revenait bien portant, et s'il...

— Qu'as-tu désiré encore?

— Eh bien! s'il voulait m'emmener avec lui!

— Mon enfant! mon enfant! s'écria Anaïk, tu pourrais me quitter! tu pourrais...!

— Ne faut-il pas vous gagner du pain, ma mère?

— Cultive le petit champ, Guilanek, il en donnera assez pour nous deux.

— Le pain est pour les enfants et les femmes, reprit Guilanek avec un sourire plein d'un naïf orgueil; le biscuit de mer est fait pour les hommes.

— Mon Dieu! mon Dieu! s'écria la veuve en tombant à genoux, voilà ce que je redoutais! »

En voyant pleurer sa mère, Guilanek sentit fondre

tout son enthousiasme et ne songea plus qu'à la consoler.

Anaïk lui raconta pour la centième fois la mort de Servan, en le suppliant de ne pas la laisser seule au monde; mais le souvenir de son père, loin de calmer le petit Guilanek, l'exaltait davantage. Il se serait cru déshonoré s'il avait suivi une autre voie que celle de Servan, et toute son espérance se reportait vers son oncle Roscoff.

Le quartier-maître de la *Sainte-Anne* était le frère d'Anaïk. La plus tendre amitié les unissait : de loin, le matelot ne pensait qu'à elle; à l'église Anaïk partageait ses prières entre Servan et le frère qu'elle tremblait toujours de ne plus revoir. Les voyages de Roscoff étaient longs, dangereux; l'enfant, pendant ses premières années, entendait parler de lui comme d'un personnage légendaire; quand il le vit, il resta muet d'admiration devant le costume du marin, sa crânerie et son air de bravoure. L'oncle Roscoff voulut faire la conquête de l'enfant; il lui chanta des chansons de bord, lui répéta des contes fantastiques sur le *vaisseau Fantôme* et le *Voltigeur hollandais*, lui enseigna à nouer des cordes et à fabriquer des échelles, l'émerveilla avec l'énergique langage des matelots, imagé et bizarre. A partir de ce moment, Guilanek soupira en revêtant sa veste biternée, et se trouva humilié de garder la chèvre et de bêcher le jardin. Roscoff lui rapportait un petit navire en miniature, dont Guilanek voulut connaître les moindres détails. Il remplit la cabane de coquilles, d'oiseaux rares, d'armes de sauvage, et commença à vivre de la vie fantastique des voyages à laquelle l'initiaient ses entretiens avec Roscoff. La veuve tentait bien de changer la conversation; elle essayait de causer du clocher, de la culture des terres et de l'élevage du bétail; mais soudainement l'oncle et l'enfant revenaient à la mer, aux rivages de l'Inde, aux tempêtes, aux pays lointains, aux cieux nouveaux, aux batailles sanglantes, et Guilanek s'écriait :

« Oh ! quand je serai grand….. !
— Que feras-tu ? demandait Roscoff.
— Je vous suivrai, mon oncle ! »

Le jour où l'enfant fit cette réponse, Anaïk s'occupait à servir le repas du soir.

En entendant ces mots, elle laissa tomber une pile d'assiettes de terre brune ; puis, sans achever sa tâche, elle courut dans la petite étable de la chèvre, se jeta sur la litière, et pleura.

L'amertume débordait de son cœur ; les sanglots la secouaient à la briser ; elle étouffait des cris de désespoir, et demandait grâce à Dieu, en le suppliant de ne pas la réduire à cette misère.

« Cela ne se peut pas, Seigneur Jésus, cela ne se peut pas… Mon enfant… mon pauvre enfant… le seul gage de ma tendresse pour Servan, ma joie unique et ma lointaine espérance… vous ne me l'enlèverez pas… vous ne me laisserez pas tout isolée, veuve et orpheline. Il y a des fardeaux de douleurs qu'une femme ne peut supporter, quoiqu'elle soit chrétienne et résignée… Seigneur, je garde le deuil éternel de mon mari ; laissez-moi mon enfant !… »

Le reste des mots prononcés par Anaïk se perdit dans un déluge de larmes.

Elle ne voyait point Roscoff debout contre la porte de l'étable, la regardant avec une profonde pitié.

« Anaïk ! » dit-il enfin.

Elle leva la tête, puis l'enfouit de nouveau dans ses mains dont les doigts crispés s'enlaçaient.

« Anaïk, reprit-il, tu t'affliges des souhaits de ton enfant, et tu devais savoir que le fils de Servan ne devait et ne pouvait être autre chose que matelot !

— Matelot comme son père, pour périr comme lui !
— D'une glorieuse mort au moins...
— M'a-t-elle laissée moins seule !
— Elle t'a gardé le respect et l'amour de tous. »
Anaïk continuait de pleurer.
« D'ailleurs, poursuivit Roscoff, si c'est la volonté de Dieu... »
La mère releva ses bras avec angoisse au-dessus de sa tête.
« Et puis, ton morceau de terre est bien étroit, et l'héritage d'un fils de marin est une barque, et non un champ... Il se peut que Guilanek cède à tes prières et demeure auprès de toi... mais tu ne saurais faire qu'il ne regrettât la vie aventureuse de son père et les hasards de la mienne... Causeras-tu le désespoir de ce que tu aimes le mieux au monde ? Ne revient-on pas des voyages les plus lointains ? Si ton mari est mort, n'en faut-il pas accuser l'exagération de son courage ? Guilanek est trop jeune encore pour me suivre... garde-le jusqu'à mon retour... Il grandira en plein air ; ses membres acquerront de l'élasticité et de la souplesse ; tu me le confieras alors... et, sois sans crainte, ton frère fera pour l'enfant plus qu'il ne ferait pour lui-même... Voyons, Anaïk, je ne le prends pas, cet enfant, je te le laisse ; il faut au moins deux ans avant que je revienne, deux ans...
— Oh ! tu es bon, Roscoff, je le sais bien... oui, tu as raison ! le fils suit la carrière du père, et les matelots de chez nous n'ont pas coutume de se faire laboureurs... mais pour excuser ma faiblesse, songe que j'ai beaucoup pleuré, et que l'avenir me ménage d'autres douleurs... »
Roscoff consola doucement Anaïk ; le rude matelot trouva dans sa tendresse des élans d'éloquence persuasive. Il aimait, du reste, Guilanek comme son enfant,

et la veuve, peu à peu rassurée, rentra dans la chambre où elle trouva son fils occupé à nouer avec une symétrie savante des bouts de filin qu'il avait trouvés.

« Console-toi, petit, lui dit Roscoff, dans deux ans je t'emmènerai. »

Guilanek serra la main de son oncle.

En voyant paraître sa mère, il se tut, comprenant qu'il y aurait de la cruauté à manifester de la joie au moment où se brisait le cœur d'Anaïk.

Roscoff ne fit pas un long séjour dans la petite maison de sa sœur. Il repartit sur la *Sainte-Anne*, laissant dans le cœur de la veuve le poignard d'une douleur nouvelle, et dans l'esprit de Guilanek une joyeuse espérance.

Roscoff était un brave cœur, généreux, exalté, dévoué à tous, s'oubliant aisément pour les autres, brave comme un lion, compatissant pour les faibles, rêvant le bonheur général et une certaine liberté dont l'idéal remplissait ses pensées. Son avancement serait lent; il savait qu'il ne monterait pas haut dans les grades de la marine; sur ce point il lui paraissait que les règlements manquaient de justice, et il se demandait pourquoi jamais il ne deviendrait officier. Le fils d'un matelot! Impossible! Ce nom plébéien de Roscoff sonnait mal; il savait les titres de noblesse indispensables pour parvenir. Il refoulait son ambition, cherchait à se contenter d'une part qui pour beaucoup eût été belle, et multipliait les efforts afin d'augmenter une instruction trop élémentaire. Roscoff, fils d'un brave matelot au service de la marine marchande, apprit à peu près à lire dans son enfance. Quand il atteignit quinze ans, son ignorance le faisant rougir, il employa les rares semaines passées à terre, et quelques veillées à bord, à poursuivre d'insuffisantes études. Il voulut savoir le pourquoi des choses qu'il observait, quand il sut lire et écrire; il apprit un peu d'algèbre, de géographie, d'astronomie et d'histoire. Ces notions s'entassèrent sans classement régulier dans le cerveau un peu dur du jeune Breton. Il s'assimila des sciences et de l'histoire ce qui convenait à son caractère, prit sa propre appréciation de certains faits pour la seule honnête et logique, et trouva que les temps présents ne valaient point les siècles batailleurs pendant lesquels Rome tentait de ruiner la marine de Carthage. Du reste, Roscoff ne tira aucune vanité de sa demi-science à l'égard de ses camarades. De temps en temps seulement, il citait le nom d'un capitaine illustre ou d'un marin célèbre, afin d'entretenir l'émulation entre ses matelots; et quand il croyait deviner qu'un mousse souffrait de son ignorance, il le prenait à part, derrière un mât ou un rouleau de câble, et lui donnait une leçon mêlée de taloches amicales.

À peine débarquait-il à Brest que, heureux de quelques jours de congé, il courait chez sa mère, se retrempait le cœur dans les saintes joies de la famille, distribuait sa paye à tous, se grisait un peu à force de porter des santés affectueuses, faisait danser sa sœur Anaïk, répétait aux voisins qu'il bornait son ambition à posséder un jour une cabane perchée sur une roche, d'où il pût voir de loin la mer et les navires sous leurs voiles...

« Mais Roscoff, disait sa mère, comment achèteras-tu jamais une maison, si tu donnes tout ce que tu possèdes?

— Bah! répondait-il, je ne souhaite pas me reposer sitôt; il sera bien temps quand Anaïk aura un mari, et que je pourrai jouer avec ses enfants...

— Je suis vieille, moi, mon Pierre, vieille et seule... Il y aura tantôt douze ans que ton père est mort... et le chagrin me tue petit à petit...

— Allons, la mère! faut pas désespérer; pour l'amour de vous, je prendrai ma retraite plus vite.

Oh! merci! merci! Pierre, tu es bien un Roscoff, bon et brave! »

Pierre partait, revenait, repartait encore; et ce fut pendant un de ces longs voyages qu'Anaïk se fiança. Jamais elle ne consentit à se marier avant le retour du marin, et il fallut voir quel nœud de rubans orna ce jour-là l'habit du matelot. La chemise crânement renversée en arrière, des boucles d'or sonnant aux oreilles, le chapeau sur le côté, de l'argent dans les poches, le marin faisait vraiment un superbe garçon d'honneur. Il approuvait le choix de sa sœur; Servan était un honnête homme, connu pour son courage; la mère ne serait plus seule, et Pierre Roscoff aurait moins souci d'elle. Les noces d'Anaïk furent de belles noces; le sonneur de biniou Noméoë joua ses plus beaux airs; les filles de la côte se parèrent de leurs plus riches atours, et plus d'une regarda avec une sympathie sincère le beau matelot qui conduisait la fiancée. Quant à Roscoff, il se montra poli, presque galant, avec les jolies Bretonnes; mais son cœur ne parla pour aucune. Le lendemain de la fête, il partit, et la *Sainte-Anne* revint seulement au bout de deux ans.

Comme le cœur de Roscoff battait en approchant de la maison de sa mère! Il était presque nuit, et cependant aucune fumée ne montait du toit. Le cœur de Pierre se serra un peu. Il frappa à la porte, personne ne répondit.

« Suis-je fou! s'écria-t-il : ma mère demeure sans doute chez Anaïk, maintenant... toutes deux ont mêlé leur vie et leur ménage : elles ont bien fait, et je les embrasserai ensemble... »

Roscoff se dirigea vers la maison de sa sœur...

La porte était ouverte; mais une sorte de désordre régnait dans la salle basse : un cierge jaune brûlait dans un chandelier; sur la table une branche de buis trempait dans un bénitier; le crucifix ne pendait plus à la muraille, on l'avait couché sur un lit drapé de noir...

« Mon Dieu! se demanda Roscoff, la mort a donc passé ici...?

— Deux fois! » répondit une voix pleine de sanglots.

Roscoff se retourna, tendit les bras...

Anaïk se laissa tomber sur sa poitrine.

« Ma mère? dit le marin d'une voix rauque.

— Je viens de la conduire au cimetière...

— Servan?

— Noyé en sauvant trois hommes. »

Le marin passa sur ses yeux sa main robuste, et resta un moment muet, tremblant de tous ses membres.

Une enfantine caresse l'arracha à la première torpeur du désespoir.

L'enfant d'Anaïk l'appelait d'une voix bégayante.

Roscoff étreignit dans ses bras la veuve et l'orphelin.

« Ne crains rien pour le petit, dit-il, je serai son père. »

Puis il ajouta :

« Je vais là-bas, où ils sont tous deux... »

Roscoff prit le chemin du cimetière.

Quand il en franchit le seuil, il éprouva une commotion terrible; il avait refusé la compagnie d'Anaïk et cherchait les deux tombes nouvelles quand un prêtre le rejoignit.

« Roscoff, lui dit-il, regardez le ciel, vous les y verrez mieux.

— C'est vous, monsieur le curé? répondit le marin; oh! tenez, je crois que si le chagrin tuait, on creuserait demain une autre fosse... La pauvre chère vieille mère! comme elle aura regretté de ne pas me voir, de ne pas...! »

— Oh! elle vous a béni, Roscoff, béni pour ce monde et pour l'autre!

— Merci, monsieur le curé, merci! »

Le prêtre s'agenouilla près du marin; tous deux prièrent ensemble.

Quand Pierre Roscoff se releva, il serra respectueusement la main que l'abbé Colomban lui tendait.

« Je n'ai plus que deux jours à passer ici, dit le marin, la *Sainte-Anne* va reprendre la mer; voici mes économies, vous les emploierez pour Anaïk et pour son enfant! Je me charge de l'orphelin, j'en ferai un matelot comme moi, et, par les cent mille tonnerres, il faut que je monte en grade pour leur devenir utile à quelque chose! »

Le prêtre promit à Roscoff de s'occuper d'Anaïk et de l'orphelin, et le matelot regagna la maison de la veuve.

Il trouva la table dressée, le couvert mis; la soupe fumait dans les écuelles, la mousse du cidre débordait des pots, le lard répandait son appétissante odeur, et un gros pain de seigle, marqué d'une croix, était auprès de l'assiette de Roscoff.

La veuve s'assit auprès du marin; l'enfant voulut grimper sur les genoux de son oncle et partager son souper.

« Comment s'appelle le marmot? demanda Roscoff.

— Guilanek, répondit la mère.

— Un vrai nom de Breton, Anaïk; tu as bien fait! nous en ferons un Jean-Bart de ce coquin-là! et il bravera les Anglais sous mes ordres.

— Oh! je t'en supplie, mon frère, je t'en supplie, ne parle jamais à l'enfant de se faire marin.

— Et que pourrait-il être? demanda naïvement Roscoff.

— Berger, laboureur, n'importe quoi!... As-tu oublié que la mer m'a pris Servan?

— Je te promets de ne point engager l'enfant à devenir ce que les hommes sont tous dans la famille... Mais l'instinct criera en lui malgré nous...

— Enfin, j'ai ta parole!

— Sur notre mère, Anaïk. »

En effet, Roscoff, bien qu'à chaque voyage il trouvât l'enfant grandi, se gardait bien d'amener la conversation sur la mer et la marine. Mais, comme Pierre l'avait aussi prévu, Guilanek ne trouvait de plaisir qu'à lancer les bateaux, nouer des cordes et s'enquérir des pays inconnus. Roscoff se montra rétif et maussade, pour empêcher son neveu de lui adresser de nouvelles questions; Guilanek s'en plaignit à sa mère, devint triste, et Anaïk fut obligée de dire à son frère : « Raconte-lui ce que tu as vu, j'aime mieux souffrir que de le voir malheureux. »

Roscoff n'attendait que cette permission.

Dès qu'il l'eut reçue, les confidences commencèrent; Guilanek apprit des chansons de bord, émailla ses conversations de mots empruntés au dictionnaire maritime, aima la pêche avec passion, et, ne pouvant encore naviguer, se fit une joie de mettre à l'eau des flotilles composées de sabots de rebut, enrichies d'une voile, d'un mât et d'un pavillon.

Anaïk soupirait; mais que faire?

Roscoff payait le fermage de son jardin et de son champ; Guilanek bêchait tant que ses forces le lui permettaient; mais, pour unique repos, il restait debout appuyé sur sa bêche, cherchant à l'horizon des navires venant de lointaines contrées. Chaque soir, il amenait l'entretien sur son oncle, rappelant les histoires qu'il lui avait dites, s'inquiétant de son retour, vantant sa bonté, sa bravoure, s'émerveillant de la bonne mine que donnaient des galons.

Anaïk soupirait et tremblait; elle comprenait bien

que son enfant lui échappait; et lorsque, au voyage suivant de son frère, elle entendit Guilanek lui dire : « Emmenez-moi! » elle sentit que c'en était fait du dernier bonheur que Dieu lui eût laissé.

Elle demanda deux ans de sursis, deux ans pour jouir de sa maternité déjà douloureuse, deux ans pour voir son fils à toute heure.

Roscoff emporta la promesse qu'Anaïk ne mettrait plus d'opposition à la vocation de son fils. C'était bien inutile en effet. Fils et neveu de marins, Guilanek ne pouvait aimer que la mer. Pendant l'absence de son oncle, il compta les mois et les semaines; son impatience brisait le cœur d'Anaïk. Cependant Guilanek adorait sa mère; la pensée de la voir souffrir le désespérait; quand il la trouvait en larmes, il promettait de ne la quitter jamais; mais le lendemain, c'était Anaïk qui, voyant son enfant pâle et triste, le forçait de reprendre la parole donnée la veille.

Cette lutte touchante et généreuse des deux côtés se prolongea; alternativement la mère et le fils se dévouaient; puis, comme il arrive toujours, ce fut la mère qui, en réalité, dut boire le calice.

Pierre Roscoff franchit un matin le seuil de la porte de la veuve.

Loin d'aller au-devant de son frère, Anaïk courut à son enfant et l'enveloppa de ses bras comme pour le défendre.

Pierre ne parut point remarquer ce mouvement, et confondit sa sœur et son neveu dans une seule étreinte.

Une heure plus tard, la veuve demandait timidement :

« Combien passes-tu de jours à terre?
— Une semaine.
— Le paquet de l'enfant est prêt. » ajouta la veuve.

Guilanek se mit à genoux, emprisonna les mains de

sa mère dans les siennes, et lui dit avec l'élan d'une reconnaissance exaltée :

« Tu es la meilleure de toutes les mères.

— Pauvre sœur! ajouta Roscoff.

— Vous m'aimez bien! vous m'aimez bien tous deux... reprit Anaïk ; ce n'est pas votre faute... c'est la destinée, c'est la volonté du bon Dieu... Je n'ai plus que Guilanek et toi au monde, Roscoff: songe que tu prends une grande responsabilité... Je te confie mon enfant, mon bien, ma vie! tu lui dois protection et amour, tu dois me le ramener sain et sauf, tu dois...

— Mourir pour lui, s'il le faut, » dit simplement Roscoff.

A partir de ce moment, Anaïk s'efforça de jouir des dernières heures pendant lesquelles il lui était donné de voir son enfant. Elle oublia la séparation future pour s'abandonner à la joie de retrouver son frère. Le souvenir de ceux que l'on avait perdus ne fut point banni; les tombes virent renouveler leurs fleurs ; le curé célébra le saint sacrifice, Anaïk et Pierre resserraient le cercle de la famille au moment où un dernier anneau allait se détacher. La veille du départ, Pierre ne parut pas dans la maison de la veuve. Il comprenait que les derniers adieux du fils et de la mère ne pouvaient avoir de témoin, pas même lui. Durant ce temps, il faisait quelques acquisitions relatives à Guilanek, surveillait avec des soins vraiment paternels tout ce qui concernait le futur nouveau marin ; il choisit quelques livres, puis, croyant tout suffisamment disposé à bord de la *Sainte-Anne*, il courut à la maison de la veuve, et trouva Anaïk pétrifiée par la douleur et pressant contre sa poitrine Guilanek qui pleurait.

Roscoff se fit violence; en voyant le désespoir d'Anaïk, il se sentait près de crier :

« Restez ensemble! »

Mais il réfléchit.

« Guilanek ne résistera pas à cette déception, » pensa-t-il.

Posant donc sa main sur l'épaule d'Anaïk, Roscoff lui dit :

« L'heure est venue.

— Que je le bénisse encore ! » dit-elle.

Ses mains se posent sur les cheveux de Guilanek, une étreinte les réunit. L'enfant rendu sur le seuil de la chaumière courut se rejeter sur le sein maternel, et Anaïk se vit obligée de lui rendre du courage.

Roscoff attendait.

Il ne parla pas; sa main s'étendit dans la direction du cimetière, puis elle désigna le ciel.

« Au revoir ! » dit Anaïk d'une voix brisée.

L'oncle et le neveu venaient de disparaître dans le chemin.

La veuve tomba à genoux :

« Perdu ! murmura-t-elle, perdu pour jamais ! »

Tandis qu'elle sanglotait assise sur le seuil de sa porte, Guilanek gravissait l'échelle de cordes suspendue au flanc de la *Sainte-Anne*.

II

A bord.

Si l'apprentissage de son nouveau métier eut des côtés rudes pour Guilanek, l'affection de Roscoff les adoucit cependant autant qu'il lui fut possible. Le fils d'Anaïk, bien recommandé à Moucheron et à Faribole, ne connut pas les mauvais traitements. Moucheron était un orphelin adopté par la mer dans la personne de maître Flambard, un matelot qui tempêtait souvent et rendait encore plus de services. Flambard avait perdu l'un après l'autre tous les membres de sa famille; son matelot même, celui qui avait la moitié de son cœur et de sa bourse, périt dans un naufrage, dont le souvenir faisait encore frissonner le maître d'équipage. Il resta seul, tout seul pendant deux années, creusant sa mémoire pour y trouver des visages amis et ne rencontrant que des ombres. Un soir, en marchant au hasard dans les rues de Brest, à côté du cabaret de la mère Lamproie, il heurta du pied un tas de chiffons d'où il s'échappa un cri humain. Le maître d'équipage ramassa le paquet, entra vivement dans la salle où l'on buvait à ne plus se comprendre, où l'on fumait à ne plus se voir, sauta par-dessus deux tables, bouscula deux marins ivres, envoya rouler trois pichets vides à quinze pas, et s'avança jusqu'au comptoir où siégeait magistralement la mère Lamproie. C'était une grosse femme, haute en couleurs, au large sourire, aux yeux riants, facile au crédit, vive à la riposte, deux fois veuve, et jamais suspectée; elle souffrait le tapage dans sa maison, sans permettre qu'on y introduisît la débauche, et si elle laissait verser trop de vin dans les verres, elle arrêtait toujours une querelle à temps.

« Hé! mère Lamproie! s'écria Flambard, en déposant sa trouvaille sur le comptoir, donnez-moi votre avis là-dessus.

— Jésus Dieu! dit la brave femme, un enfant!

— J'ai joliment failli l'écraser, le moucheron.

— Où l'avez-vous trouvé, maître Flambard?

— Contre la borne.

— Il n'a que le souffle... dit la cabaretière... Une goutte de vin le ranimera peut-être...

— C'est pas encore de son âge! » répliqua un matelot connu sous le nom de Jean l'Armar.

Quelques buveurs se levèrent et entourèrent le comptoir.

« Et qu'allez-vous faire de cette pauvre créature? demanda la mère Lamproie.

— Dame! ça ne demande qu'à vivre.

— Sans doute, mais en faut le moyen?

— Les enfants perdus, on les loge aux frais de l'État, dit un homme à moitié ivre.

— C'est vrai, dit amèrement Flambard, à l'hospice l'enfant de la rue que personne ne réclame! Il vivra là sur les genoux de la charité, une mère inventée pour ceux à qui manque la famille... mais quand viendra le temps où l'on comprend un peu la vie, l'enfant demandera : Où est mon père? On baissera la tête sans répondre... Il ajoutera : Où est ma mère? et on courbera le front plus bas... Il faudra bien qu'il se lance dans la mêlée du monde, qu'il travaille, qu'il souffre... Dans ses heures d'isolement aucune main amie ne lui sera tendue... Plus tard, on hésitera avant de lui accorder pour compagne une fille élevée par des parents honnêtes... L'enfant abandonné n'est pas l'égal de tout le monde, retenez cela, vous qui riez là-bas, et qui peut-être pourriez sentir un remords... Je ne suis rien qu'un matelot, je n'ai que ma paye : eh bien, si la mère Lamproie veut l'accepter en échange des soins qu'elle donnera au Moucheron, ça me va! Comme ça un jour j'adopterai le petit, et personne n'osera rien dire, pas vrai?

— Non! non! s'écria Jean l'Armar.

— Et vous faites une belle action, Flambard, ajouta un buveur que l'émotion dégrisait.

— J'y contribue, dit un autre, voici le reste de mon argent! »

En un moment le comptoir de la mère Lamproie se couvrit des derniers écus des matelots.

La brave femme venait de débarrasser le Moucheron des misérables guenilles qui l'enveloppaient, et le montrait presque souriant dans un coin de son ample mouchoir.

Mais enfin, demanda Flambard, vous ne l'élèverez pas à boire du vin, ce petiot ?

— Donnez-le-moi, » répondit une voix douce.

Flambard se retourna.

« Vous, la Madeleine, vous consentiriez...?

— A tout, pour vous prouver ma reconnaissance, maître Flambard ; Moucheron sera comme le frère du pauvre enfant de mon Léonard...

— Merci, la Madeleine ! quant à ce qui est de l'argent...

— Je le mettrai en réserve pour eux, » répondit-elle.

Ce fut ainsi, simplement et spontanément, que Moucheron fut adopté un peu par tout le monde, complétement par la Madeleine et par le maître d'équipage.

Le lendemain, on célébra le baptême ; on eut des violoneux et des joueurs de binious ; on chanta tous les refrains de bord, on se grisa un peu ; il fallait boire à la générosité de Flambard, à l'hospitalité de la mère Lamproie, à la bonté de Madeleine, à l'avenir. Moucheron et son frère adoptif, Jacques, qui devait plus tard changer de nom à bord, furent choyés, embrassés tour à tour par les marins. Deux jours après, les braves gens partaient, et Flambard eut bien de la peine à quitter la Madeleine sur le port.

Chaque voyage ramenait le maître d'équipage à Brest.

L'enfant grandissait, sans devenir bien robuste. Le fils de Madeleine au contraire promettait de devenir fort et vigoureux. Il aimait Moucheron avec passion, comme un frère, et le défendait contre ses camarades. Quand tous deux atteignirent leur dixième année, Flambard annonça à Madeleine qu'il allait emmener Moucheron à bord.

« Et moi ? demanda Jacques.

— Toi... je ne sais pas !

— Je ne quitte pas mon frère Moucheron !

— Tu m'oublies, Jacques, s'écria Madeleine.

— Je serai marin comme Léonard mon père, comme maître Flambard mon parrain, et Moucheron sera mon matelot.

— Consentez-vous ? demanda le père adoptif de Moucheron.

— Il faut bien !

— De même que vous les avez traités en frères, je les regarde comme mes fils, Madeleine... Consolez-vous, aucun malheur ne leur arrivera.

— Dieu le veuille ! je vous les confie. »

Jacques et Moucheron devinrent mousses.

Moucheron garda son nom, qui répondait à sa taille mince et à sa figure pâle ; Jacques fut surnommé Faribole, et justifia cette appellation par sa gaieté communicative, son entrain et son inaltérable bonne humeur.

D'abord les matelots raillèrent un peu le Moucheron. Mais derrière l'orphelin se dressa Flambard, et Faribole se plaça au-devant, menaçant de ses poings fermés ceux qui molesteraient son ami. Cette crânerie dévouée, autant que l'influence de Flambard, arrêta les malintentionnés, et bientôt Moucheron et Faribole devinrent les benjamins du gaillard d'avant. Moucheron possédait une voix douce et savait toutes les chansons des côtes bretonnes, Faribole avait une gaieté intarissable, et dès que l'ennui gagnait les braves gens, on demandait à l'un une histoire, à l'autre un refrain, et la bonne humeur revenait comme par enchantement. Sans doute, les caresses de Madeleine manquèrent aux deux mousses, le biscuit était dur, et le vin assez rare ; mais Flambard obtenait toujours quelque adoucissement au règlement en leur faveur, et les enfants n'avaient pas le droit de se plaindre. Ils ne se plaignaient pas non plus ! ce métier aventureux leur plaisait. Ils étaient nés marins. L'oisiveté leur pesait. Dès qu'ils le pouvaient, ils s'exerçaient à quelque manœuvre et s'instruisaient en se jouant. Leur bonne volonté les servit, un peu aussi les circonstances. Faribole, s'étant distingué dans une rencontre avec un bâtiment anglais, passa matelot avec une rapidité inespérée. Il devenait nécessaire de se pourvoir d'un mousse, et ce fut à ce moment que Roscoff amena son neveu.

Roscoff était le meilleur ami de Flambard.

Guilanek, présenté au maître d'équipage, fut embrassé avec effusion, et à l'heure du repas Faribole et Moucheron, appelés d'un geste, accoururent auprès du maître d'équipage.

« Guilanek est plus petit que vous, dit Flambard, vous serez pour lui ce que mes amis se montrèrent quand je vous amenai à bord. Faribole donnera à Guilanek sa protection, et Moucheron son amitié. On n'est jamais trop pour s'aimer, en ce monde ; serrez-vous les mains devant deux anciens, Roscoff et moi, et soyez toujours de braves matelots et d'honnêtes gens. »

Les trois enfants s'embrassèrent.

Roscoff ne suivit pas le même plan d'éducation que Flambard. Le maître d'équipage avait épargné la peine aux enfants, Roscoff voulut au contraire que la besogne fût rude pour Guilanek. Il l'accoutuma aux durs travaux, le chargea des choses difficiles, le rendit sobre et patient, courageux et dévoué. Flambard et Roscoff aimaient les enfants chacun à sa manière. Il y avait au fond du caractère du contre-maître un puritanisme défini, résultat de son habitude de s'oublier lui-même au profit des autres, et des lectures dans lesquelles le stoïcisme était mis au premier rang des qualités militaires. Guilanek ne se plaignait point du régime qu'on le forçait à suivre. Si Flambard riait plus volontiers avec Faribole et Moucheron, il ne les aimait pas davantage. Autant que son vieux camarade, Roscoff se fût fait tuer pour son orphelin. Flambard et lui s'entendaient à merveille sur les questions de cœur, mais sans en convenir. L'un trouvait toujours que l'autre exagérait le dévouement. Ils s'accusaient mutuellement de faiblesse; si Flambard surprenait Roscoff s'entretenant pendant le quart avec Guilanek, il ne manquait pas de fredonner en façon de raillerie un des airs populaires de la côte; et si, à son tour, le frère d'Anaïk apercevait Flambard partageant sa ration de vin entre les deux frères d'adoption, il haussait les épaules et l'accusait d'en faire de faillis gars!

Au fond, Roscoff et Flambard s'aimaient de cette grande et sainte amitié que les marins poussent jusqu'à l'héroïsme. Chacun d'eux devait la vie à l'autre. Roscoff avait échappé à la dent d'un requin, grâce à un coup de couteau habilement donné par Flambard; et celui-ci était perdu pendant une bourrasque qui venait de le précipiter d'une vergue dans la mer, si Roscoff, ne calculant que son courage, ne se fût jeté à l'eau pour le sauver. Entre eux, il existait un lien étroit et sacré. Les événements pouvaient les séparer; leurs souvenirs demeureraient fidèles, et le dévouement voué par eux aux trois mousses resserrait encore le lien qui les unissait.

En ce temps-là, les navires ne faisaient point de paisibles traversées. La guerre était déclarée à l'Angleterre, les pavillons rivaux se menaçaient; les chasses amenaient des rencontres, des batailles, de brillantes victoires, des luttes héroïques. On s'attaquait le sabre ou le pistolet au poing; les canons vomissaient tour à tour la bombe et la mitraille. A chaque retour dans le port le navire étalait de glorieuses avaries et rapportait de nobles trophées.

Le capitaine de la *Sainte-Anne* était un vieux gentilhomme adoré de ses matelots, bien connu des Anglais, brave comme son épée et dont le nom rappelait une race héroïque. Le comte de Kéroulas méritait et attendait peut-être le grade de commandant promis à ses longs services. Il s'entourait d'un brillant état-major de jeunes officiers dont la bravoure ne s'était jamais démentie. On vivait à bord de la *Sainte-Anne* dans une entente pleine de cordialité. Les marins respectaient et aimaient leurs chefs; les chefs se montraient bons pour les matelots. S'il n'eût dépendu que du capitaine de Kéroulas, le brave Roscoff aurait eu un brevet de sous-officier de marine, qu'il méritait à beaucoup de titres; mais, bien qu'il l'eût sollicité, il échoua dans ses tentatives. Cependant Roscoff, dans la dernière bataille qui avait été livrée au *Saint-Georges*, avait fait preuve d'une témérité si grande et avait si hardiment enlevé un pavillon à l'ennemi, que le comte de Kéroulas était dans l'intention de demander son avancement à titre de récompense personnelle.

Faribole, Guilanek et Moucheron reçurent leur baptême de feu et ne tremblèrent pas.

Le premier tomba au milieu de la mêlée en chantant un couplet; le second frappa des deux mains durant toute l'action; le dernier trouva moyen de débarrasser le capitaine d'un officier de la marine anglaise qui le serrait de trop près.

Cette journée marqua dans la carrière maritime de Roscoff et de Flambard, et, à partir de ce moment, ils purent affirmer que leurs enfants d'adoption leur feraient honneur.

La *Sainte-Anne* revenait donc, fière de sa capture et et de ses prisonniers; le drapeau fleurdelisé flottait au vent; les matelots se réjouissaient de revoir leur famille; Guilanek ne tentait point de réprimer sa joie, Faribole l'embrassait en parlant de Madeleine, Moucheron mêlait le nom de sa nourrice à celui de la cabaretière, la mère Lamproie. On attendait le pilote, les cœurs battaient; on oubliait les ennuis de la traversée, les périls des rencontres; les blessés se traînaient sur le pont, attendant pour revivre et guérir les premières bouffées de l'air natal et la vue d'un visage ami.

Quand le pilote parut enfin, un long cri s'éleva; on entoura Mériadec, on lui serra les mains avec effusion; les questions se pressaient sur les lèvres.

« As-tu vu ma sœur? demandait l'un.

— Ma vieille mère m'attend, n'est-ce pas?

— Tu connais ma femme, mes enfants; je retrouverai tout comme je le laissai là-bas? »

Mériadec secoua la tête, regarda autour de lui, et dit d'une voix pleine d'effroi et de douleur :

« Mes amis, vous ne reconnaîtrez plus rien!

— Un malheur chez Anaïk, s'écria Roscoff.

— Il ne s'agit pas de chagrins particuliers... Le sentiment fraternel, presque l'amour filial, pâlit quand il s'agit de choses graves et terribles. Tout à l'heure, M. le comte de Kéroulas recevra les délégués du comité et apprendra la vérité sur les choses publiques... On lui expliquera... Hélas! non! il ne lui sera rien expliqué... Moi je vais vous dire tout en deux mots : vous avez laissé un roi sur le trône, on a tué le roi.

— Qui parle du roi? » demanda le comte de Kéroulas en s'approchant. Le pilote salua le capitaine avec l'expression d'un profond respect, dans laquelle on pouvait distinguer de la pitié.

« J'ai dit que le roi était mort, monsieur le comte.

— Que Dieu ait l'âme de Louis XVI, répondit M. de Kéroulas, et vive Louis XVII! »

Mériadec ajouta plus bas :
« Je n'ai pas dit que Dieu ait retiré le roi à la France ; j'ai dit que les Français avaient tué le roi !

— Un assassin ! murmura le comte.

— Non, capitaine, ce ne fut pas un homme qui le frappa lâchement, comme fit Ravaillac ; ce fut un groupe d'hommes qui l'envoya sur l'échafaud...

— Cela n'est pas ! Mériadec, vous devenez insensé.

— Je le voudrais, monsieur le comte, si au prix de mon bonheur et de ma raison la France retrouvait la paix et la gloire... La reine est en prison, le dauphin subit les outrages de Simon le cordonnier ; on a détruit les églises et brûlé les châteaux ; on a renversé le crucifix et placé des femmes à demi nues sur l'autel de la Raison... On proscrit la noblesse, comme on tue la royauté, et le drapeau de Fontenoy est remplacé par une guenille rouge au bout d'une pique.

— Mon Dieu ! mon Dieu ! » murmura M. de Kéroulas.

Il ajouta lentement après un silence plein d'angoisse :

« Et ma fille, Mériadec ! savez-vous ce qu'est devenue ma fille ?

— On a pillé le château, la nuit...

— Et...

— Tous vos serviteurs sont morts...

— Mais ma fille ! qu'avait fait ma fille ?

— Elle se nommait Mlle de Kéroulas ; Dieu l'avait faite belle, et sa mère l'avait faite bonne...

— Ainsi tout est perdu... enfant, fortune...

— On a fouillé jusqu'aux tombes, monsieur le comte.

— Que ne suis-je mort d'une balle anglaise ! s'écria M. de Kéroulas ; je n'eusse point vu mon pays avili par des meurtres de femmes et par un régicide ! »

Mériadec s'occupa de son métier de pilote.

Le comte demeura longtemps appuyé sur la balustrade de l'arrière, des larmes pressées coulaient sur ses joues.

On apercevait le port.

Des forêts de mâts se dressaient de tous côtés. Méderic avait raison, on ne voyait nulle part le drapeau blanc, et les banderoles enflammées agitaient leurs plis avec un bruit sec.

Quand le navire fut à l'ancre, quand M. de Kéroulas, le cœur dévoré d'inquiétude, eut donné ses derniers ordres, et comme il se disposait au départ, une barque accosta la *Sainte-Anne*.

Trois hommes en sortirent et montèrent sur le pont.

Ils avaient des costumes grossiers, une ceinture de soie rouge autour de la taille, et sur la tête un bonnet phrygien.

Le plus vieux s'approcha du comte.

« Tu es capitaine à bord de ce bâtiment?

— Oui, monsieur, et je m'étonne...

— Ton nom est Kéroulas, ci-devant comte de Kéroulas...?

— Kéroulas est le nom de ma famille depuis cinq cents ans. »

Le citoyen commissaire haussa les épaules.

« La république une et indivisible est connue et proclamée par le peuple... Les priviléges sont abolis, et les titres ont subi le sort des priviléges : égalité devant la loi. Citoyen Kéroulas, tu t'es bien conduit envers la nation, et la nation...

— Pouvez-vous me dire où est ma fille?

— Ta fille, citoyen, non; on l'a cherchée...

— Pour l'emprisonner, sans doute; pendant que les pères se battent, on massacre les enfants... Tandis que je capture un navire anglais, on brûle mon château; pendant que je soutiens au loin l'honneur de la France, la France se déshonore à l'intérieur.

— Kéroulas!

— Où est ma fille?

— Les mouvements populaires ont été rapides ; nous n'avons pu défendre ceux que nous souhaitions sauver, et la nation trouvera le moyen de compenser ce que tu as perdu.

— Que veniez-vous me signifier à mon bord ? demanda le comte de Kéroulas.

— Je venais te demander si tu étais prêt à changer le drapeau de ton navire, comme on en changera le nom demain. Je venais savoir si le capitaine qui revient à Brest voulait un commandement, et j'avais mission de le lui offrir...

— Je refuse un commandement ; je refuse de servir sous un autre drapeau ; à l'avance je refuse tout ce que vous pourriez me proposer.

— Prends garde, citoyen ! s'écria le commissaire.

— Je ne reconnais pas à ce que vous appelez la nation, et qui est seulement une horde d'assassins enrôlés, le droit d'avilir le comte de Kéroulas. J'ai tout sacrifié pour mon pays, et je trouve en revanche ma famille dispersée et ma maison en ruine... Je donne ma démission, je remets mes pouvoirs, et je refuse mon épée à ceux qui à leur tour ne me prêtent pas le secours de leur bras, l'appui de leur autorité pour défendre les miens !

— Citoyen, répliqua vivement le commissaire, tu ne feras pas cela...

— Je le ferai, et je le prouve. »

Le comte saisit son épée par la poignée et par la pointe, et la brisa en deux sur son genou.

« La douleur t'égare ! prends garde de te montrer rebelle.

— Rebelle ! à quelles lois ! quel ordre établi ai-je violé ?.. Prétendez-vous me rendre solidaire de la mort du roi et de la démence du peuple ?...

— Nous ne te rendrons solidaire que de tes actes ;

mais briser ton épée au moment où nous venons t'apporter, au nom de la république, un grade plus élevé, c'est te montrer traître à la patrie!

— La patrie! s'écria amèrement Kéroulas, je lui ai donné mon sang, mes veilles, ma jeunesse : elle a tout pris; depuis l'âge de quinze ans je suis sur les vaisseaux de la France, bataillant pour sa gloire et jouant ma vie pour ses franchises; la patrie! elle eut mes rêves d'ambition, mes dévouements de toute heure, et en échange elle me rend les ruines de Kéroulas, sans même me dire où se trouve la tombe de ma fille!

— La patrie est affranchie des tyrans! répliqua le commissaire avec emphase.

— Est-ce Louis XVI qui les tyrannisait? Quelles têtes fit-il tomber d'un signe de tête! La patrie, les tyrans, la nation, la liberté, grands mots dont le sens dénaturé cause des malheurs terribles. Encore une fois, c'est ma démission que je donne, démission complète et sans réserve.

— Savez-vous, citoyen, que je dois voir une rébellion dans vos paroles?

— M'a-t-on consulté avant de changer les lois du pays?

— Les anciennes sont abrogées, reconnaissez les nouvelles!

— Jamais.

— Vous deviendrez suspect.

— Aux membres de votre gouvernement! Peu m'importe! je ne le reconnais pas.

— Savez-vous ce que l'on fait des suspects?

— Puisque la tête du roi est tombée, on les guillotine...

— Oui.

— Soit, devant le tribunal qui osera m'accuser, je dirai...

— Vous ne direz rien! Un suspect est un condamné, un condamné devient un supplicié dans une heure...

Membre d'un comité, représentant du peuple délégué de Paris, je rends justice à votre vie, et si nos opinions diffèrent, mon estime vous est acquise du moins. Il ne faut pas tomber sous le couperet, après avoir échappé aux haches d'abordage... Je comprends votre amertume, vos regrets... Mlle de Kéroulas n'a point été jugée, elle a disparu... Quant aux démolisseurs de votre manoir, ils croyaient en vous ruinant reculer la borne de leur pré... l'effervescence les a gagnés; des hordes sont venues d'ici, de là, on ne sait d'où... On a pillé, tué.. les révolutions ne peuvent s'accomplir sans entraîner d'énormes malheurs particuliers. Je ferai pour vous tout ce que je pourrai, arborez seulement le drapeau de la république en présence de votre état-major.

— Jamais, dit Kéroulas, jamais ! »

Et, s'élançant d'un bond, il saisit le drapeau couvert de fleurs de lis, l'étreignit sur sa poitrine, et se tournant vers les officiers :

« Messieurs, dit-il, on m'annonce que la France a porté la main sur le roi, on nous offre de passer dans le camp de ceux qui ont fait prisonniers la reine et le dauphin, voici ma réponse : Vive le roi!

— Vive le roi ! » répondirent les officiers.

Le commissaire porta un sifflet à ses lèvres, et un instant après montèrent de la chaloupe sur le pont des hommes ignobles de visage, déguenillés, hâves, effrayants.

Le comte de Kéroulas s'avança :

« Je suis prêt à vous suivre, » dit-il.

Et le groupe des officiers fit également deux pas.

Alors seulement les marins comprirent qu'une scène grave se passait et que l'on menaçait l'état-major.

Tous adoraient leurs chefs.

L'instinct les poussa même comme un seul homme en face du commissaire.

M. de Kéroulas eut peur d'une lutte.

Il fixa son calme regard sur les matelots.

« Je commande encore la *Sainte-Anne*, dit-il d'une voix calme ; à votre poste, enfants ! c'est la seule manière de me témoigner votre affection. »

Tous obéirent.

Un moment après, les canots étaient mis à la mer : l'un d'eux emmenait l'état-major, à la tête duquel se trouvait le comte de Kéroulas ; l'autre, manœuvré par des matelots, conduisait à terre Flambard, Jean l'Armar, Guilanek, Roscoff, Moucheron tout pensif, et Faribole qui ne riait plus ; quatre marins silencieux se tenaient groupés et parlaient bas.

Les nouvelles apportées par le pilote, les vagues menaces proférées par le commissaire, étaient pour eux mal définies. Mériadec n'avait pu leur faire comprendre tout de suite les changements survenus en France pendant leur longue absence. L'inquiétude s'emparait de ces hommes, qui ne tremblaient jamais au feu de l'ennemi. La menace suspendue sur leur tête les inquiétait. Leurs yeux suivaient avec une expression de haine les hommes commis à la garde de l'état-major. Ils se promettaient de ne point abandonner le comte de Kéroulas et de s'employer activement à son service. Flambard grommelait de sourdes paroles, Roscoff serrait les poings.

Le frère d'Anaïk avait connu la femme du comte de Kéroulas, douce et belle châtelaine ressemblant à une enluminure de missel. Elle était morte jeune, toute jeune, en donnant le jour à Yvonne de Kéroulas, cette fille adorée dont le commissaire de Brest ne pouvait donner de nouvelles, et qui sans doute avait péri lors du pillage de Kéroulas.

Les matelots n'étaient pas éloignés de l'idée de faire du tapage, d'opposer la force à la force, de réclamer leur capitaine à main armée. Roscoff les calma.

« L'ordre de M. de Kéroulas est sacré, dit-il : il nous a recommandé de ne rien entreprendre, et d'ailleurs en ce moment nous serions maladroits faute d'être éclairés. Prenons le temps de nous informer de la marche des affaires et de nous concerter afin d'agir avec ensemble. Un homme isolé ne peut rien ; un groupe d'hommes est fort. Dès que nous serons à terre, nous nous disperserons, afin d'apprendre ce qui se passe... Ne faut-il pas d'ailleurs que nous sachions si nos mères, nos sœurs, nos femmes, sont encore en vie?... Demain, rendez-vous général au cabaret de la mère Lamproie.

— Vous avez raison, Roscoff, répondit Flambard, et je me range à votre avis.

— Nous aussi, dirent les matelots.

— Est-ce qu'on nous traitera en mousses? demanda Moucheron.

— Cela dépend, répliqua Flambard ; il est plus facile de pointer une couleuvrine et de manier un sabre à l'abordage, que de se taire à propos et d'agir avec prudence. »

Guilanek, Moucheron et Faribole se prirent les mains :

« Nous serons dignes de nos pères adoptifs et de nos parrains ; je réponds d'eux. Maître Flambard, répondez-vous de moi?

— Oui, mon fils, » répondit le maître d'équipage avec un orgueil mêlé d'attendrissement.

En ce moment M. de Kéroulas mit pied à terre.

Roscoff saisit les rames que maniait un jeune garçon, et en une seconde il eut abordé à son tour.

Le capitaine de la *Sainte-Anne* se trouva entouré subitement d'une foule énorme, glapissante, hurlante, hostile et animée.

« A bas l'aristocrate ! cria une voix.

— La lanterne ! la lanterne ! » ajouta un autre.

Il y eut une sorte d'émeute, et les hommes du gouvernement craignirent de se voir arracher leur prisonnier par la populace.

Roscoff profita du mouvement et du désordre pour se glisser auprès de M. de Kéroulas.

« Capitaine, dit-il, si Mlle Yvonne existe encore, vous en aurez des nouvelles, je vous le jure.

— A mort le traître! l'ennemi de la nation à moi!!

— Je ramène un vaisseau, dit M. de Kéroulas, et cinquante prisonniers! trouvez donc le moyen de me déclarer ennemi de la France. »

Le commissaire donna un ordre rigoureux : on tira les sabres; et le second, que l'on conduisait à la prison de la ville, ne put échanger qu'un dernier regard avec le comte de Kéroulas.

« Adieu, les amis! cria Roscoff. Viens, Guilanek, et souvenez-vous de vous trouver demain au cabaret de la *Lamproie d'argent*.

III

L'Orpheline.

La maisonnette d'Anaïk avait le même aspect pauvre et dénudé; rien n'y était changé, si ce n'est qu'une personne de plus y demeurait et partageait le pain de la veuve.

C'était une jeune fille de seize ans, pâle, délicate, que l'on eût dite frappée de quelque grand malheur et poursuivie par des appréhensions terribles. Au moindre bruit elle tressaillait avec angoisse, regardait sur le chemin, puis retombait sur son escabeau, défaillante, oppressée. Quand Anaïk était là, le courage lui revenait un peu; d'ailleurs elle ne voulait pas ajouter ses terreurs à celles de la veuve, et tournait alors avec une rapidité nerveuse le rouet placé devant elle.

Parfois Anaïk voulait l'obliger à prendre un peu de repos ; mais la jeune femme montrait en soupirant la corbeille dans laquelle les *fusées* s'entassaient, et paraissait s'excuser de son peu d'habileté. Anaïk lui rendait mille soins remplis de prévenances et de respect; la jeune fille s'en défendait doucement, prenait dans ses petites mains les rudes mains de la paysanne, et lui adressait des paroles si douces, si touchantes, qu'Anaïk fondait en larmes. Le jour de l'arrivée de Roscoff, la veuve était partie pour Brest, afin d'y vendre le fil de sa protégée.

La jeune fille se trouvait donc seule à la maison, quand une voix sonore commença ce couplet :

> A Rochefort il y a-t'une brune,
> Elle est tant belle et parfaite en beauté,
> Qu'elle a gagné le cœur d'un marinier.

Un moment après on tenta d'ouvrir la porte de la chaumière. La jeune fille l'avait fermée en dedans.

« Anaïk! dit la voix qui chantait tout à l'heure, ouvre donc !

—Mère ! c'est Guilanek! » ajouta un timbre plus doux.

En entendant ces deux noms, la jeune fille courut à la fenêtre, aperçut le quartier-maître et le mousse, et tira le verrou de la porte. Roscoff recula tout embarrassé.

« Je vous demande pardon, dit-il; mais Anaïk, ma sœur Anaïk ne demeure-t-elle plus ici!

— Elle y habite toujours, monsieur, et elle ne tardera pas à rentrer. »

Roscoff franchit le seuil, embrassa tout d'un regard

avec un contentement naïf, prit un siége et chercha dans sa tête ce qu'il pourrait dire à la jolie paysanne qui se trouvait en face de lui.

La jeune fille étendit une nappe sur la table, prit dans le vaisselier des assiettes enluminées de bouquets, servit du pain, du fromage, des fruits et du cidre. Elle agissait sans bruit, doucement; c'était plaisir de la voir glisser dans la salle un peu sombre et de regarder le soleil jouant dans ses cheveux dorés.

Roscoff et Guilanek venaient de se mettre à table quand Anaïk rentra.

D'un seul élan elle se trouva dans les bras de son fils et de son frère.

« Que Dieu est bon ! dit-elle, que Dieu est bon de vous avoir ramenés!... J'ai bien tremblé et bien pleuré... Vous voilà tous deux, bien portants... Que tu as grandi, mon Guilanek, et que tu as toujours la mine fleurie, Roscoff... Ah! je puis enfin respirer et bénir le bon Dieu; il y a si longtemps que je souffre! »

Une tête longue, une figure de fouine se montra encadrée par la partie haute de la porte.

« Je pars pour la ville, dit une voix cauteleuse, avez-vous besoin de quelque chose, citoyenne Anaïk?

— Merci, Noirot, répondit Anaïk.

— Et votre jolie nièce ne veut-elle point de mitaines pour ses mains blanches?

— Si elles sont moins calleuses que les vôtres, elles n'en font point plus mauvaise besogne pour cela.

— Vous m'achèterez bien au moins du ruban pour faire quelques cocardes?...

— Voici une aune pour le mesurer, » dit Roscoff.

Le quartier-maître s'avança vers le colporteur le bâton à la main.

Noirot devint d'une pâleur livide.

« Ah! mais, dit-il, pas de menaces! je suis un bon

citoyen, membre d'une section, je ne connais pas de suspects, et je porte ma carte de civisme... »

Roscoff fit un moulinet terrible avec le bâton qu'il tenait à la main.

« Faudra voir! faudra voir! dit Noirot en reculant; vous avez de bien jolies nièces, la veuve! faudra voir!

— Je vais assommer ce gueux-là! » dit Roscoff.

Une petite main s'appuya sur le bras du matelot.

« Laissez partir cet homme, dit la jeune fille, montrez-vous patient ; hélas! votre sœur n'a été que trop généreusement imprudente. »

Noirot s'éloignait, mais de temps en temps il tournait la tête du côté de la masure et poussait un éclat de rire aigu.

« Que voulez-vous dire, mademoiselle? demanda Roscoff.

— Tu sauras tout, dit Anaïk d'une voix brève... aussi bien nous sommes en danger : Noirot est un espion... Celle que j'appelle ma nièce et qui a bien voulu accepter l'hospitalité de ma pauvre maison, est Mlle Yvonne de Kéroulas.

— La fille du capitaine?

— Sa propre fille!

— Et vous comprenez, maître Roscoff, combien je suis inquiète de la santé de mon père...

— Il se porte bien, mademoiselle.

— Vous me répondez d'une façon lugubre, maître Roscoff; lui serait-il arrivé un malheur?

— Pas précisément, mademoiselle; mais...

— Anaïk, dites donc à votre frère que je suis courageuse, et qu'une Kéroulas a la force de tout voir et de tout entendre.

— Eh bien, M. le comte... »

Yvonne porta la main à sa poitrine pour comprimer les battements de son cœur.

« J'attends, maître Roscoff, parlez...

— M. le comte est arrêté, mademoiselle. »

Yvonne pâlit d'une façon terrible et se cramponna à la table.

« De quoi l'accuse-t-on ?

— Il se nomme le comte de Kéroulas !

— C'est juste, dit-elle.

— Hélas ! qu'aviez-vous fait vous-même, mademoiselle ? reprit Anaïk. Dans chaque chaumière vous portiez la consolation et l'aumône ; en retour, on vous a ruinée, et vous devez la vie à un miracle...

— Miracle opéré par vous, ma bonne Anaïk ; mais si vous avez sauvé la fille, Roscoff ne peut-il rien pour le père ?

— Rien, à cette heure, au moins... Dans mon impatience de revoir ma sœur et de lui ramener Guilanek, je suis venu directement ici. J'ai appris qu'on avait bouleversé le gouvernement, changé le drapeau, aboli les lois, dressé la guillotine ; qu'on noyait à Nantes et qu'on assassinait partout... Mais j'ignore les causes, les détails, et ne puis savoir comment il me sera possible de venir en aide au capitaine, avant d'avoir passé au moins une soirée à Brest... Votre père vous croit morte, mademoiselle ; je lui ai juré de fouiller la Bretagne pour vous retrouver, si vous aviez échappé au masssacre, ou de lui dire dans quel lieu vous reposiez... On ne refusera pas au quartier-maître de la *Sainte-Anne* de voir son capitaine quand ce serait au dernier moment... et...

— Et moi, Roscoff, ne pourrai-je le visiter dans sa prison, l'embrasser, le consoler, lui donner du courage ?

— Vous le saurez demain, mademoiselle ; comptez sur moi...

— Si tu savais quelles horreurs ont été commises au nom de la Liberté ! dit Anaïk. Nous a-t-on consultés avant de jeter les nobles dans les cachots et de les envoyer à la guillotine! Les riches familles faisaient vivre les pauvres gens. Nous n'étions pas des esclaves, et nous ne portions pas de chaînes, quoi qu'on dise! Les couvents nourrissaient les vieillards et les orphelins; les hommes et les femmes valides trouvaient du travail et des secours dans les manoirs... La révolution est tombée chez nous comme le tonnerre... Des bandes d'étrangers traînant des sabres, armés de fusils volés et se disant nos libérateurs, ont pillé les fermes sur leur passage, massacré les gens riches, démoli les châteaux, brûlé les meubles, volé l'argent... Toutes les nuits on voyait les flammes d'un incendie sur quelque point de la côte ou de la lande... Les premiers jours, on courait pour tenter de sauver la maison et les maîtres... mais on trouvait des aventuriers dans les corridors, l'arme à l'épaule, le sabre au poing. Il fallait se battre contre eux, pour acquérir le droit d'essayer de sauver ceux que l'on attaquait lâchement... les paysans étaient sans armes, les assassins en avaient. Les bâtons ne brisent pas facilement les épées; heureusement ils cassent parfois les mauvaises têtes... Le tocsin sonnait chaque nuit; le tambour battait; on vociférait en courant le long des chemins. Plus d'une fois les meneurs et les incendiaires forcèrent, sous peine de mort, de braves gens à les suivre; les faibles manquaient d'énergie pour repousser les misérables, et s'associaient par terreur à leurs crimes; beaucoup espéraient réussir à sauver leurs propriétaires et leurs maîtres, en feignant de les haïr. Ils ménageaient des évasions, rachetaient des vies, et faisaient, hélas! de leur mieux... Une nuit, Roscoff, la troupe d'incendiaires passa devant ma maison. Le son lugubre de la cloche me tenait éveillée; on frappe à la porte; je refuse d'ouvrir; on heurte à coups de crosse de fusil : la terreur me prend; je prie les mécraignants d'attendre; à la hâte je passe quelques vêtements, et, pieds nus encore, je demande ce qu'ils veulent.

« — Un guide ! me répond une voix rude.

« — Je suis seule, répondis-je, seule et veuve...

« — Tu es du pays ?

« — Elle le connaît comme son clocher, ajouta un paysan.

« — Passe devant nous, reprit l'homme qui le premier m'avait adressé la parole; tu vas nous conduire...

« — Jésus-Dieu ! leur dis-je, où voulez-vous aller, à cette heure, armés ainsi ?...

« — Au château de Kéroulas.

« — Il n'y a personne, murmurai-je.

« — On y trouvera quelque chose, au moins ! de l'or dans de vieux coffres, les diamants de la feue comtesse, et du vin pour les patriotes, sans compter la petite aristocrate... »

« A la pensée du péril couru par mademoiselle Yvonne, le courage me revint.

« Je vous conduirai, » dis-je.

« J'espérais à la faveur de la nuit, et grâce aux champs d'ajoncs que nous devions traverser, dépister les misérables et arriver la première au château en prenant des sentiers détournés. Je me plaçai donc en tête de la bande, côte à côte avec le chef de l'expédition.

« Ceux qui nous suivaient racontaient d'épouvantables histoires, mon sang se glaçait dans mes veines; il ne fallait rien moins que l'espoir de sauver mademoiselle Yvonne pour me faire avancer d'un pas. Mes dents claquaient, mes pieds se rivaient au sol.

« — Tu marches mal pour une Bretonne ! me dit le chef.

« — Vous m'avez tant pressée, répondis-je, que je suis sans souliers; mes pieds déchirés saignent sur les cailloux et les ronces. »

« C'était le vérité, mais je comptais bien retrouver toute ma rapidité à la course quand l'occasion se présenterait de fuir ma terrible escorte. Nous approchions d'un ruisseau qu'il fallait passer à gué. De grands et vieux saules, tout blancs dans la nuit, et se confondant avec les brouillards de la prairie, coupaient en deux un champ d'une vaste étendue A gauche un petit taillis prolongeait de grandes ombres; à droite, la lande unie, sans herbes, hormis des bruyères, n'offrait d'autre refuge qu'une tombe druidique... Je fis observer que le gué était difficile à trouver. On crut à une défaite de ma part, et le chef ordonna à deux de ses hommes de tenter l'entreprise; en voulant passer le ruisseau gros comme un torrent, ils perdirent pied et crièrent à l'aide... Je me jetai bravement à l'eau, leur tendis une main à chacun; puis, tandis qu'ils se secouaient et que leurs camarades cherchaient à garder l'équilibre en posant les pieds sur les pierres glissantes du fond, je tournai à gauche, me glissai sous les saules et gagnai le taillis... Quelle course alors!... Les bandits tiraient quelques coups de fusil au hasard; je ne sentais pas mes blessures et je n'éprouvais plus aucune peur. Il fallait arriver au château de Kéroulas, quand j'aurais dû mourir sur le seuil de fatigue. Il me restait une lieue et demie à parcourir... J'avais peu d'avance... les révolutionnaires pouvaient rencontrer un homme du pays... je courais affolée, la poitrine haletante, échevelée. Le château m'apparut enfin comme une masse sombre. Aucune lumière aux fenêtres... le silence partout... Je frappe, j'appelle; je me nomme, la porte s'ouvre, et Maclou vient m'ouvrir... La lampe qu'il tenait à la main fut sans doute aperçue dans l'éloignement, car un cri de joie féroce retentit.

« — Où est Mlle Yvonne ? demandai-je.

« — Dans sa chambre... là-haut... Comme ils crient, Seigneur Dieu! que veulent-ils, les misérables?...

« — Du sang et de l'or, » répondis-je en gravissant l'escalier.

« Je savais à peu près dans quelle direction se trouvait la chambre de Mlle de Kéroulas... J'allais assez souvent au château du temps de la comtesse.

« Je vole, je trouve Mademoiselle endormie.

« Sans parler, je l'enlève dans mes bras, je l'enveloppe d'une mante et je lui dis à l'oreille :

« — Je suis Anaïk, soyez sans crainte : les assassins viennent au château. »

« Ils y étaient déjà.

« En un instant les serviteurs, qui voulaient au moins couvrir la retraite de leur maîtresse, eurent préparé une défense désespérée, d'autant plus héroïque qu'ils la savaient inutile. Pendant que Maclou et les autres se battaient, la jeune fille du jardinier cherchait un refuge dans le château. Elle se blottit dans une haute chambre tendue de tapisseries ; quand les domestiques du comte de Kéroulas eurent succombé et que la place fut libre pour les assassins, l'enfant fut trouvée à demi évanouie. Elle jura qu'elle n'était pas Mlle de Kéroulas : on refusa de la croire. On la somma de livrer les trésors du comte : elle répondit qu'elle ignorait où se trouvait l'or du capitaine. La malheureuse créature, garrottée, fut traînée de chambre en chambre, de cave en cave... puis, après l'avoir accablée d'outrages, on l'étendit sur une sorte de bûcher composé des meubles du manoir, et elle périt ainsi, rachetant la vie de Mlle Yvonne.

« J'avais atteint une petite porte donnant sur le jardin, auquel le parc faisait suite ; le plus difficile était de trouver la brèche du mur et de gagner les champs. La flamme de l'incendie nous vint en aide : elle aurait pu nous perdre, et elle nous sauva. La brèche franchie, notre vie était sauvée... Je ne pouvais cependant songer à rentrer dans ma maison. Je me souvins de la cousine Perrine, et nous prîmes le chemin de Vanvilliers. Mlle de Kéroulas marchait sans rien dire ; elle avait comme moi les pieds nus, les cheveux épars, et nous ne pouvions nous arrêter, même une minute, dans la crainte de nous voir poursuivies. Quelle nuit, mon frère ! Le château brûlait au loin ; nous nous glissions le long des haies ; si un bruit inquiétant parvenait à notre oreille, nous nous couchions à terre. Enfin nous atteignîmes Vanvilliers, et Perrine nous reçut. Toute la force de Mademoiselle tomba... la fièvre la saisit, elle eut le délire... elle se croyait entourée de flammes et appelait vainement à son secours son père et son cousin, M. Hector de Kéroulas, qui était garde du corps et dont elle ne recevait aucune nouvelle depuis plusieurs mois. Perrine fut admirable de dévouement et de prudence ; on ne nous chercha point, on crut avoir massacré l'héritière des Kéroulas, et qu'importait la femme d'un pauvre matelot ? D'ailleurs la folie du crime poussait chaque jour la bande d'incendiaires à de nouveaux meurtres, à de nouveaux pillages ; un jour sur un point de la côte, le lendemain sur un autre, ils continuaient leurs ravages. Beaucoup étaient étrangers et ne connaissaient pas les gens de l'endroit... Puis il en mourut dans les rencontres : car les gars du pays sont solides, et les sabres des coquins ne leur causaient point de frayeur. Au bout d'un mois je rentrai chez moi, afin de savoir ce qui se passait. La désolation était dans ce coin de terre ; beaucoup des pauvres gens des environs se trouvaient sans pain. A la ville on emprisonnait, on jugeait, on condamnait à mort. Mlle de Kéroulas désira revenir avec moi ; je la trouvai donc un matin chez la Perrine, vêtue en paysanne et prête à partir. Nous rentrâmes ici, et pendant quelques semaines nul ne nous inquiéta. Mais Noirot, un flâneur de grands chemins, un hanteur des cabarets, conçut des soupçons ; de temps en temps il lance des mots qui me font frémir. Nous vivions dans une crainte sourde, nous tremblions à chaque heure, et nous nous demandions avec angoisse quand reviendrait le capitaine de la *Sainte-Anne*... Il est revenu, hélas! et nous ne sommes que plus à plaindre!..

— Votre sœur ne vous a pas dit, maître Roscoff, de quels soins elle a entouré l'orpheline... Pour elle, la jeune fille menacée de mort, la proscrite dont le salut la compromet, est restée l'héritière d'une grande maison. Je ne fus jamais entourée de plus d'affection et de respect, et, je vous le jure, après ma mère et mon père, après cette chère et malheureuse famille que votre dévouement ne parviendra sans doute pas à me rendre, je vous regarde comme mes protecteurs les plus sûrs et mes meilleurs amis... »

En achevant ces mots, Yvonne de Kéroulas tendit une de ses mains à Roscoff et l'autre à Anaïk.

« Je ne porte point l'épée comme un gentilhomme, mademoiselle; mais j'ai le penbas breton et un cœur qui ne craint rien.

— Oh! je ne demande qu'une faveur maintenant : celle d'embrasser mon père.

— On vous l'accordera, je vous le promets; seulement, de quel prix la payerez-vous?...

— J'offre ma vie, » répondit la jeune fille.

L'entretien fut grave dans la chaumière. Roscoff se fit raconter par Mlle de Kéroulas la plupart des événements survenus à Paris. La jeune fille avait reçu assez régulièrement pendant quelques mois des nouvelles de son cousin Hector. Le jeune homme ne se faisait point illusion sur la révolution, et ne croyait pas qu'il fût facile d'enchaîner le monstre aux cent têtes. Il voyait l'avenir effrayant, la tâche difficile. Mais en brave et loyal gentilhomme, il voulait être un des derniers serviteurs de la royauté martyre. Sans cesse en mouvement pour trouver de l'or et des partisans au roi, après avoir échoué dans les tentatives faites pour le sauver, il tourna son dévouement du côté du Temple : Marie-Antoinette y était encore ! Louis XVII, le pauvre enfant, représentait la race de S. Louis. Hector se multipliait, réalisait des prodiges, se trouvait quelquefois sur le point de réussir, et soudain il voyait renverser son échafaudage par un incident imprévu, vulgaire. Il fallait recommencer, et il recommençait avec une persistance digne de la cause qu'il acceptait de défendre.

Jeté dans un foyer brûlant de lutte, de conspiration, sans cesse menacé, sauvé par miracle, obligé d'ourdir le jour un mystérieux travail, il ne suffisait à la hauteur et à la difficulté croissante de sa tâche qu'en renouvelant sans cesse ses forces au sein des croyances sacrées que l'on tentait d'effacer. A le voir élégant, presque frêle, pâle et souvent insoucieux en apparence, nul n'eût pu deviner en lui un conspirateur et un chef habile. On le rencontrait partout, il changeait de demeure, de nom, de costume ; l'ubiquité semblait un de ses priviléges. Il employait la fortune qu'il était parvenu à sauver, à payer le zèle des uns, la trahison des autres. Quoiqu'il aimât tendrement sa cousine, les intérêts généraux, les difficultés ardentes de la situation ralentirent, puis suspendirent sa correspondance. Yvonne demeura sans nouvelles... Hélas ! elle avait appris la fuite de Varennes, les massacres de Versailles, la mort de madame de Lamballe, la déchéance du roi, l'emprisonnement de sa famille... elle savait que Louis XVI était mort, et de quelle mort ! que les nobles étaient proscrits, que l'exil seul les sauvait, et elle redoutait autant qu'elle souhaitait le retour de son père.

Quand elle apprit que le capitaine était en prison, elle ne put cependant s'empêcher de s'écrier :

« Si Hector était là ! »

On conféra sur la conduite à tenir.

Il fut convenu que Guilanek et Roscoff passeraient le reste du jour dans la maison d'Anaïk, que le lendemain tous deux iraient à Brest, et que Guilanek reviendrait dire à sa mère ce que son oncle et lui avaient appris sur M. de Kéroular; sans nul doute, le quartier-maître ne rentrerait pas chez sa sœur, la séance au cabaret de la mère Lamproie promettant d'être longue.

Le soir, Anaïk, Guilanek, Yvonne et Roscoff prièrent ensemble, les uns bénissant Dieu de ce qu'ils avaient pu faire, les autres suppliant le Seigneur de récompenser tant de dévouement.

Après un frugal déjeuner, Roscoff et Guilanek partirent.

« J'ai une consigne à te donner, dit le quartier-maître à son neveu.

— On l'observera, mon oncle.

— Tu es trop jeune pour te faire une conviction... ou si tu en avais une bonne, car ces choses-là tiennent à la conscience, tu te compromettrais inutilement; quand tu seras avec moi, tu diras comme moi...

— Et quand je serai tout seul?

— Tu diras comme tout le monde.

— Si je pense autrement...

— Tu dois penser à une seule chose, sauver le capitaine! Quand tu pourras m'être utile, je ne me ferai pas faute de te le dire et de t'employer; ménage-toi donc pour l'heure où tu me seras nécessaire. Où n'entre pas un homme, un mousse se glisse quelquefois.

— Je comprends, mon oncle, et je vous donne ma parole.

— Nous allons maintenant sur le port chercher des amis, ensuite nous flânerons du côté de la prison. »

Roscoff et Guilanek ne rencontraient que des gens préoccupés et mornes : l'inquiétude était peinte sur tous les visages. Le port présentait peu d'animation. On parlait à voix basse, l'approche d'un étranger suspendait les entretiens : dans chaque inconnu on voyait un espion. Aucun des amis de Roscoff ne se trouvant sur le port, le quartier-maître et son neveu gagnèrent la prison.

Les abords en étaient difficiles.

La foule se massait de chaque côté des portes pour voir passer les prisonniers. Les uns y entraient sur une dénonciation que rien ne motivait, les autres en sortaient pour aller au tribunal, qui les rendait à leur prison pour quelques heures seulement.

Roscoff et Guilanek se mêlèrent à la foule.

« Qu'attendez-vous ? demanda le mousse.

— Le capitaine d'un navire arrivé hier.

— La *Sainte-Anne!* s'écria Guilanek étourdiment.

— Est-ce qu'il y a encore des saints ? demanda l'homme à qui le mousse s'était adressé.

— Tu ne comprends donc pas, moussillon, que le navire aura un autre nom avant de reprendre la mer !

— Qu'est-ce que ça me fait, pourvu qu'on tape sur l'Anglais !

— Et, comme vous disiez, on attend le citoyen Kéroulas, et les citoyens Aubray, Kermorel, Pormahen : tout l'état-major, quoi !

— Et que pensez-vous qu'on leur fasse ? »

L'homme leva le bras, et fit à la hauteur de son cou un geste hideux.

« Faudra voir ça, dit Roscoff, faudra voir ! »

En ce moment les portes de la prison s'ouvrirent.

Entre les soldats parurent le capitaine et les officiers.

M. de Kéroulas jeta sur la foule un regard calme.

Des huées accueillirent le vaillant capitaine de la *Sainte-Anne*.

Le peuple dans ses révoltes fauves n'est pas seulement féroce, mais stupide.

« Ah! mon oncle, dit Guilanck, le capitaine me semble plus brave encore ici que pendant la mêlée.

— Et c'est plus difficile, mon enfant. »

Roscoff emboîta le pas derrière les soldats, en tâchant de se donner l'aisance d'allure d'un désœuvré.

Les juges étaient à leurs bancs.

On commença par interroger le capitaine et ses officiers; jusqu'au moment où ils avaient refusé d'arborer le drapeau rouge sur la *Sainte-Anne*, on ne leur reprochait rien. Deux des juges tentaient même, par la direction donnée à leurs questions, de mettre M. de Kéroulas à même de répondre sans se compromettre et de revenir sur son premier refus.

Il venait pour la seconde fois de formuler sa profession de foi royaliste, quand il aperçut la bonne figure de Roscoff.

Le regard du père interrogea le quartier-maître.

Roscoff fit un signe affirmatif.

« Reconnaissez vos torts, dit celui des juges qui paraissait le mieux disposé en faveur de M. de Kéroulas, et vous êtes sauvé. »

Une voix répéta :

« Sauvée ! »

On crut que c'était un écho.

Le capitaine secoua la tête, et un sourire vint à ses lèvres.

« Je suis prêt à mourir, dit-il.

— Demain donc! répondit le juge; nous avons fait pour toi ce que nous n'eussions fait pour personne.

— Puis-je demander une grâce avant ma dernière heure?

— Parle.

— Je souhaiterais m'entretenir avec l'un de mes matelots et avec son neveu, un mousse qui m'aimait bien.

— Présent, capitaine, et voici l'enfant, » dit Roscoff,

Les juges se consultèrent.

« Nous accordons ta demande, dit le président.

— Combien de temps me donnez-vous?

— Une heure maintenant, une autre dans la soirée. »

Le capitaine tendit la main au quartier-maître.

« J'ai compris... » murmura-t-il.

M. de Kéroulas salua courtoisement les juges, se tourna vers la foule, leva son chapeau criant par trois fois :

« Vive le Roi! »

Il disparut entraîné par les soldats.

Roscoff et son neveu sortirent, mais sans l'accompagner.

Le marin voulait, avant de quitter l'enceinte du tribunal, emporter la permission de visiter le capitaine.

On la lui accorda sans difficulté.

Et Roscoff mâcha entre ses dents :

« Vive la nation! »

Quand il fut hors de la salle, il saisit le bras de Guilanek.

« Faut pas perdre de temps, petit; nous allons cette nuit jouer une grosse partie, notre tête, rien que cela! et je tiens à garder la mienne... Je veux voir le capitaine, et il faut que le capitaine bénisse Mlle Yvonne! Tu m'as promis d'agir comme un homme : jure-le sur la mémoire de ton père. Tu devras cacher la vérité à ta mère; Anaïk tremblerait pour ta vie, et notre vie n'est rien à côté des principes. Il nous reste trois heures devant nous avant le souper de la *Lamproie d'argent*; promène-toi, flâne, mais sois exact et retiens ceci : dans deux heures nous devons être chez le comte de Kéroulas.

— Et d'ici là j'aurai des nouvelles. »

Roscoff prit sa course vers la maison d'Anaïk.

Yvonne s'y trouvait seule.

« Mademoiselle, dit le marin en s'inclinant respectueusement, tout ce que je vous ai promis, je le tiendrai... Vous embrasserez votre père... »

La courageuse fille comprit l'immensité de son malheur ; mais elle rassembla toutes ses forces et répondit sans pleurer :

« Quand dois-je être prête ?
— Le plus vite possible.
— Y a-t-il un prêtre dans les environs ?
— Oui, le pauvre curé d'un village voisin ; il se cache dans une grotte de la côte.
— Qui connaît sa retraite ?
— Moi, d'abord...
— Le temps nous manquera, mademoiselle.
— Ah ! et puis Brin-d'Avoine, cet enfant qui chante dans la lande et vient sans doute de ce côté ; car sa chanson est un signal. »

En effet, Brin-d'Avoine, tenant sa chèvre attachée avec une cordelette de foin, se dirigeait vers la maison d'Anaïk.

L'enfant ne connaissait pas le matelot, mais il obéissait aveuglément à mademoiselle de Kéroulas.

« Je viens chercher du pain, » dit-il à Yvonne.

La jeune fille coupa un large chanteau.

« Merci ! » dit l'enfant.

Il s'apprêta à sortir.

« Attends, ajouta le marin ; emporte ces habits en même temps ; que l'homme de la grotte les revête au plus vite, et nous vienne rejoindre ici...

— En plein jour ? demanda Brin-d'Avoine effrayé.
— Il s'agit d'une âme... » répondit Roscoff.

L'enfant reprit le licou de sa chèvre, et partit en courant. Une heure après, deux marins et un jeune mousse quittaient la maison d'Anaïk et regagnaient la ville.

Le plus vieux des matelots n'avait pas dans la démarche le balancement habituel de son compagnon de route, et le mousse était bien pâle sous le chapeau qu'il ramenait sur ses yeux ; mais tous trois marchaient rapidement, et d'ailleurs la nuit commençait à tomber.

IV

Les Jacobins de Brest.

Il avait bien changé d'aspect, le cabaret à la frétillante enseigne de la *Lamproie d'argent*.

D'honnête auberge que l'avait créé la veuve d'un brave matelot, la révolution en avait fait une sorte de club où on parlait de couper les têtes, comme autrefois de vider les pots. La mère Lamproie, désespérée de voir attenter de la sorte à la renommée de sa maison, voulut fermer sa porte, préférant manger du pain sec que de désaltérer les valets de la guillotine; mais de vieux amis lui firent comprendre que son refus de recevoir les révolutionnaires équivalait à un crime capital, qu'on l'emprisonnerait, qu'on l'enverrait à l'échafaud, et que les matelots de Brest ne sauraient plus chez qui trouver un bon accueil et un franc sourire. On ajouta encore que, si elle ne feignait de consentir à ce qu'exigeaient d'elle les patriotes, elle perdrait mainte occasion de rendre service soit à des chefs de la marine, soit à des nobles poursuivis par la haine populaire. La mère Lamproie, connue, aimée de tous, ne deviendrait suspecte qu'à force d'imprudences. Chacun était disposé à voir en elle une brave femme, ayant donné d'éclatantes preuves de civisme. Ne garderait-elle pas son cœur de chrétienne et son nom de baptême, quoiqu'elle plaçât au bonnet de laine une cocarde tricolore, et consentît à s'appeler non plus Julienne, mais Lucrèce. On avait pris dans le calendrier républicain, au hasard, le nom d'une grande Romaine pour en affubler cette pauvre mère Lamproie, qui n'y était point encore accoutumée. Comme ses amis le lui prédisaient, elle rendit d'éminents services, cacha des prêtres proscrits derrière des futailles, fournit à des suspects le moyen de se procurer une barque et de passer en Angleterre, et ne cria jamais plus haut les mots de nation, de république et de patrie, que quand elle venait de servir la cause royaliste.

On buvait chez elle depuis le matin jusqu'au soir; mais à partir de neuf heures les bancs et les tables étaient rangés le long des murs, les pichets de faïence, les brocs d'étain et les bouteilles disparaissaient; le comptoir de la mère Lamproie devenait une tribune, et les clubistes remplaçaient les consommateurs, jusqu'à ce que les énergumènes de la république, altérés par leur éloquence, redemandassent à grands cris le cidre national et le petit vin d'Anjou.

Les femmes qui, pendant la séance, étaient restées assises sur les bancs, tricotant de gros bas de laine brune, s'attablaient avec les patriotes; on s'entretenait des discours prononcés, des incarcérations faites, des décrets de Paris, de Marat, du prisonnier du Temple; on se baignait par la pensée les bras dans le sang, et quand les bandes à demi ivres quittaient la maison de de la *Lamproie d'argent*, le *Ça ira* retentissait dans les rues, lugubre comme un tocsin.

Souvent, une fois ses terribles hôtes partis, la pauvre Julienne-Lucrèce arrachait son bonnet sali par la cocarde, s'enveloppait d'une mante, et courait dans les maisons misérables. On l'attendait, on la bénissait; elle apparaissait comme l'ange de la délivrance, cette brave femme un peu ronde, un peu bouffie, que la pâleur du c'agrin et l'enthousiasme du dévouement empêchaient de devenir vulgaire. Elle suppliait ses amis de ne point douter d'elle, demandait pardon de son apparente apostasie, s'excusait de ne pouvoir mieux faire, laissait le secours et l'espoir dans tous les réduits qu'elle visitait, entrait chez elle épuisée de fatigue, se jetait sur son lit de sangle, et devait se lever avec le soleil pour ouvrir ses volets et servir la pratique.

Chacun était largement servi : les vases débordaient, l'eau-de-vie était bonne; le pot à tabac renfermait de quoi bourrer cent pipes, et jamais on ne comptait sur la note ce surcroît de consommation. La carotte ronde et ficelée s'allongeait sur un billot auprès d'un grand couteau ; le matelot y coupait sa chique, tirait le pied en arrière avec politesse, et s'en allait en murmurant un compliment énergique adressé à l'aubergiste. Julienne-Lucrèce faisait aisément crédit. Si elle attendait longtemps son argent, elle ne le perdait du moins jamais; il y aurait eu conscience à faire dupe de son cœur une si bonne créature. La mère Lamproie s'offrit souvent un petit verre pendant que ses pratiques consommaient. Elle égayait la conversation de ses saillies gauloises et de son franc rire, et plus d'une fois d'importants secrets lui furent livrés par des buveurs.

Le cabaret de la mère Lamproie était donc le lieu de rendez-vous des républicains et de ceux qui voulaient le paraître, ou qui avaient un grave intérêt à s'instruire de ce que l'on y disait.

Médéric et une foule de braves gens que l'humilité de leur métier mettait provisoirement à l'abri, ne manquaient jamais les réunions du soir, et c'était là que le pilote avait donné rendez-vous à Roscoff, Flambard, Guilanek, Faribole et Moucheron.

On attendait des envoyés de Paris qui devaient prendre la parole; aussi, avant l'heure habituelle, la salle était envahie par les femmes, les matelots, les artisans et les curieux.

Les femmes, le bonnet fiché près de l'oreille, les poings sur la hanche, les joues rouges, la mine hardie et la voix rauque, parlaient de ces horribles mariages républicains qui déshonoraient la Loire. On citait le nom de ceux qui devaient proclamer les *droits de l'homme;* la condamnation de M. de Kéroulas faisait du bruit.

On criait, on s'injuriait, on hurlait, quand Roscoff, jouant des coudes et frayant le chemin à Guilanek, fit son entrée dans le cabaret.

La mère Lamproie, qui feignait de porter une grande attention aux discours de deux patriotes pérorant sur les choses publiques, reconnut du premier coup d'œil le quartier-maître et fit deux pas vers lui.

— Comme tout est changé ici! murmura Roscoff.

— Tout, excepté le cœur, mon gars, et si je peux te le prouver, compte sur moi.

— J'accepte votre parole, et vous la rappellerai à la fin de la séance.

— Que de choses tu as apprises depuis hier, Roscoff!

— Et que de choses j'ai faites!

— Tu as vu Anaïk!

— D'abord... ensuite...

— Eh bien!

— J'ai vu mademoiselle de Kéroulas.

— Mon Dieu! mon Dieu, elle est perdue si on la découvre...

— Elle est ici, cependant, mère Lamproie.

— Où!

— A la porte du jardinet.

— Seule!

— Non pas; l'abbé Colomban l'accompagne.

— Deux imprudences! fit la cabaretière.
— Choisit-on ses moyens quand le temps manque!... M. de Kéroulas est condamné... Il est mon capitaine... sa bonté pour moi ne s'est jamais démentie... J'ai voulu procurer à son âme et à son cœur deux consolations suprêmes... et j'introduirai dans son cachot le prêtre chargé de l'absoudre, et sa fille qui lui donnera le dernier baiser...
— Sais-tu à quoi tu t'exposes, Roscoff? demanda Julienne-Lucrèce en tremblant.
— Je le sais, répondit gravement Roscoff. Voici mon projet : le tribunal m'a autorisé à visiter deux fois mon capitaine en compagnie de Guilanek, mon neveu, un gentil mousse; je me suis rendu à la prison avec lui, montrant ma permission, causant avec le monde, et paraissant fort à mon aise; j'ai même donné une pièce d'argent au geôlier et caressé son enfant... Cette nuit, ce c'est pas moi qui pénétrerai dans le cachot, mais l'abbé Colomban, vêtu d'un habit de matelot, et Mlle Yvonne que tu ne saurais reconnaître sous son déguisement. J'attends de toi que tu les aides... Mes libéralités de la journée ont bien disposé le geôlier; tu suivras l'abbé Colomban et la fille du capitaine; on y verra peu à cette heure, et le sommeil gagnera le vieux buveur; l'abbé montrera sa carte, tu poseras sur la table ton panier de bouteilles, et tu goûteras le vin d'Anjou, tandis que M. de Kéroulas passera entre un prêtre et un ange sa dernière veillée...
— Brave, brave cœur!
— Ne sais-je pas ce que vaut ton civisme, ma pauvre Julienne! Va, nous agissons tous selon notre cœur, ce qui vaut mieux que d'écouter les prétendus libérateurs. A leur république, je ne comprends pas un mot. J'attends pour me prononcer. Si on verse le sang, je n'en suis pas, et ce n'est pas pour s'entr'égorger que

les Français sont frères. De leur révolution, je ne vois encore que l'échafaud, et j'userais mes bras à le démolir; mais qu'on me montre une grande œuvre à faire, je suis là encore, et au premier rang...

— Veux-tu que j'introduise dans cette salle l'abbé Colomban?

— Flambard et moi nous le mettrons entre nous, et Mlle Yvonne se cachera derrière Moucheron et Faribole.

— Il doit être bien grandi maintenant?

— Il est matelot, rien que cela.

Julienne-Lucrèce étouffa un cri de joie, serra la main de Roscoff et disparut de la salle.

Le tumulte qui y régnait était si grand que personne ne s'aperçut de sa rentrée. Elle tenait un tout jeune mousse par la main, et un matelot la suivait. Tous deux prirent place dans une sombre embrasure de fenêtre, et Flambard, escorté de ses acolytes, les rejoignit et forma devant eux avec Roscoff et Guilanek une barrière qui les défendait contre les regards.

L'atmosphère de la salle devenait étouffante; l'huile, le vin, le suif et l'ail mêlaient leurs puantes odeurs; la fumée des pipes formait d'épais nuages, le bruit grandissait et tournait au tapage, quand un long murmure s'éleva, les rangs des clubistes s'ouvrirent, les femmes battirent des mains, et l'orateur de Paris gagna la tribune.

C'était un homme pâle, maigre, au teint jaune, aux yeux flamboyants, ses gestes rares appuyaient sa parole lente et calme. Il parlait de sang, de proscriptions, de mort, avec une aisance parfaite, en secouant ses mains blanches ornées de bagues et à demi couvertes d'une manchette de batiste plissée.

Il étayait ses épouvantables sophismes de l'opinion des philosophes, il supprimait Dieu dans l'œuvre de la création, la noblesse dans l'ordre social, et concluait en demandant mille hécatombes humaines au nom de la nation opprimée.

On le comprit seulement quand il parla d'échafaud, de proscriptions; et un homme du peuple, vêtu d'un pantalon rapiécé et d'une chemise de toile bise relevée au-dessus du coude, s'élance à la tribune.

« Je veux la parole, dit-il. On demande beaucoup de têtes, on veut proscrire les riches, ça me va, si j'en hérite. Nous avons travaillé, reposons-nous; nos femmes marchaient à pied, allons en carrosse, et que les nobles deviennent nos domestiques; voilà comme je comprends l'égalité. Qu'est-ce que me font les droits de l'homme dans les livres, si je n'en profite pas! Il y a du vrai dans ce qu'on vient de dire; qu'on donne une liste, et je signe, si on le veut je juge; s'il le faut, je lâche le couperet. La république, c'est le règne du prolétaire.

— La république est l'abolition de la superstition religieuse, ajouta l'envoyé de Paris; plus de couvents, de moines, de religieuses, de vœux, d'abbayes... les églises deviendront des greniers à fourrage, et nous avons pour culte la déesse Raison.

— La république, dit un interrupteur, c'est le *Tire-toi de là que je m'y mette*... le peuple souverain, le peuple heureux, le peuple libre...

— Qui fera le peuple grand? demanda Roscoff.

— Sa sagesse, répondit l'orateur de Paris.

— A bas les riches! à bas les prêtres! vive la république! » hurlèrent des voix. Roscoff monta sur l'estrade.

« Vive la France! dit-il, et si quelqu'un d'entre vous trouve ce cri séditieux, qu'il le dise. Vous êtes républicains, tous : l'un demande des têtes à couper, l'autre des autels à détruire, le dernier l'argent des proscrits... Ce que je sais, moi, un matelot hier encore en mer, c'est que l'Anglais insulte notre pavillon, que le pavillon est l'emblème de la patrie ! et que moi là, je ne souffrirai pas qu'il soit humilié. Le beau mérite vraiment de massacrer des prêtres, des femmes et des enfants, de démolir et d'incendier !... Ceux qui crient si haut auraient-ils les mêmes bravades en face d'un canon ? Je ne le crois pas. Si vous voulez qu'on respecte la république, que la république se respecte.

— C'est un aristocrate ! dit une voix.

— Je suis matelot et fils de matelot. Ce que vous appelez les priviléges ont à jamais empêché mon avancement, et pourtant, plutôt que de l'acheter à ce prix, je fusse resté toute ma vie simple marin, sous les ordres de capitaines pareils à M. de Kéroulas !

— Il protége les nobles ! cria celui qui avait déjà interrompu le premier.

— Il défend les émigrés !

— Je défends les soldats, voilà tout, et le capitaine était un brave. Nous sommes trois ici qui avons navigué sous ses ordres, trois qui le regrettons. S'il y avait des abus dans le gouvernement, il fallait le dire, et l'on eût écouté vos représentations. J'ai servi mon pays avec zèle, je suis prêt à reprendre du service à bord de tel navire que l'on me désignera; mais je ne souffrirai pas qu'on insulte mes vieilles croyances et mon vieux drapeau. Qui me suspecte ici ? Qui d'entre vous peut citer comme moi des campagnes glorieuses entreprises contre l'ennemi commun ? j'ai conquis le droit de dire que j'aime la patrie !

— Vive Roscoff ! dirent quelques matelots.

— A quoi servent les discours ? reprit le marin; que prouvent-ils ? A Paris on a démoli la Bastille, où vous dites qu'on emprisonnait sans raison... A l'Abbaye, aux Carmes, vous glorifiez des assassinats sans motifs... Le roi est mort, la reine est au Temple ; la reine est une femme, et vous l'oubliez! Il y a une chose que j'eusse souhaitée : moins d'impôts et plus d'égalité, mais il n'était pas besoin de voler pour supprimer les gabelles, ni de couper des têtes pour abolir les priviléges. Quand on aurait déclaré que la bravoure tiendrait lieu de noblesse pour l'avancement, c'était assez; quand le pauvre campagnard eût été allégé de cotes et d'impôts, cela eût suffi. Vous renversez le roi qui était bon, pour mettre à sa place des gens qui exterminent sur une signature. Vous parlez des droits de l'homme : j'use des miens, et je vous déclare que vous abusez d'un pouvoir usurpé en vous faisant les pourvoyeurs du bourreau. Mille sabords! ce n'est pas devant des marins bretons qu'il faut dire : L'église est bonne à faire un grenier à fourrage, et les couvents pervertissent le peuple. Les gens du pays savent que penser de toutes ces choses, et si quelques malheureux vous écoutent et s'égarent, en attendant le pillage que vous leur promettez, un jour viendra où ils pleureront leur égarement politique et leur apostasie religieuse. Ma poitrine est labourée de trois coups de sabre, j'ai reçu à la tempe gauche un coup de crosse de mousquet, une chevrotine m'a percé le bras... J'étais à toutes les grandes batailles maritimes livrées depuis dix ans, et quand vous criez: Vive la république, que je ne connais que par vos discours, je vous réponds : Vive la France que j'ai défendue!

— Et tu refuses de prendre la cocarde tricolore?
— Oui, si l'on m'oblige à la déshonorer!
— Qui parle de cela? dit l'envoyé de Paris.
— Soyez donc tous témoins, ajouta Roscoff, que je la mets à mon chapeau sans m'engager à autre chose qu'à poursuivre ce que j'ai fait jusqu'ici. »

La mère Lamproie prit sa cocarde à son bonnet et la tendit à Roscoff.

On parla longtemps encore; l'orateur de Paris poursuivit l'exposition de ses théories; on chanta des refrains patriotiques, on vota des adresses, et quand tout le monde se leva, Roscoff profita du mouvement général pour s'esquiver par la porte du jardin.

« Patriotes, dit la mère Lamproie, je suis un peu lasse, et je charge Brin-d'Avoine de vous verser à boire. »

Brin-d'Avoine avait suivi de loin à la ville l'abbé Colomban et Mlle de Kéroulas.

Tandis que l'échanson versait le cidre d'une main généreuse, Julienne-Lucrèce Lamproie, chargée d'un lourd panier, rejoignait ses amis dans le jardinet.

« Monsieur le curé, dit Roscoff au vieux prêtre, voici ma cocarde et ma carte civique... Ne craignez rien, mademoiselle... Guilanek et moi nous vous attendrons à la sortie. »

Le prêtre leva la main pour bénir le matelot, qui s'éloigna rapidement avec son neveu.

A cent pas de là, il fit entendre trois coups de sifflet, auxquels répondit un cri de mouette.

« Flambard est là, » dit Roscoff.

Un moment après, les matelots et les mousses gagnaient une ruelle boueuse, et Flambard poussait la porte basse d'une maison obscure.

Dans une pièce retirée de la maison, une femme, Madeleine, la mère de Faribole et la nourrice de Moucheron, filait sa quenouille en s'arrêtant pour prêter l'oreille au bruit du dehors.

« Est-ce vous, maître Flambard? demanda-t-elle.
— Moi et les amis! »

Les amis étaient Roscoff, Guilanek, Moucheron et Faribole.

Madeleine pressa les enfants dans ses bras et les regardait avec des yeux remplis de larmes joyeuses.

« As-tu les habits, la Madeleine?
— Deux vêtements de paludiers, » dit-elle.
Elle prit un paquet et le montra au maître d'équipage.
« Voici! » dit Flambard à Roscoff.

Tous deux entrèrent dans un cabinet voisin de la chambre, et quand ils en sortirent, ils portaient les hardes de toile et l'énorme chapeau des sauniers.

« Réjouissez-vous le cœur, vous autres, dit Roscoff, vous l'avez bien gagné. »

Roscoff et Guilanek quittèrent la chambre, traversèrent le corridor surbaissé, et se retrouvèrent dans la rue.

Tous deux marchaient en festonnant légèrement, et en battant la muraille comme des gens qui ont fait tant de libations au nom de la déesse Raison, qu'ils l'ont noyée dans le vin !

Tandis qu'ils rejoignaient avec lenteur la mère Lamproie et l'abbé Colomban, ceux-ci arrivaient à la porte de la prison. Le geôlier, que, par opposition à sa situation de fortune, on appelait Crésus depuis la république, se trouvait moitié pris de vin, moitié pris de sommeil.

Il reconnut vaguement ou crut reconnaître le matelot et le mousse qui pendant le jour avaient visité le condamné.

L'autorisation d'entrer se trouvait du reste en bonne forme : il ne fit donc aucune difficulté pour introduire les visiteurs ; mais quand vint le tour de la mère Lamproie, il dit cependant :

« La permission est seulement pour le matelot et le mousse.

— Aussi, je reste à la geôle, dit la cabaretière, moi et mes fioles ; j'ai voulu trinquer avec le citoyen Crésus, pendant que Roscoff causait encore une dernière fois avec le capitaine... Vingt-quatre bouteilles, et du bon!

La dernière sera pour le condamné, pas vrai ! il ne boira plus demain, le pauvre homme, et un peu de vin blanc ne fait rien à la politique.

— Vous voulez aider à une évasion ! dit Crésus d'un air défiant.

— Est-ce que vous manquez de sentinelles ?

— Non, au fait, et pendant que nous trinquerons, les soldats garderont les portes... Venez, citoyen matelot, et vous chétif mousse. »

Le geôlier traversa un couloir, fit grincer une clef dans une serrure mouillée, tira un verrou, et, poussant l'abbé Colomban et Mlle de Kéroulas dans le cachot, il revint auprès de la mère Lamproie.

Roscoff n'avait point eu le temps de mûrir un projet d'évasion. Il comprenait bien que Julienne-Lucrèce ne manquerait point de saisir une occasion favorable si elle se présentait, et il savait jusqu'où allait l'héroïsme de l'abbé Colomban et la piété filiale d'Yvonne. Il fallait remettre l'avenir entre les mains de la Providence, et s'en fier à elle pour le salut de M. de Kéroulas.

Au moment où la porte du comte fut ouverte par Crésus, le condamné, assis sur la botte de paille que l'on avait jetée dans son cachot, se livrait aux graves pensées que l'approche de la mort inspire. Pendant le jour, il avait écrit deux lettres, l'une adressée à Hector de Kéroulas, le fils de son frère, l'autre à Yvonne qu'il n'espérait plus revoir. M. de Kéroulas appartenait à cette race de grands capitaines qui, blessés au cœur et manquant des secours de la religion, se font une croix de la poignée de leur épée et meurent en chrétiens comme ils ont vécu en héros.

Il avait pleuré sa fille; puis lentement son âme se dégageait des affections du monde et il se préparait à son heure suprême. Sa vie était exempte de fautes graves, il n'avait qu'à dépouiller les haillons de l'humaine faiblesse et offrir son trépas comme une purification dernière.

Le rayonnement de la lanterne de Crésus lui fit ouvrir les yeux.

Il vit à peine le geôlier, et se trouva en face de l'abbé Colomban et du mousse, dont il ne pouvait distinguer le visage.

« Merci, mon bon Roscoff, dit-il, merci du fond du cœur.

— Vous lui devez être plus reconnaissant que vous ne pouvez croire, monsieur le comte, répondit le prêtre ; puis, saisissant une des mains du capitaine, tandis que le mousse se pendait au cou de M. de Kéroulas :

— Ne me reconnaissez-vous point? fit-il en ôtant son chapeau ciré.

— Vous! vous! mon cher abbé!

— Père! père! et moi! disait Yvonne en pleurs.

— O bonté divine! s'écria M. de Kéroulas, vous rendez ma mort paisible et presque douce... Ma fille, ma fille sauvée... ma fille ici, près de moi... oh! qu'il y a longtemps que je ne t'ai vue... ma bien-aimée... Que tu as dû souffrir! que tu souffres encore!... Pauvre enfant! demain orpheline deux fois...

— Mon frère, dit l'abbé Colomban, êtes-vous prêt à paraître devant Dieu? »

M. de Kéroulais s'agenouilla dans un angle du cachot. Pendant ce temps, Yvonne plaçait sur une escabelle un linge d'une blancheur éclatante, accrochait la lanterne au mur et attendait en priant.

Quand le prêtre eut entendu la confession du capitaine, il se retourna vers la jeune fille, marcha vers l'escabelle préparée en autel improvisé, tira de sa veste une boîte d'or, passa une étole à son cou, et, avec le calme suprême et la dignité du sacerdoce, il célébra le sacrifice de la messe.

4

Le capitaine priait avec un recueillement admirable, répondant lui-même aux *oremus*. Yvonne demeurait en arrière et sanglotait, la tête dans ses mains.

Quand le funèbre office fut terminé, M. de Kéroulas attira sa fille près de lui et lui donna les lettres qu'il avait écrites.

« Promets-moi, mon enfant, de te conformer à mon dernier désir, dit-il.

— Je vous le jure, répondit-elle.

— Roscoff ou ses amis découvriront la demeure d'Hector; s'il était mort, décachète la lettre au bout d'une année et agis suivant le conseil de l'abbé Colomban.

— Monsieur le comte, dit le prêtre, vous devez tenir à la vie à cause de votre fille... Il vous serait facile de vous évader cette nuit... Que le matelot change de vêtements avec vous... une brave femme surveillera votre sortie...

— Mais vous l'abbé ?...

— Oh! moi! ne serais-je pas incarcéré un jour ou l'autre? Je dis la messe dans les greniers et dans les caves, je porte les derniers sacrements aux mourants, je joue ma liberté et ma vie sur un signe... Peu m'importe de mourir demain, si ma mort est utile!

— Vous vous devez à tous et non point à un seul, répondit le capitaine.

— Et votre fille ?..

— Vous la consolerez.

— Pourrais-je la guider dans la vie ?...

— Pourvu que vous m'assistiez à la mort! murmura Yvonne.

— Acceptez, acceptez, monsieur le comte : je suis vieux, j'ai les cheveux blancs, mon ministère même me proscrit et me condamne... Au nom de votre enfant, de M. Hector, profitez de la facilité qui vous est offerte. La guillotine veut demain une victime, elle l'aura!

— J'en sacrifierais deux, monsieur l'abbé, vous et le bon Roscoff. Non, je ne payerai point d'une lâcheté le dévouement de mes matelots et du prêtre qui forma ma jeunesse. J'espérais mourir... demander davantage serait de l'ingratitude... Ne pensons plus à la fuite, regardons-nous encore, serrons une dernière fois nos mains, et donnons-nous rendez-vous là haut. »

Pendant une demi-heure, on n'entendit plus dans la cellule du prisonnier que des mots échangés à voix basse, les larmes mal étouffées d'Yvonne et les tendres encouragements du prêtre. Un bruit sourd arracha les trois malheureux à leur étreinte.

Crésus, plus ivre que jamais, parut sur le seuil.

« Allons! dit-il, l'heure est venue!

— Adieu! adieu! » répéta M. de Kéroulas.

Yvonne restait presque inanimée dans ses bras.

« Il a un cœur de poulet, ce mousse-là! dit Crésus.

— Venez, mon enfant, murmura le prêtre.

— Oh! je voudrais rester et mourir avec toi! balbutia Mlle de Kéroulas en embrassant les yeux humides de son père.

— Sacrebleu! vociféra Crésus, je vous dis de partir : la mère Lamproie s'impatiente et j'ai sommeil... Ce n'est pas l'heure des visites, après tout!

— Souviens-toi, dit M. de Kéroulas à l'oreille d'Yvonne : mon testament... la lettre à Hector.

— Oui... oui, je me souviendrai... père! encore un baiser, encore un, et adieu, adieu, au revoir! »

L'abbé Colomban saisit la main de la jeune fille et l'entraîna.

Yvonne tourna encore la tête vers son père; le comte de Kéroulas la bénissait de loin.

V

Dans les ruines.

Un homme marchait rapidement sur la route déserte conduisant de la ville de Brest au manoir ruiné de Kéroulas. La nuit était sombre, non pas depuis le commencement de la soirée, mais un orage venait subitement de se former, et, à moins d'être du pays, il devenait impossible de reconnaître son chemin dans les ténèbres, et de trouver les sentiers coupant les landes et les champs de genêts avec une irrégularité bizarre. Le voyageur marchait rapidement, à la façon de ceux dont le but est fixé et qui ont hâte de l'atteindre. La petite lanterne dont il tournait parfois la lumière sur la route tortueuse, se dissimulait le plus souvent sous d'amples habits, et les paysans qui l'eussent vue ainsi briller par intermittences l'auraient infailliblement prise pour un feu follet, et eussent changé de chemin dans la crainte de faire une rencontre diabolique.

L'homme qui se dirigeait vers Kéroulas était loin d'avoir un aspect effrayant. On l'eût dit âgé de vingt-cinq ans à peine; la royale qu'il portait s'alliait mal avec son costume, sa démarche paraissait aisée et gracieuse; ses traits fins et doux gardaient quelque chose d'altier; on devinait que ses yeux bruns devaient lancer des flammes, et que cette bouche aux lèvres relevées pouvait laisser tomber de méprisantes paroles. Mais en même temps la noblesse, la bravoure, un chevaleresque mépris de la mort et du danger éclataient sur ce front que traversait alors une ride profonde.

Cet homme si jeune portait le poids d'une grande douleur et accomplissait un impérieux devoir : l'ordre d'un mourant. Parfois il ralentissait sa marche, regardait le ciel comme s'il espérait y découvrir une étoile ou y voir monter une âme, puis il soupirait et hâtait le pas. Quand les fossoyeurs creusent une tombe, ce doit être avec une ardeur fébrile semblable à celle qui poussait ce jeune homme en avant. La lumière avare de sa lanterne lui permit de distinguer une masse noire, informe, composée de pans de murailles et de monceaux de décombres. Les portes de Kéroulas n'existaient plus, les fenêtres présentaient des baies énormes et béantes; les grands arbres qui l'avoisinaient étaient pareils à des squelettes. La désolation planait en cet endroit; le vent et les chouettes s'y lamentaient ensemble, et le cœur se serrait en considérant ce que les forcenés avaient pu faire en quelques heures d'un de ces fiers manoirs constellés de pièces héraldiques, et dont chaque pignon de tourelle portait une glorieuse bannière, comme la salle d'armes se décorait d'épées, de glaives et de haches émoussés dans toutes les croisades, glorieusement portés pendant les guerres de François Ier ou les batailles de Louis XIV.

Le jeune homme s'arrêta en face de cette masse imposante. Puis, tournant circulairement sa lanterne, il s'assura qu'il était bien seul.

Ne voyant et n'entendant rien qui pût l'alarmer, il tira un papier de sa poche et en relut attentivement quelques lignes :

« Quand on a descendu l'escalier en spirale, dont la pente s'ouvre au-dessous de la tourelle ornée d'un balcon, on se trouve en face d'une muraille parfaitement lisse; les pierres qui la composent sont d'égale grandeur et rien n'indique une issue. Cependant, la cinquième de ces pierres est munie d'un ressort caché et qui semble une partie de soudure; en appuyant sur ce bouton de fer, un petit caveau s'ouvre subitement. Au centre, à une profondeur de deux pieds environ, une cassette de fer est enterrée. C'est elle qu'il s'agit de retrouver : car elle renferme en diamants une valeur suffisante pour former la dot de ma fille, si des malheurs imprévus, des révolutions ou une injustice la privaient des biens que j'ai l'espoir de lui laisser... »

Le jeune homme replaça la lettre dans sa poitrine

Il se trouvait alors en face de la grande entrée du manoir. En tournant à droite, il n'aperçut point la porte de la tourelle dont parlait la lettre; des débris obstruaient toute cette partie. Le toit s'était effondré, et il semblait impossible de se frayer un chemin.

Cependant le voyageur ne se découragea pas.

Avec une vigueur dont on n'aurait pu le croire capable, il commença à déblayer le terrain; heureusement pour lui, deux pans de mur en tombant avaient formé une sorte de voûte, et quand il fut parvenu à écarter les premiers obstacles, il aperçut la petite porte qu'il ouvrit, et commença à descendre l'escalier.

Il était humide, froid et glissant; les murailles suintaient, et ce fut avec une peine infinie qu'il fut possible au jeune homme de découvrir la rainure de la pierre et le bouton qui lui permettait de pénétrer dans le caveau. Le bouton de fer s'était rouillé, et il fallait opérer une forte pesée pour faire jouer un ressort dont nul sans doute ne s'était servi depuis de longues années. Des heures entières se consumèrent en impuissants efforts; enfin la pierre tourna sur elle-même, bascula, et le petit caveau large de dix pieds carrés se présenta plus noir encore que le corridor sombre.

Le jeune homme y fut d'un bond.

Il prit dans la poche intérieure de son vêtement une courte pioche, et commença à fouiller le sol avec ardeur.

Au bout de quelques minutes un son pareil à celui du fer heurtant le fer se fit entendre, et une petite cassette de fer apparut sous la lueur de la lanterne.

Le jeune homme la prit rapidement, puis, sans se donner la peine de refermer la porte du caveau, il remonta l'escalier et se trouva en plein air.

L'orage s'était dissipé.

Le jour se levait splendide et pur.

Il n'y avait plus de nuages au ciel, et la campagne, rafraîchie par la rosée, semblait plus belle que jamais.

L'aspect de Kéroulas en devint plus morne, encore s'il est possible; cette grande ruine avait besoin des ténèbres, comme d'une pudeur cachant ses désastres. En plein jour et sous le soleil, ces murs noirs, ces sculptures tombées à terre, ces garnitures de plomb fondues et passées à l'état de lingot, ces brèches énormes, ces trous béants au travers desquels le ciel bleu paraissait comme un rideau d'azur, plongeaient l'âme dans une désolation profonde.

Le jeune homme contempla ces ruines d'un œil attristé, il passa la main sur ses yeux, et sans doute il essuya une larme. Puis, comme s'il eût fait un serment, il étendit la main vers les restes de ce qui avait été Kéroulas.

Jetant sa lanterne devenue inutile, il reprit rapidement le chemin de la ville en évitant les chemins fréquentés.

Comme il allait franchir un échalier formé d'un montant de bois et de branches de genêts, un homme couché contre une haie se souleva et le regarda curieusement.

Cet homme était le colporteur répondant au nom de Noirot.

A peine le visiteur nocture des ruines de Kéroulas

s'était-il engagé dans un chemin creux, que Noirot se frappa le front de la main.

« Il n'y a point de pareilles ressemblances sans cause, dit-il ; je ne perdrai pas mon temps en suivant ce muguet. »

Et tandis que le jeune homme descendait la route encaissée par des talus et coupée d'ornières, le colporteur courait sur le sentier qui dominait la campagne environnante.

Le voyageur, dont la ressemblance avec une personne de lui connue intriguait si fort le citoyen Noirot, entra dans la ville; puis, évitant les rues populeuses comme il avait fait des routes fréquentées, il heurta à la porte d'une maison dans laquelle nous avons vu entrer Flambard, Faribole et Moucheron, et qui n'est autre que celle de Madeleine.

Le jeune homme ne logeait pas chez cette femme, cependant : car il monta quelques marches, gagna une sorte de buanderie à peu près obscure; puis il tomba sur un siége, brisé de fatigue, accablé de douleur. Toute sa force s'évanouit en un instant. Il avait pu accomplir sa tâche; mais une fois cette œuvre terminée, il laissait le chagrin le mordre au cœur et n'avait pas honte de pleurer...

Il n'entendit point le pas de Madeleine montant légèrement les marches de son réduit ; mais quand il sortit de la torpeur douloureuse dans laquelle il était plongé, il aperçut devant lui un morceau de pain, du vin et une aile de volaille.

« Madeleine a raison, dit-il, j'ai besoin de forces. »

Il déjeuna rapidement ; puis, quittant la buanderie, il appela la mère de Faribole.

« Avez-vous une aiguille? » lui demanda-t-il.

Elle montra le crochet de fer poli pendu à sa ceinture et auquel étaient fixés un étui, un dé, des ciseaux.

Le jeune homme prit le coffret de fer, l'ouvrit, et en tira des diamants sur lesquels, du haut de la lucarne, tombaient des gerbes de lumière.

« Jésus-Dieu ! s'écria Madeleine, que c'est beau !

— Beau et précieux, ma bonne Madeleine; c'est tout ce qui reste d'une immense fortune, et cette épave est la dot d'une jeune fille qu'il faut sauver de tout accident. Cousez donc cette rivière, ces pendeloques, ces pierres entre les doublures épaisses de mon gros vêtement breton; nul ne soupçonnera que je porte sur moi une valeur de huit cent mille livres ! »

Madeleine se mit à découdre rapidement la doublure. Elle plaça ensuite les bijoux entre des toiles de bouracan qui en dissimulaient les aspérités, et quand sa tâche fut finie, il était devenu impossible de soupçonner que le paysan en face de qui elle restait interdite, triste et respectueusement silencieuse, possédait une fortune énorme.

« Pensez-vous que tout soit prêt, Madeleine ?

— Le vieux Lucas me l'a dit.

— La barque, les rameurs... ?

— J'ai vu la barque sur la grève, et les rameurs se tiennent cachés dans les grottes.

— C'est bien pour ce soir ?

— A onze heures sonnantes; Faribole donnera le signal dans la rue, et Brin-d'Avoine avertira les passeurs.

— Que ne vous devrai-je pas, Madeleine !

— A moi, rien ! tout aux matelots de la *Sainte-Anne*.

— Je n'ai pas revu Roscoff depuis... »

Le jeune homme frémit, mordit ses lèvres pâles et ne put achever.

« Ni moi non plus, mais je réponds de lui, de Flambard et des mousses.

— De son côté Anaïk...

— Vous attendra avec la passagère... ah ! que Dieu

vous fasse l'exil le moins amer possible, et que nous retrouvions la paix !... murmura la pauvre femme.

La paix, Madeleine, ce sont les morts qui la goûtent... les morts, ces glorieux martyrs qui nous lèguent leur sang répandu à venger, leurs saintes convictions à défendre. »

En ce moment Faribole entra en courant dans le noir corridor, franchit les marches du cabinet et s'écria d'une voix haletante :

« Des gens de méchante mine rôdent autour de la maison.

— Les connais-tu ? demanda Madeleine.

— Guilanek que j'ai rencontré sur la place, cherchant Roscoff pour prendre ses ordres, m'a dit que l'un d'eux se nommait Noirot, et m'a recommandé de me méfier.

— Je vous en supplie, Madeleine, dit le jeune homme qui depuis sa sortie des ruines de Kéroulas avait été, sans le savoir, suivi par le colporteur, ne vous compromettez pas inutilement. Songez qu'il s'agit non plus de moi seulement, mais d'elle... Je ne puis rien à cette heure.. Fussé-je pris, un certain temps deviendrait nécessaire pour prouver mon identité, et vous seriez encore à même de vous dévouer pour la fille de celui que vous pleurez... Regagnez votre chambre ; que Faribole quitte cette maison, mais qu'il tâche de rester à portée de tout voir, afin de rendre compte des faits survenus à Roscoff et à Flambard. »

Madeleine obéit à ce conseil, que le ton précis et déterminé du jeune homme changeait en commandement.

Tandis qu'elle reprenait son rouet, Faribole, sautant par une fenêtre basse donnant sur la petite cour attenant à la buanderie, s'évada sans bruit et tourna la ruelle voisine. Il prit alors l'allure nonchalante des matelots à terre, mâcha sa chique en regardant d'où venait le vent, et heurta un homme vêtu d'une sordide carmagnole, et dont la ceinture rouge laissait pendre jusqu'à terre ses bouts effiloqués.

« Faites excuse, citoyen, » dit-il.

Celui à qui il s'adressait n'était autre que Noirot.

Cinq hommes armés, coiffés de bonnets phrygiens, sentant la chiourme et l'échafaud, paraissaient attendre ses indications.

Noirot étendit le bras en désignant l'allée et suivit les sbires républicains.

On entendait dans une salle basse de la maison une voix lente et douce chantant une rêverie bretonne empreinte d'une grâce triste et pénétrante. Le bruit du rouet y formait un accompagnement monotone, en rapport avec le caractère spécial de cette épopée dramatique.

La porte s'ouvrit brusquement, et le colporteur montra sa mine de putois.

« Tiens! dit-il, c'est vous, la Madelon, qui occupez ce logement?

— Jusqu'à voir, citoyen Noirot, mon fils est revenu avec tout l'équipage du navire...

— Ah! oui, un fichu navire qui fêtait *Sainte Anne* à sa poupe... on va joliment le débaptiser, et raccourcir la tête de la statue, comme on a fait du capitaine... un fier gueux encore, celui-là! un enragé d'aristocrate qui a laissé des serpents dans son nid... Mais patience, si on les trouve... et on cherche... on est même sur la trace...

— Vraiment? dit Madelon d'une voix calme.

— Je ne m'endors pas quand il s'agit du bien public et des intérêts de la nation... Le citoyen Brutus est revenu de Paris muni de pouvoirs exceptionnels... vous savez bien, le citoyen Brutus qui paye quatre bœufs les tours avoisinantes de Kéroulas, et qui maintenant est en outre propriétaire d'un couvent de nonnes où mourut la sœur du capitaine...! On l'a joliment fêté à Paris : il paraît qu'il a sauvé la patrie... Je viens de le voir, et il m'a donné des encouragements...

— Que faites-vous donc pour la patrie? demanda la mère de Faribole.

— J'enferme les aristocrates dans leurs terriers, quand je ne puis faire autrement.

— Il n'en doit plus guère rester! ajouta la femme.

— Je ne me reposerai que quand il n'y en aura plus... A propos, Madelon, vous louez cette chambre de la Micheline?

— Oui, citoyen.

— Où est-elle à cette heure?

— Elle soigne sa fille malade.

— Y a-t-il d'autres personnes dans la maison?

— Son neveu, je crois.

— Depuis combien de temps y demeure-t-il?

— Je ne saurais vous dire, trois jours au plus.

— Je vais le lui demander, répliqua Noirot.

— A votre aise, citoyen, » dit Madelon en renouant son fil qui venait de se briser.

Le colporteur suivit le corridor, avisa la porte de la buanderie, plaça un homme en sentinelle dans la cour, un autre au fond du couloir, et monta dans le cabinet.

Le jeune homme qu'il avait suivi le matin était presque méconnaissable. Il venait d'abattre sa royale, et de couper rapidement quelques mèches de ses cheveux.

Noirot eut quelques minutes d'hésitation.

Bah! pensa-t-il, tant pis si je me trompe : un gueux que l'on supprime ne compte pas; si c'est un aristocrate, on a servi la patrie et fait son devoir de citoyen.

Il étendit le bras, et dit d'une voix rude aux soldats qui se tenaient derrière lui :

« Emparez-vous de cet homme.

— Pourquoi? demanda avec hauteur le possesseur du trésor de Kéroulas.

— Vous avez la voix haute, mon gars.

— Mais enfin, dit le jeune homme, on n'emprisonne que ceux qui ont commis un crime.

— On emprisonne les suspects.

— Suspect, moi! Je puis me recommander de la Micheline, de...

— Quand vous vous recommanderiez du diable! rien n'y ferait; si vous n'avez rien contre vous, le citoyen Brutus qui va vous interroger vous remettra une carte de civisme, et je vous ferai des excuses.

— Je suis prêt à vous suivre, » dit le jeune homme.

Les arrestations étaient si fréquentes à cette époque qu'on s'émouvait à peine en voyant passer des malheureux entre les soldats déguenillés de la révolution. On jetait un regard sur le groupe, et quand on avait acquis la certitude que le captif était étranger, on passait rapidement, cédant même à un sentiment de joie égoïste.

Faribole suivit les soldats et Noirot jusqu'à la porte du citoyen Brutus.

Ce représentant du peuple était en effet à Brest depuis le matin seulement.

Noirot l'avait vu avant d'opérer l'arrestation du locataire de la Micheline et du voisin de Madelon, et avait reçu ordre de l'amener non pas au tribunal, mais à son domicile même. Le prisonnier resta avec les soldats dans une sorte d'antichambre, tandis que le citoyen Brutus écoutait les appréciations de Noirot.

« Je me souviendrai de toi! dit Brutus, va! »

Le colporteur sortit à reculons.

« Introduisez le prisonnier, » dit Brutus d'une voix rude.

Brutus était un homme de quarante ans environ, épais, musclé, au cou de taureau, aux membres d'Heroule. Son front étroit dénotait le manque d'intelligence, mais la ruse éclatait dans ses yeux, et corrigeait les pauvretés du cerveau. Sa bouche et son menton étaient d'un être bestial. Il formait un mélange étrange de passions mal assouvies, d'abrutissement et d'adresse. Tout ce qu'il possédait de facultés devait tendre à un seul but : la satisfaction de ses appétits.

Dès que le prisonnier eut franchi le seuil du cabinet de Brutus, la porte fut refermée.

« C'est bien lui ! » murmura l'homme de la révolution.

Le prisonnier leva les yeux, et poussa un cri.

« Antoine ! Antoine ! » dit-il.

Puis il recula comme s'il eût mis le pied sur un reptile.

« Asseyez-vous, monsieur le vicomte Hector de Kéroulas, » dit le citoyen Brutus.

Ce fut ce dernier qui resta debout.

« Je ne m'assiérai point, dit le jeune vicomte, et je refuserai de vous répondre avant de savoir...

— J'allais vous prier de m'entendre. »

Brutus coula un regard plein de fiel sur le prisonnier, et reprit d'une voix doucereuse :

« Je sais que vous avez fait à Paris ce que vous commandaient vos convictions, monsieur le vicomte, et pas un garde du corps n'a prouvé plus que vous son dévouement à la cause des captifs du Temple... Pendant que vous luttiez là-bas, le mouvement se faisait ici... la révolution gagnait... La seule chance qu'on eût d'être utile était de feindre d'abandonner ses amis et ses maîtres... J'ai acheté les terres des Kéroulas, moi fermier et fils de fermier... Je suis parti pour Paris, et je reviens à Brest honoré de la confiance du gouvernement... mais je trahis ! et ne cesse de trahir ceux que je semble soutenir; mon cœur, mes bras, tout appartient encore à la seule cause protégée par Dieu et la justice...

— Hélas! murmura le jeune homme, vous êtes venu trop tard.

— Je le sais, dit Brutus; à l'heure où j'entrais à Brest, vous veniez de perdre votre dernier parent... »

Hector cacha son front dans ses mains.

« Au pied de l'échafaud du comte de Kéroulas, quand vous vous êtes élancé vers une jeune paysanne que l'émotion faisait évanouir, Noirot a cru vous reconnaître... Ce matin, il vous a rencontré proche des ruines du manoir de Kéroulas... vous étiez dénoncé une heure plus tard... Ne pas recevoir sa plainte, ne point avoir égard à ses soupçons eût été maladroit... Je devais encore jouer la comédie infâme à laquelle me condamne l'horreur de ces temps... Je me suis dit : — Monsieur le vicomte reconnaîtra Antoine, le fils respectueux de Jean-Louis; il lui permettra de continuer son œuvre... Les biens de M. de Kéroulas ne sont à moi qu'en apparence... vienne la paix, et je suis trop heureux de vous les restituer, vous demandant seulement de me garder mon bail...

— Honnête Antoine! dit le vicomte avec élan.

— Malheureusement, je ne suis pas maître absolu... pour faire d'un zélé un suspect, il faut bien peu de chose... Je ne saurais vous renvoyer tout de suite, ce serait imprudent; le meilleur moyen de vous mettre en sûreté et de vous soustraire à Noirot comme aux juges du tribunal de Brest, c'est de vous oublier quelque temps...

— En prison! demanda Hector avec effroi.

— Que comptiez-vous faire, monsieur le vicomte?

— Passer en Angleterre cette nuit.

— Seul? »

Hector hésita avant de répondre, mais il ne trouva point que le secret d'Yvonne lui appartînt d'une façon absolue, et il répondit : « Seul! »

— Vous aviez mis dans vos confidences des marins de la côte?

— Je venais de conclure un marché avec des matelots anglais. »

La voix de Brutus devint triste.

« Vous vous méfiez de moi, monsieur le vicomte, tant pis ! vous paralyserez ma bonne volonté et rendrez mes efforts impuissants... N'importe ! une fois en Angleterre, que feriez-vous ?...

— J'attendrais la fin de l'anarchie.

— Votre fortune s'est dissipée en héroïques sacrifices, vous êtes pauvre, monsieur le vicomte...

— Je compte travailler.

— Rude labeur et faible gain ! Je vous crois, jamais gentilhomme de votre race n'a menti...

— Je vous le jure, sur la mémoire sacrée de mon oncle, Antoine, je suis pauvre, très-pauvre...

— Malheureusement, reprit lentement et tristement le citoyen Brutus, ce n'est pas l'avis de Noirot.

— Il croit...

— Que vous possédez un trésor... Noirot calcule... le dénonciateur reçoit au moins une partie des dépouilles de la victime, et si Noirot déteste les nobles, il aime furieusement l'argent... »

Hector garda le silence.

« Monsieur le vicomte, reprit Antoine, que faisiez-vous cette nuit aux ruines de Kéroulas ?

— J'y cherchais des souvenirs, d'anciens et doux souvenirs, » murmura le jeune homme.

Le citoyen Brutus secoua la tête.

« Noirot ne vous croira pas.

— Qu'importe si vous me croyez, vous ?

— Noirot peut lancer une dénonciation contre moi, comme il en a lancé une contre vous... Si je veux vous servir efficacement, je dois rester le pur, le zélé, l'incorruptible Brutus... Eh bien ! Noirot affirme, et la légende du pays est d'accord avec ses pensées, que les caves de Kéroulas renfermaient un trésor... ce trésor vous êtes allé le chercher cette nuit...

— Ce trésor ne m'appartient pas! » s'écria Hector.

L'œil de Brutus lança de fauves éclairs, rapidement éteints sous ses lourdes prunelles.

« Soit, mais vous en êtes détenteur, monsieur le vicomte.

— Oui, reprit M. de Kéroulas, je l'avoue : il y avait au château de mon oncle des valeurs considérables... la veille de sa mort le comte écrivit deux lettres...

— Deux... répéta Brutus...

— Un testament et une lettre, reprit Hector... Dans l'un de ces documents, il m'enjoignait de me mettre à l'abri, de ne point tenter de lutter contre un orage qui nous emporterait tous, de fuir momentanément la France pour échapper à la mort... mais de prendre auparavant dans les caves du manoir une cassette qu'il y avait déposée... J'ai obéi.

— C'est de cette cassette que parle Noirot.

— Encore une fois, Antoine, ce qu'elle contient n'est pas à moi, mais...

— Pourquoi n'osez-vous dire : A votre cousine, mademoiselle Yvonne de Kéroulas!

— Ah! vous avez raison, Antoine, je ne devrais point faire de réticence avec vous, car c'est offenser votre dévouement... mais en vous taisant ce détail qui ne m'est pas absolument personnel, je n'offensais point la vérité... Oui, ce que j'allais chercher dans les décombres du manoir, c'est la dot de ma cousine, les dernières épaves de la fortune des Kéroulas.

— Oubliez-vous, monsieur le vicomte, que je me regarde comme l'intendant de ses propriétés?

— Non, Antoine, et Dieu vous tiendra compte de votre honnêteté ; mais ce que m'a confié mon oncle sera aussi bien gardé que la fortune conservée par vous.

— Maintenant, monsieur le vicomte, il ne reste me plus qu'à vous demander pardon des mesures que je vais être obligé de prendre.

— M'incarcérer ? demanda vivement Hector.

— Pour éviter les accusations de Noirot.

— Soit, Antoine, ce soir vous disposerez de moi; maintenant il me faut quelques heures de liberté... J'ai des dispositions à prendre... je jure de me constituer prisonnier avant la nuit. »

Le regard d'Antoine tenta de fouiller la pensée du jeune homme.

« Est-ce qu'il veut prévenir sa cousine? » se demanda-t-il.

La réflexion le convainquit que mademoiselle de Kéroulas se trouvait provisoirement à l'abri, car Hector ne semblait point s'inquiéter à son sujet. Pourquoi le vicomte voulait-il donc quelques heures de liberté? La cassette ne se trouvait-elle pas en sûreté? voulait-il confier à quelqu'un le secret de ce dépôt? ou plutôt ce dépôt restait-il à faire, et le vicomte ne porterait-il point son trésor avec lui? Brutus fit un prodigieux effort de cerveau, mais il trouva une conclusion.

« Je souhaite que ma condescendance n'ait de suites fâcheuses ni pour vous ni pour moi, monsieur le vicomte... Je ne saurais rien refuser au fils de mes maîtres... Je vous laisse libre sur parole, sachant bien qu'en face de l'échafaud, un gentilhomme ne saurait mentir... Vous avez quatre heures de loisir... passez donc dans mon cabinet, vous y trouverez un costume complet sous lequel je défie que l'on vous reconnaisse...

— Oh! merci! » s'écria Hector.

Il allait franchir le seuil de la chambre désignée par Brutus quand il revint sur ses pas.

« Je préfère garder ces vêtements, dit-il.

— Ils vous compromettront.

— La maison a deux issues...

— Gardées toutes deux par des soldats qui ne manqueront pas de vous reconnaître... Oh! Noirot fait bien les choses! Il vous soupçonne et il me surveille... Quelle raison vous porte d'ailleurs à refuser de prendre pour si peu de temps cette carmagnole qui vous travestira si complétement?

— Je ne puis, » dit Hector.

Brutus s'inclina profondément.

« Recevez, dit-il, ma parole de faire pour votre salut ce que je ne ferais point pour moi-même, en dépit de votre méfiance et de vos soupçons... La justice est lente à venir... elle sera un jour éclatante... Vous ne mettrez pas cette carmagnole, et je vais vous dire pourquoi, monsieur le vicomte... dans la doublure de votre habit sont cachées toutes vos valeurs... Vous pouvez sortir... Je crains pour vous, cela est vrai, et je puis être aussi gravement compromis que vous-même dans une heure... plus encore, proscrit; votre défense, votre tête, voulez-vous tenter de sauver quelque chose du naufrage?... Vous n'avez rien promis, et vous ne devez rien! mais moi, en protégeant votre fuite, je trahis mon parti, et ce parti ne me pardonnera pas... »

Par un mouvement rapide, le vicomte saisit une paire de ciseaux, et en un instant les diamants cousus par Madeleine s'éparpillèrent sur le bureau.

« Je vous en fais dépositaire devant Dieu, Antoine. »

Les yeux du républicain étincelèrent.

« Enfin! dit-il, vous me rendez justice!

— Ces diamants sont plus en sûreté dans les mains d'un honnête homme qu'au fond de toutes les grottes de la côte. »

Brutus fit rouler les diamants dans un tiroir dont il prit la clef.

« Maintenant, dit-il, voici mon plan : pour empêcher Noirot de m'accuser, ce qui ferait seulement qu'on vous donnerait d'autres juges, je vais vous déclarer suspect... comme tel on vous incarcère... il suffira de ne point vous mettre sur la liste de ceux qui doivent passer tout de suite en jugement, pour que le sursis se prolonge à mon gré... Il durera jusqu'à ce qu'un navire de l'État en partance pour une terre lointaine vous prenne à son bord... Je me chargerai des ordres à donner, des préparatifs à faire... Le soir de votre embarquement je remets au capitaine investi de ma confiance une lettre de recommandation instante, et les valeurs que vous venez de me confier... Une fois en mer, votre vie dépend de Dieu seul.

— Vous êtes mon sauveur! s'écria Hector.

— Acceptez-vous ce que je vous propose?

— Tout !

— Vous pourrez par mon entremise correspondre avec mademoiselle de Kéroulas. »

En ce moment quelques fusils brusquement posés à terre dans la salle voisine causèrent un bruit sourd.

« Noirot s'impatiente, dit Brutus.

— Merci encore une fois, Antoine, et que le Ciel vous donne la récompense que vous méritez! »

Brutus frappa un coup sec sur un timbre.

Noirot parut.

Qu'on emprisonne ce jeune homme, dit Brutus, nous verrons après s'il est coupable.

« A-t-il avoué? demanda le colporteur.

— Ils nient toujours, ces gueux de royalistes.

— Vous n'êtes pas sûr qu'il soit le vicomte de Kéroulas?

— Pas encore.

— Et vous ignorez où est la cassette

— Complétement.

— C'est pas fort pour un homme comme vous, » grommela Noirot.

Puis se tournant vers le vicomte :

« En route! » dit-il.

Hector tourna la tête pour échanger un dernier regard avec Antoine.

Mais soit terreur des suites de cet emprisonnement, soit qu'il n'osât fixer ses yeux sur ce beau jeune homme qui marchait si courageusement au-devant de la trahison et du danger, le citoyen Brutus avait en ce moment la tête tournée, et feignait de feuilleter une grosse liasse de papiers.

Quand monsieur de Kéroulas eut disparu, le fils du fermier courut à la porte, la ferma à double tour en prenant la précaution de laisser la clef en dedans, puis il ouvrit le tiroir dans lequel il venait d'enfermer les pierreries, et les prenant fiévreusement dans ses mains, il les fit scintiller, miroiter, briller, étinceler sous les jeux divers de la lumière.

Ses lèvres se dilataient en large sourire, ses yeux luisaient de lueurs fauves; tous les appétits s'éveillaient dans cette nature abjecte, et ce fut avec une expression de joie diabolique et de menace terrible qu'il s'écria :

« La dot d'Yvonne de Kéroulas! La dot est riche, et elles sont bien belles, les filles d'aristocrates! »

VI

Fiançailles.

C'était une belle frégate que la *Thémis*, fine de coque, élancée de mâture, coquette de voiles. Depuis longtemps les gens de Recouvrance n'avaient pu admirer un bâtiment dont la course pût être plus rapide, et qui fût à même de soutenir plus sérieuse attaque et présenter meilleure défense. Car, en dépit de la grâce parfaite de son aspect, la *Thémis* gardait un air martial capable de réjouir les plus difficiles. Par les sabords s'allongeaient les cous de bronze des canons; on devinait que la sainte-barbe regorgeait de munitions; et à une époque où la lutte avec les Anglais prenait les proportions d'une épopée, ce n'était point un détail de peu d'importance. Les matelots qu'on apercevait sur le pont avaient une mine résolue, quelques-uns semblaient presque farouches. L'uniforme gardait alors des facilités et des fantaisies étranges. Les ceintures rouges s'étalaient jusque sur la poitrine, la veste rappelait vaguement la carmagnole, on pouvait se détourner à l'aspect de certains visages. Le pont de la frégate brillait; les cuivres étincelaient; un homme actif surveillait les moindres détails. Le commandant de la *Thémis* ne pouvait être un jeune officier paré de ce grade important comme d'un cadeau d'ordre. Il savait le métier, et sans nul doute avait suivi la pénible hiérarchie de ses grades divers.

Il devait être content.

La *Thémis* tranquille sur ses amarres se balançait doucement. Les vergues soigneusement croisées s'appuyaient sur leurs balancines; celles-ci, des extrémités de la vergue à la tête du mât, figuraient les côtés d'un énorme triangle isocèle, et l'arbre géant qui avait fourni le mât majestueux semblait descendre perpendiculairement jusque dans les entrailles du navire.

Le gréement était lissé, ordonné, propre comme les écheveaux de fil d'une habile ménagère.

Les manœuvres raidies attendaient les matelots hardis et les mousses agiles.

Autour de la batterie seulement on remarquait un

mouvement inaccoutumé. Les marchands et les marchandes faisaient leurs offres de services. Les éventaires contenaient mille séductions naïves pour les marins, ces grands enfants! Le capitaine d'armes maugréait, menaçant de jeter la cargaison à la mer si on ne débarrassait la *Thémis* au plus vite.

Mais en ce moment personne n'écoutait le capitaine d'armes.

Des parents et des amis échangeaient des adieux, des promesses. Les barques dans lesquelles ils se tenaient semblaient collées aux flancs du navire. De l'une d'elles, une femme vêtue en paysanne s'adressait à un mousse alerte au beau visage et à l'œil vif.

« J'ai cousu un scapulaire dans ta veste, mon enfant, disait la mère; n'oublie jamais de prier... oh! les vagues son. mauvaises et hurlent fort la nuit! Cependant, Guilanek, quand je songe au malheur du temps, à nos églises pillées et à nos prêtres massacrés, j'aime mieux te savoir sur l'Océan, près de Dieu, loin des hommes... On se battra, sans doute, ô mon Guilanek, je sais bien qu'on doit se battre... Tu feras ton devoir, partout et toujours... ton père est mort en accomplissant un beau sauvetage : je l'ai pleuré, je le regrette encore; mais je le prie comme un saint, comme un martyr.

— Soyez tranquille, mère, je ferai mon devoir comme un homme.

— Tu auras des heures de tristesse, Guilanek... ceux qui t'aiment le mieux ne pourront te témoigner toute leur affection; à mesure que le matelot monte en grade, si sa tendresse ne diminue pas, il perd au moins le privilége de la témoigner... Pense au pays, au cher pays, à notre maison dans les genêts, à Recouvrance... à la tombe de ton père... et puis, lorsque les rêveries te prendront, elles nous prennent toujours à nous autres Bretons quand la côte a disparu depuis de longues journées, alors tu trouveras ceci, Guilanek... mon cadeau d'adieu, la surprise que je t'ai ménagée. »

Les yeux du mousse étincelaient de curiosité sous les larmes qui les voilaient.

Anaïk prit alors un paquet soigneusement enveloppé, et Guilanek en voyant ce qu'il contenait poussa un cri de joie.

« Un biniou ! dit-il, un biniou !

— Et tu ne seras point consolé seul par les airs de la lande et de la côte, Guilanek... Flambard se souviendra des *pardons* en écoutant tes refrains, Moucheron et Faribole danseront de joie... Et le capitaine, tout capitaine qu'il est, se sentira bien heureux d'entendre les airs des sonneurs.

— Oh ! vous avez eu là une vraie idée de mère, reprit Guilanek... je comprends maintenant ce qui me manquait jadis au point de m'empêcher de respirer... Mon oncle Roscoff avait beau me témoigner toutes sortes de bontés : je restais triste et insensible, j'avais besoin du biniou, du cher biniou de mon pays... Quand j'en jouerai, il me semblera que je respire nos champs de bruyères, et que je vois les genêts jaunes de fleurs former de grandes vagues dorées sur la côte... oh ! ma sainte et bonne mère, il n'y avait que vous pour songer à donner un biniou à votre Guilanek !

— Flambard n'est pas arrivé ? demanda Anaïk.

— Je l'ai laissé chez la mère Lamproie... Occupez-vous d'elle encore ! pauvre femme, la révolution la rendra folle... Moucheron, Madeleine, Faribole et Flambard se font leurs adieux au cabaret.

— Quand levez-vous l'ancre ?

— Nous attendons le vent... ce soir je t'aurai dit adieu. »

En ce moment le lieutenant de quart s'approcha d'un matelot debout sur le bossoir de tribord.

« Sommes-nous à long pic, maître? demanda-t-il.
— Six ou huit brasses, lieutenant. »

Le matelot dérangé par la question de l'officier reprit avec un de ses amis la conversation commencée.

« Ne faites pas déraper... tenez bon à temps, nous attendons le capitaine.
— Je me tiens à dix brasses, » répondit le matelot.

Puis le maître se pencha vers l'un des canots pour échanger quelques paroles affectueuses avec son ami, et lui faire une dernière recommandation relative à son vieux père.

Autour de la frégate, et formant une mobile ceinture, les canots se balançaient sur le dos des vagues.

Les adieux, les baisers, les signaux s'échangeaient.

Le lieutenant donna ordre aux barques de s'éloigner, elles menaçaient de gêner les manœuvres de l'appareillage.

Quelques-unes s'éloignèrent lentement, puis disparurent.

D'autres s'alignèrent à la longueur d'une gaffe, luttant avec leurs avirons et leurs godilles contre l'action du courant et celle d'un léger vent de nord-est.

« Mère, dit Guilanek, voici mon oncle... »

Le canot du capitaine sortait du port et doublait la batterie.

Anaïk salua affectueusement son frère, et Guilanck à cheval sur le bastingage continua de s'entretenir avec sa mère.

La chaloupe de la frégate suivait le canot du capitaine.

Les rameurs les faisaient voler de concert sur les vagues.

L'officier frappa sur l'épaule de Guilanek.

« Il faut songer à la manœuvre, dit-il.
— Adieu! ma mère, adieu! cria Guilanek.
— Au revoir! répéta Anaïk, au revoir! »

Le quartier-maître quitta son ami et jeta autour de lui un regard rapide.

Les huniers étaient placés convenablement sur les fils de caret, qui devaient céder au moindre effort.

Un coup de sifflet strident retentit, et en un instant chacun fut à son poste.

On allait procéder à l'appareillage, quand le capitaine, dirigeant sa lunette du côté du port, s'aperçut que l'on venait d'arborer des signaux.

En ce moment un coup de canon retentit.

« Allons, dit le capitaine, il y a du nouveau. »

La frégate, qui semblait vouloir ouvrir ses ailes, s'arrêta brusquement.

Le capitaine devait attendre de nouveaux ordres.

Il parut plutôt satisfait qu'attristé par cette nouvelle.

Sa présence n'étant plus absolument nécessaire sur le pont, il descendit dans sa cabine, et put voir Anaïk envoyant des baisers à Guilanek.

« Pauvre sœur ! » murmura-t-il.

Et il appela doucement :

« Anaïk ! Anaïk ! »

La paysanne tourna la tête et aperçut son frère.

« On dirait que tu ne me reconnais pas ! reprit le commandant ; parce que l'on m'a donné la place occupée jadis par ce pauvre comte de Kéroulas, tu ne me regardes plus du même air... Suis-je changé, me crois-tu coupable de quelque faute ?

— Non ! répondit Anaïk, seulement l'héritage est lourd à porter.

— Difficile, tu veux dire ?

— Non, lourd comme un fardeau... il y a du sang...

— Anaïk ! Anaïk ! dit le capitaine avec mélancolie, Dieu m'est témoin que j'ai fait pour M. de Kéroulas tout ce qu'il devait attendre d'un homme dévoué et d'un bon matelot... Je l'aurais disputé à l'échafaud, je l'aurais arraché de la prison s'il l'eût voulu... il a choisi la mort... la mort pour le culte de son drapeau blanc! Car il l'avait sauvé à l'heure où fut arboré le drapeau de la république, et c'est en le portant à ses lèvres qu'il a expiré... peut-être aussi voulait-il étouffer des sanglots, car elle était là... elle a tout vu...

— Je sais que tu as fait ton devoir, plus que ton devoir, répondit Anaïk.

— Peut-être trouves-tu que j'ai eu tort de reprendre du service? »

Anaïk baissa la tête.

« Je me suis interrogé longtemps moi-même avant de donner ma parole et de prêter serment.. Je ne voulais ni mentir ni trahir... Je suis enfant du peuple, né dans la misère, condamné au travail; il fut un temps où je ne pouvais rêver aucun avancement, et je devais m'estimer heureux d'être quartier-maître. Ma passion unique était la mer, d'abord; plus tard j'aimai la guerre. Je m'inquiétais peu, je l'avoue, du nom du roi, qui pouvait changer: je me battais pour la patrie, qui reste la même. Je ne connaissais point la cour, je n'y devais jamais aller: j'étais Français et cette qualité me semblait précieuse comme un titre. Je respecte les lois, les pouvoirs établis, les traditions et les croyances... Si j'eusse débarqué à Brest au moment où le roi se trouvait en péril, je l'eusse défendu, soutenu, vengé... Il était mort... L'autorité, tombée entre les mains de misérables, abuse de sa dictature... Ce que j'ai vu m'a fait honte et horreur... mais contre la république, cette légion! que pouvais-je? Je me souvenais de l'histoire des vieux peuples, et je me demandais si la France n'imiterait pas Sparte, Rome ou Venise... Non! je ne le crois plus!... mais je conserve des sentiments d'ardent patriotisme, je me battrai contre l'Anglais avec une rage aveugle, et ne pouvant sauver la France de l'anarchie au dedans, j'essayerai du moins de la rendre glorieuse au dehors !

— Voilà de bonnes paroles, Roscoff, et je les garderai dans ma mémoire.

— Et, demanda le capitaine, pas de nouvelles de la prison ?

— La mère Lamproie a fait jaser Crésus : le jeune vicomte de Kéroulas est toujours au cachot et au secret... seulement on a pour lui des égards...

— Je me défie de Brutus, dit Roscoff, et je m'en défie à plus d'un titre. Il se pose vis-à-vis des républicains comme un homme incorruptible, mais si j'ai pu voir à travers son masque, pour unique opinion il a son intérêt personnel... Suis mes avis, quitte la Bretagne pour un temps... celle dont tu prends soin ne saurait y être en sûreté : Noirot l'a vue, et le regard de Noirot me fait peur...

— Je partirai, dit Anaïk, mais si je m'éloigne, où me retrouveras-tu ?

— Te souvient-il, Anaïk, de l'aiguille de roche ?
— Je crois bien.
— Avant de quitter ta maison écris sur la pierre dans quel endroit tu comptes aller... et si tu abandonnes encore l'endroit où tu te fixeras en quittant notre maison, prends soin de chercher dans les églises abandonnées quelque colonne restée debout, quelque pierre tombale pour y mettre ton nom... Peut-être nous alarmons-nous à tort !... Dieu est bon, et il ne nous oublie pas... »

La conversation d'Anaïk et du capitaine continua longtemps. Tous deux échangeaient des recommandations, et se livraient les secrets suprêmes de leurs cœurs.

Roscoff tremblait pour le sort de Mlle de Kéroulas et se demandait ce que deviendrait le vicomte Hector abandonné à la cruauté farouche du citoyen Brutus.

Roscoff, qui avait obtenu avec beaucoup de peine, et seulement le lendemain du jour où il eut donné son acquiescement aux choses consommées, la permission de visiter le neveu de son ancien capitaine, l'avait trouvé le cœur rempli d'espérance.

Ce n'était point la première fois que l'ancien quartier-maître voyait Hector.

Retournons en arrière, et rappelons-nous le soir terrible qui vit les adieux du comte de Kéroulas et de sa fille.

Quand Roscoff et Guilanek, vêtus en paludiers, eurent escorté à distance l'abbé Colomban et Mlle de Kéroulas; quand ils les eurent attendus pour protéger leur sortie, et que Brin-d'Avoine les eut guidés de nouveau jusqu'à la masure d'Anaïk, le mousse et le matelot demeurèrent à Recouvrance.

Des événements graves, des scènes terribles allaient se passer, Roscoff voulait se trouver à son poste. Les exécutions suivaient de près les arrêts de mort, et le comte de Kéroulas devait être exécuté le lendemain. Seulement, on ne guillotinait pas à l'aurore, ou au crépuscule, mais en plein jour, en face du soleil! Il fallait montrer à la populace ivre les têtes saignantes et les corps décapités.

M. de Kéroulas devait recevoir le salut d'adieu de deux braves.

A l'heure où Guilanek et Roscoff attendaient aux abords de la prison le passage des prisonniers, un paysan et une toute jeune fille se glissèrent auprès d'eux.

Roscoff tressaillit.

Dans la paysanne il reconnut Mlle de Kéroulas.

Le paysan se nommait l'abbé Colomban.

Roscoff allait sans doute tenter d'éloigner la courageuse fille et le prêtre héroïque, mais un roulement de tambours se fit entendre, les portes de la prison s'ouvrirent, et les condamnés parurent.

Le front de M. de Kéroulas rayonnait de sérénité. Il marchait lentement, avec noblesse, et paraissait prier.

Un mouvement rapide de la foule poussa quelques curieux contre les soldats qui se retournèrent brusquement.

« Allons, arrière! cria l'un d'eux.

— Oh! monsieur le soldat, laissez-moi voir! dit une voix douce.

— Tu les détestes donc bien, ma fille!... Allons, tu es jolie, et bonne républicaine... regarde un peu...

— Je vois! je vois! » répondit la jeune fille d'un accent brisé.

Cette voix parut troubler profondément M. de Kéroulas... ses lèvres remuèrent comme si un sanglot contenu les allait dépasser... Il n'osa pas tout de suite lever les yeux. Quand il eut le courage de les tourner du côté d'où la voix était venue, il vit la paysanne et derrière elle le fermier.

Et sa marche parut comme suspendue.

On eût dit qu'il étouffait.

Etait-il heureux de voir Yvonne une dernière fois, ou bien trouvait-il l'épreuve au-dessus de ses forces?

L'escorte, un moment arrêtée par l'empressement populaire, reprit bientôt sa marche.

Le comte aperçut sur la place la machine hideuse aux longs bras barbouillés de sang.

La paysanne suivait le cortége.

Quand M. de Kéroulas eut gravi la seconde marche de l'échafaud, il se tourna vers la foule

En ce moment un jeune homme monté sur un cheval écumant et surmené, blanc d'écume et frissonnant sur ses jambes, parut à l'extrémité de la place.

Le voyageur était loin de s'attendre à se trouver en face d'un pareil spectacle.

Il passa une main sur ses yeux, étouffa une exclamation douloureuse, puis, sautant rapidement à bas de sa monture, il fendit la masse compacte du peuple, et se trouva au pied de l'échafaud.

Le condamné, lui aussi, avait frissonné en le reconnaissant.

Tremblant de le voir commettre quelque témérité généreuse, il plaça son doigt sur sa bouche, puis tirant de sa poche un morceau de soie blanche, il le tint placé sur ses lèvres.

« Vive le roi ! » dit-il, et il mit sa tête sur le billot.

On entendit alors un cri aigu.

Une jeune paysanne venait de s'évanouir.

Le cavalier auquel M. de Kéroulas venait de faire un signe mystérieux reçut dans ses bras l'enfant évanouie.

Cet incident fut à peine remarqué ; une nouvelle victime montait les degrés de l'échafaud, et le peuple voulait lire sur son visage les angoisses de la mort.

L'abbé Colomban se pencha vers la jeune fille et lui adressa quelques mots en langue bretonne.

Le cavalier fendait une seconde fois la foule.

Il venait d'apercevoir roulé dans une flaque de sang un haillon de soie qui avait été blanche.

On crut qu'il agitait une ceinture républicaine, en voyant ce morceau d'étoffe rouge.

Il cacha cette relique dans sa poitrine et remonta à cheval en enlevant Yvonne privée de sentiment.

« Où dois-je conduire ma cousine ? » demanda-t-il à l'abbé Colomban.

Le prêtre leva au ciel ses mains tremblantes.

« Vous êtes le vicomte Hector ?

— Oui, monsieur l'abbé !

— Retournons chez Anaïk, » dit le prêtre.

Le grand air, le mouvement rappelèrent Mlle de Kéroulas à la vie. Elle tourna ses grands yeux effarés vers celui qui l'emportait comme un chevalier de ballade, puis d'une voix pareille à la voix des somnambules, elle dit :

« Le fils du frère de mon père vous ressemblait.
— Je suis Hector, Yvonne.
— Hector ! et vous avez vu s'accomplir l'œuvre impie !
— J'ai tout vu, et peut-être me serais-je laissé entraîner à la sainte exaltation du martyre, si les yeux de mon oncle ne m'avaient en ce moment adressé un ordre suprême...
— Il vous avait écrit la veille.
— A moi ?
— Je vous donnerai la lettre chez Anaïk... »

On entendait un bruit de pas rapides.

L'abbé Colomban prit en ce moment la bride du cheval d'Hector.

Instinctivement Hector se plaça devant sa cousine.

Heureusement un refrain connu annonça aux trois suspects que des amis s'avançaient.

Brin-d'Avoine précédait Guilanek et Roscoff.

Le visage du matelot était sombre ; celui de Guilanek respirait une douleur sincère ; le dernier ressentait de la pitié, l'autre s'irritait de son impuissance.

L'abbé Colomban aborda Roscoff.

« La Providence a de mystérieuses voies, dit-il, Hector de Kéroulas vient de rentrer en Bretagne. »

Le quartier-maître se découvrit.

« Je pense que monsieur le vicomte désire être utile à sa cousine ?
— C'est mon vœu le plus cher, répondit Hector.
— Il faudra d'abord éviter de vous compromettre, dit Roscoff.
— Je ferai ce que vous voudrez, maître.

« — Monsieur le curé, reprit Roscoff, prenez monsieur le vicomte pour compagnon : ce soir Mlle de Kéroulas remettra à son noble cousin les papiers qui le concernent. »

Yvonne baissa la tête en signe d'assentiment.

« Descendez de cheval, Monsieur, ajouta Roscoff, la marche dans les genêts est moins dangereuse. »

Le vicomte se rendit à l'avis du quartier-maître.

Yvonne tendit en silence la main à Hector.

Elle eût été incapable de se soutenir si Anaïk, inquiète des événements de la journée, ne se fût trouvée sur la route, et ne fût accourue à son aide.

Yvonne se jeta dans ses bras et fondit en larmes.

La paysanne s'assit sur le talus, attira vers elle la pauvre enfant brisée et la pressa sur sa poitrine. Ce mouvement plein de tendresse et de respect fut éloquent pour Mlle de Kéroulas. Elle y répondit par une pression lente, et resta un quart d'heure environ appuyée sur l'épaule de la Bretonne.

Quand elle releva la tête, Colomban et Hector avaient disparu.

Quand Yvonne fut rentrée dans la cabane, Anaïk ne lui adressa point la parole pour tenter de la consoler. Elle comprenait la grande douleur de l'orpheline, elle éprouvait de l'admiration et de la pitié pour cette héritière d'un grand nom, maintenant orpheline et pauvre.

L'heure du repas sonna : Anaïk insista doucement pour que la jeune fille acceptât un peu de pain et de vin. Yvonne obéit machinalement Depuis ce moment où à travers un horrible brouillard elle avait vu son père s'agenouiller sous le couperet, ses membres remuaient comme ceux des automates. Elle cessait de penser ; mais de temps en temps elle répétait!

« Mon père! mon père! »

C'était tout

Quand la nuit fut venue, le couplet de Brin-d'Avoine annonça le retour de M. de Kéroulas.

Roscoff sortit, et Anaïk passa dans une pièce voisine.

Yvonne et M. de Kéroulas étaient seuls.

Hector et sa cousine ne s'étaient pas vus depuis de longues années.

M. de Kéroulas se souvenait d'une blonde enfant rieuse et bonne, parcourant les champs et les parterres, cherchant des fleurs dans tous les buissons et des pauvres dans toutes les chaumières. On l'aimait et on la bénissait. Une de ses parentes, religieuse dans un couvent voisin, formait son cœur à la charité; une sage gouvernante et le chapelain du château l'instruisaient. M. de Kéroulas adorait sa fille, et, quoique gâtée, Yvonne n'avait aucun des défauts que contractent vite les enfants sûrs de leur pouvoir. A cette époque, Hector sortait des pages, il jouait volontiers avec Yvonne. Celle-ci aimait son cousin pour ses complaisances et sa belle humeur. Puis il ressemblait aux portraits de tous les jeunes seigneurs de Kéroulas dont la tempe gauche gardait un signe noir distinctif.

La mère d'Hector et le père d'Yvonne échangèrent plus d'une fois des projets dont ils n'entretinrent jamais les enfants.

Quand Hector eut pris du service, il resta à Paris.

Il y avait sept ans que la jeune fille n'avait vu son cousin, quand elle se trouva brusquement emportée par lui, au moment où elle s'évanouissait près de l'échafaud de son père.

Yvonne avait la candeur d'un ange.

Hector ne s'était jamais départi d'une sagesse de conduite et d'une logique d'idées qu'il devait aux principes religieux de sa mère et à la grande estime qu'il faisait de lui-même. Non point que le jeune garde du corps fût enclin à la fatuité, loin de là; il se prisait haut, et il avait raison. De grande race et de grand cœur, il ne voulait mésallier ni sa famille ni son âme. Il ne jugeait point que les folies de jeunesse demeurent sans conséquences : il croyait au contraire que leur influence est décisive. Il comptait servir loyalement le roi; puis, quand il se jugerait digne de prendre une compagne, et que la maturité de sa raison lui permettrait de la rendre heureuse, il dirait à sa mère : — Aide-moi dans mon choix, car si celle que j'épouse doit être ma femme, je veux qu'elle soit aussi ta fille. Avant qu'il eût songé à son bonheur personnel, les événements se précipitèrent. Leur marche fut telle qu'Hector se trouva englouti au sein d'un tourbillon. Il eut l'espérance d'être utile, dépensa sa fortune, risqua cent fois sa vie, échoua dans ses tentatives, recommença avec une persévérance héroïque; et croyant la cause royaliste perdue à Paris, il venait tenter de soulever une fidèle province dans l'intérêt de la prisonnière du Temple.

Les veilles, les soucis, les fatigues pâlissaient ce front pur de vingt ans; l'horrible spectacle dont il avait été témoin dans la matinée brisait ses illusions et son courage.

Il se souvenait qu'il était orphelin en présence de cette orpheline. Les blessures de son propre cœur se rouvraient et saignaient; mais en même temps, il sentait qu'il serait digne du legs fait par le capitaine, et il l'acceptait avec tous ses devoirs.

Mlle de Kéroulas était vêtue de deuil.

Elle tendit la main à son cousin, puis elle lui désigna un siége.

Yvonne tira un sachet de sa poitrine, l'ouvrit, et y prit deux lettres.

Puis détachant de la muraille un crucifix de bois, elle le plaça sur la table entre elle et son cousin.

« J'ignore ce que contiennent ces papiers, dit-elle; mon bien-aimé père me les remit pendant sa dernière veille... Je devais lire cette lettre plus tard, si vous succombiez... Je vous retrouve, nous en prendrons connaissance ensemble... voici la vôtre, mon cousin. »

Tandis que les jeunes gens portaient d'un mouvement simultané les feuillets à leurs lèvres, ils échangèrent un regard voilé de pleurs.

Yvonne rompit le cachet.

Voici ce qu'elle lut :

CECI EST MON TESTAMENT.

Je mourrai demain, fidèle à mon Dieu, fidèle à mon Roi; tu es ma dernière préoccupation terrestre, comme tu fus ma plus vive affection. Une grande tranquillité régnerait dans mon âme si je pensais que je te laisse un soutien, un ami, un époux. Celui que mes souhaits appellent près de toi, c'est mon neveu, Hector de Kéroulas; quand tu liras cette lettre, mon enfant adorée, celui que je supplie de veiller sur toi te sera sans doute réuni; qu'il ne te quitte point sans que tous deux vous échangiez une solennelle promesse. Je la bénis à l'avance, le Ciel la ratifiera. Je vous veux heureux, c'est pourquoi je vous conseille d'attendre pour vous unir que le calme soit rendu à la France, et que le trône et l'autel y soient relevés.

Je vous confonds dans un même embrassement et une bénédiction suprême.

Comte RAOUL DE KÉROULAS.

Quand Yvonne eut achevé la lecture de cette lettre, elle la tendit à son cousin.

Au lieu de rougir, elle devint plus pâle encore.

« Eh bien ! ma cousine ! » demanda Hector en se levant.

La jeune fille cacha son front dans ses mains.

« Triste jour de fiançailles pour nous, amie... dit le jeune homme, mais jour sacré aussi.... Au nom de mon père, le vicomte de Kéroulas, frère du vôtre, Yvonne, je vous donne ma foi et vous fiance mon cœur.

— Au nom du comte Raoul de Kéroulas, mon père, répondit Yvonne, je vous jure de n'avoir en ce monde d'autre époux que vous.

— Scellez votre serment, » dit Hector.

Le jeune homme prit gravement le crucifix et l'approcha des lèvres de sa cousine.

Mlle de Kéroulas le baisa, et le crucifix fut ensuite respectueusement embrassé par le jeune homme.

« Ma cousine, demanda-t-il, n'êtes-vous point curieuse de connaître aussi ce que contient ma lettre ?

— Non, s'il vous est enjoint de me le taire.

— Pour quelque temps encore, cela est vrai. »

Mlle de Kéroulas frappa doucement à la porte d'Anaïk.

L'excellente créature parut sur le seuil.

« Anaïk, dit la jeune fille, je t'aime comme ma nourrice, et tu m'as témoigné autant de dévouement qu'elle-même... apprends la première un secret de famille... la volonté de mon père mort me fiance à mon cousin Hector.

— Il est de vaillante race et se montrera digne de vous, Mademoiselle. » Anaïk, ayant dit ces mots d'une voix grave, s'assit à une distance respectueuse et prit son rouet.

Yvonne et Hector échangèrent de rares paroles.

Ils pensaient au vicomte de Kéroulas mort le jour de l'assassinat de la princesse de Lamballe ; à la vicomtesse Blanche de Kéroulas qui n'avait survécu que de huit jours à son époux : la douleur la tua aussi sûrement qu'une balle. Ils se souvenaient de la comtesse Yolande de Kéroulas, la mère d'Yvonne, qu'une maladie rapide enleva la première année de son mariage; enfin ils avaient vu le matin même le comte de Kéroulas tomber foudroyé par l'ignoble couteau de la guillotine.

Ils se taisaient, ils priaient, ils pleuraient.

La chanson de Brin-d'Avoine s'éleva au loin.

« Voici Roscoff, » dit Anaïk.

Elle dressa rapidement le couvert.

Le marin salua respectueusement Mlle de Kéroulas et son cousin.

« L'abbé Colomban est en sûreté, dit-il, je dois maintenant m'occuper de vous, Monsieur.

— Oh! moi... dit Hector.

— Oh! je le sais, vous êtes brave, mais il y a des lâches qui frappent dans l'ombre... j'ai songé à vous... Madeleine, mère d'un mousse de la *Sainte-Anne*, habite une maison tranquille, à Recouvrance, vous y logerez en attendant...

— Peu de jours, j'espère.

— Comptez-vous passer en Angleterre, monsieur le vicomte?

— Mes projets ne sont pas encore bien arrêtés, je m'entendrai pour cela avec ma cousine.

— Madeleine est déjà prévenue, ajouta Roscoff. Voici l'adresse, ne demandez personne, entrez comme chez vous.

— Vous coucherez-vous de bonne heure, maître Roscoff?

— J'ai l'intention de veiller, répondit le matelot.

— Vous sentiriez-vous de force à m'accompagner à Brest?

— Vous souhaitez y passer la nuit?

— Je désire au moins connaître à l'avance cette maison hospitalière.

— Partons, répondit Roscoff.

— Au revoir, Yvonne, « ajouta le vicomte de Kéroulas.

Hector fut conduit dans la maison de Madeleine, et c'est dans cette même maison qu'il rentra nanti de la cassette que, d'après les indications de son oncle, il était allé chercher dans les ruines de Kéroulas.

Anaïk et Guilanek repassaient ensemble ces divers épisodes en attendant que les ordres du gouvernement fussent arrivés au capitaine de la *Thémis*.

La nuit devenait de plus en plus noire.

Il y aurait eu danger pour la veuve à tenter de gouverner seule son bateau, bien que, comme toutes les femmes de la côte, elle fût excellente marinière.

Les canots des amis et des parents étaient encore nombreux autour du navire; la mère de Guilanek prit place dans l'un d'eux, tandis que sa barque remorquée suivait le sillage.

Une à une pourtant, les embarcations essaimèrent.

La dernière qui resta fut celle que montaient Madeleine et la mère Lamproie.

Ces deux femmes, toutes deux mères par la tendresse et l'adoption, ne pouvaient se décider à quitter les eaux de la *Thémis*.

« Anaïk, dit Roscoff, ai-je besoin de te dire que je veillerai sur Guilanek comme sur mon enfant...

— Je le sais, je le sais, dit-elle en fondant en larmes, mais c'est plus fort que moi, frère, je ne le reverrai de si longtemps!

— Qui sait ce que durera la croisière?

— Peut-être l'éternité, Roscoff. »

On entendit alors deux jeunes voix répéter :

« Au revoir, Madeleine!

— Ma mère, adieu!

— Mère Lamproie, que Dieu vous garde ! »

Roscoff se pencha plus bas, et tendit de loin vers Anaïk sa main qu'elle ne put serrer.

« Je reviendrai ! » murmura Guilanek.

Les rames du bateau de Madeleine tombèrent et frappèrent brusquement la vague.

Anaïk fit un grand effort de courage et répéta :

« Adieu ! adieu ! »

Alors, comme une promesse dernière et un sanglot plaintif, s'éleva le son du biniou de Guilanek.

Tandis que s'éloignaient les trois femmes, la mélodie devenait de plus en plus lente; Madeleine et Anaïk tombèrent dans les bras l'une de l'autre; elles éprouvaient une commune douleur, et trouvaient le même langage pour la traduire.

La *Thémis* se balançait solitaire sur son ancrage, quand le bruit régulier de huit rames tombant en cadence se rapprocha du navire.

Roscoff qui était demeuré dans sa cabine remonta immédiatement sur le pont; une vague inquiétude s'élevait dans son esprit.

VII.

Un passager.

L'embarcation marchait avec une rapidité magique.

« Oh ! du canot, fut-il crié; oh ! prenez le large. »

Une voix rude répondit :

« Commissaire porteur d'ordres du gouvernement pour le capitaine.

— Accostez! » fut-il répondu.

En un moment trois hommes gravirent l'échelle que l'on déplia le long des flancs de la *Thémis*.

Les deux premiers avaient le costume républicain à grands revers, à ceinture rouge; leur mine était dure, leur regard louche. Le troisième personnage, enveloppé dans un ample manteau, le chapeau rabattu sur le front, demeura immobile, tandis que les envoyés du gouvernement descendaient dans la cabine de Roscoff.

« Citoyen, dit l'un de ces hommes, le passager que nous amenons à ton bord est confié à ton zèle bien connu pour la république.

« Voici les ordres qui te concernent. »

Le capitaine lut :

Éviter toute rencontre, de quelque nature qu'elle soit, avant d'avoir pris connaissance du pli cacheté qui vous sera remis...

Briser le sceau de ce pli, le trentième jour de votre navigation, en quelque parage que vous vous trouviez

Suivre les instructions qui y sont contenues sans interprétation, et vous borner à une obéissance disciplinaire.

Le citoyen représentant du peuple,

BAVRUS.

« Je réponds du passager, dit le capitaine Roscoff, et je ne briserai ce cachet que le trentième jour de navigation.

— Et maintenant, citoyen, bon voyage! »

Les deux hommes remontèrent sur le pont.

Le capitaine les accompagna jusqu'à l'échelle, leur adressa un dernier salut, et dès qu'ils furent descendus dans leur canot, les rames fendirent l'onde de nouveau emportant la barque fantôme.

Roscoff chercha du regard le passager.

Il le vit à l'arrière, appuyé sur le bastingage.

« Paré à appareiller! » cria Roscoff.

Il n'y avait pas de temps à perdre, si on voulait être hors des passes avant la nuit.

Le capitaine se tenait debout sur le gaillard d'arrière.

Il avait vraiment l'attitude et la figure d'un vrai marin, le brave Roscoff! Son visage basané, son geste énergique, sa voix de cuivre, son œil de faucon impressionnaient les masses.

Il possédait sur les matelots un grand empire.

Et cependant, à l'heure où il commandait l'appareillage de la *Thémis*, il ne se sentait point aussi à l'aise que dans les jours où, joyeux quartier-maître de la *Sainte-Anne*, il faisait chanter le *rossignol de mer*, ce sifflet auquel chacun obéit avec tant de prestesse et d'ensemble.

Roscoff tenait son porte-voix à la main, tout prêt à commander la manœuvre.

Non loin de lui se trouvait l'officier de quart, ancien matelot que Roscoff ne connaissait pas, enfant du peuple subitement promu à ce grade comme le capitaine au sien.

Julien Grenier était un beau jeune homme, hardi, aventureux, comme il en fallait à cette époque batailleuse. Il comprit le signe que lui faisait Roscoff, et monta lestement sur l'un des canons de la frégate, afin de mieux surveiller l'exécution des ordres qu'il allait donner.

« Range à hisser les huniers! » dit-il.

Le sifflet de maître Flambard répéta le commandement.

En une minute l'équipage se sépara et se partagea de façon à exécuter à la fois trois manœuvres simultanées, tendant à rapprocher les vergues du sommet des mâts de hune.

« Hisse! » dit alors le lieutenant.

Courant en hâlant sur les drisses, les matelots exécutèrent les ordres avec célérité. Les poulies crièrent: on vit les vergues s'élever. Pendant un moment elles s'inclinèrent à droite et à gauche abandonnées par leurs balancines. L'irrégularité de leur position ajoutait à la grâce pittoresque du tableau que présentait alors la frégate. La mâture penchait légèrement en arrière: le bâtiment s'animait, vivait, palpitait. Ce n'était plus une machine, mais un être ayant des fibres et des tendons, des pieds agiles et des bras immenses.

Le lieutenant cria de nouveau :

« Du monde aux écoutes et à la drisse du grand foc. »

Flambard disposa immédiatement des matelots, puis se tourna vers Roscoff qu'il salua :

« Commandant, nous sommes parés. »

Le frère d'Anaïk répondit d'un accent bref que chacun put entendre:

« Dérapez!

— Pare à virer au cabestan, » dit Julien Grenier.

En un instant le tourne-vis fit crier le cabestan comme un être que l'on torture. Les matelots emboîtèrent un pas régulier qui devenait plus rapide par degrés. Le rossignol marin soutenait leur labeur de son sifflement aigu, et les matelots modulaient un de ces airs étranges qui allégent la fatigue et soutiennent la régularité de l'effort.

Soldats et matelots poussaient les barres avec une énergie qui faisait saillir leurs muscles d'Hercules. Ces hommes semblaient de bronze; et si une ride profonde témoignait que la pression opérée leur coûtait tout le déploiement de leurs forces, il était beau de les voir liés à la même tâche, Briarée aux cent bras, imprimant un mouvement gigantesque à la machine chargée d'arracher l'ancre du fond de la mer.

Cependant, en dépit de la s.multanéité de leurs efforts, le résultat se faisait attendre. La sueur coulait du front des matelots.

« Bah! tout le suif que le maître d'équipage cache dans la fosse aux lions n'y suffirait pas : en avant, et un *charivari*, vous autres ! »

Le *charivari* était un vieil usage et constituait en quelque sorte un droit.

Le *charivari* était le libelle, le pamphlet, le réquisitoire du marin.

Pendant les instants que l'ancre mettait à quitter le fond, tandis que le cabestan faisait son œuvre, le matelot citait ses chefs à la barre de sa justice. Tout le monde y passait depuis le capitaine jusqu'au dernier lieutenant. Sans doute plus tard, et à la moindre infraction, la mémoire du capitaine d'armes tenait compte des jugements trop durs et des accusations trop nettement formulées; mais il était rare qu'on connût le nom de l'accusateur. L'insulteur ou le justicier se cachait dans le groupe de ses camarades. Nous disons *justicier* parce que si l'accusation eût été imméritée, les marins se fussent les premiers révoltés contre sa fausseté. Le *charivari* constituait des assises. Pendant ce court moment on avait à bord des navires un épisode semblable à ceux dont parle le poëte Festus. Les *carinantes* équivalaient aux donneurs de charivari. Charles Nodier, habile chercheur d'étymologies, voyait dans le mot *charivari* un souvenir du renversement des chars que l'on traînait à grand bruit dans les arènes.

Pour lui, charivari viendrait de *chars-virés*; le mot de *carinantes chartæ* donné aux satires mordantes, et venu lui-même du verbe *carinor* dont l'infinitif serait *carinari*, ne se rapprocherait-il pas davantage de l'idée attachée au mot *charivari*, si vite obtenu par un changement de lettres, ou peut-être à une question d'euphonie locale, ou simplement à un caprice de prononciation ? Quelle que soit l'étymologie du mot, le fait gardait sa puissance. L'autorité d'un commandant et d'un capitaine est si grande à bord qu'il peut, sans se mettre en faute, faire peser un joug de fer sur un équipage, et qu'on ne peut le lui reprocher, s'il se conforme au texte d'une loi sévère.

Le *charivari* est un avertissement aux officiers trop rigoureux ; le matelot en profite pour leur montrer le danger ; le sentiment de tous se dévoile, l'opinion de l'équipage se manifeste librement.

Mais si, dans de rares exceptions, le *charivari* contenait l'expression d'un blâme et renfermait un reproche, avec quel bonheur le franc matelot y mettait un éloge énergique ! Quel cri d'acclamation pour le brave capitaine, pour le commandant ami de ses hommes, père de ses soldats, qui savait alléger la besogne rude pour le malade et se montrait le premier au feu !

Si les vireurs de cabestan passaient les réputations au crible, celles qui en sortaient victorieuses brillaient d'un éclat de plus, d'un éclat populaire dû à une seule idée commune et à un battement de cœur unique. Il y avait pour les chefs une sorte d'émulation dans la pensée de ce *charivari*, et il fallait lui savoir gré de ses actes de courage, comme l'applaudir par ses justes éloges.

Plus l'opération du virage de cabestan est longue, plus le charivari se prolonge. A l'officier qui aura été injuste, avare ou cruel envers l'ennemi, on jettera ce souvenir à la face ; s'il économise jusqu'à l'avarice, il se l'entendra reprocher. Eh ! qu'importerait aux hommes du cabestan qu'un ministère eût comblé son chef d'éloges ou qu'un conseil de guerre l'eût lavé d'une accusation ! il contrôle les éloges ministériels, il réprouve l'acquittement. Un matelot parle au nom de tout l'équipage ; s'il dit un mot cruel, tant pis pour celui qui l'a mérité, il boira sa honte en silence. On ferait tenir dans quelques-unes de ces manifestations la biographie de plus d'un officier.

Or, à l'époque où se passent les faits que nous racontons, le *charivari* usait de tous ses droits.

Au mot lancé par Faribole répondit un hourrah.

« Charivari! reprit le matelot.

— Pour qui? demandèrent les vireurs de cabestan, dont la voix devenait rauque et haletante, tant ils poussaient avec vigueur la barre de fer dans les trous béants.

— Pour le commandant qui est un brave fini ! » répondit le meneur qui n'était autre que Faribole.

Une seconde après il recommença.

« Charivari!

— Pour qui?

— Pour le lieutenant, bon garçon aussi! »

L'ancre ne dérapait pas. Les matelots réunissaient leurs forces, répétant avec de grands efforts de bras et de poitrine : — Oh ! là là ! là, courage ! — Le fond était solide; la mer, le poids énorme que l'on devait soulever, tout conspirait pour ralentir la rude besogne.

Le sifflet chantait sa roulade fine et fantaisiste, mais il demeurait impuissant, et l'honneur du dérapage revint au biniou de Guilanek. En entendant un air national plein de mélancolie, et dont les notes réveillaient en eux les derniers souvenirs, les matelots opérèrent une manœuvre si puissante que l'ancre quittant le fond, la *Thémis* cula.

« Lieutenant, nous partons! » cria le second maître.

Roscoff prit son porte-voix.

« Hisse le grand foc! la barre sous le vent! Traverse l'écoute de foc! »

La *Thémis* s'abattit sur bâbord comme un oiseau

blessé à l'aile, aussitôt que le vaste triangle de la voile se déploya pour recevoir le vent.

« Borde les huniers ! » ajouta le capitaine.

Les trois voiles quittèrent leurs vergues auxquelles des liens les rattachaient, liens que venait de rompre le mouvement des écoutes, et quand celles-ci eurent achevé leur tâche, la *Thémis* prit son élan.

« Caponnez l'ancre! dit Flambard.

— Elle est à fleur d'eau, parrain, » répondit Faribole.

A bord de *la Thémis* on entendit un long cri poussé du rivage, dernier adieu des cœurs qui battaient là-bas.

On agita quelques mouchoirs et des chapeaux ; le vent poussait le navire : il glissa avec une rapidité fantastique entre la côte et l'écueil qui la rend dangereuse.

Le bâtiment filait comme une flèche, et Roscoff pouvait quitter son poste.

Sa première pensée fut pour le passager.

Il n'avait pas quitté son attitude pensive, et continuait à regarder le rivage, ou plutôt la lumière des phares qui le lui indiquait encore.

Le capitaine, obligé de présider au souper des officiers, ne put immédiatement faire mander le jeune homme ; mais à peine l'équipage eut-il soupé, et l'ordre fut-il transmis de faire coucher la bordée qui n'était pas de quart, que Roscoff appela Guilanek.

« Prie le passager de descendre dans ma cabine, » dit-il.

Guilanek grimpa l'escalier, et s'approchant respectueusement du jeune homme :

« Monsieur, dit-il, le capitaine vous demande. »

Puis il passa rapidement devant le passager pour lui montrer le chemin.

Quand celui-ci se trouva en face de la porte, le mousse frappa, puis ouvrit la porte, et le jeune homme se trouva en face de Roscoff.

« Me reconnaissez-vous, capitaine? demanda-t-il alors en jetant d'un mouvement brusque son manteau et son chapeau.

— Le vicomte de Kéroulas!

— Oui, Roscoff! et si tout de suite je n'ai point couru à vous, c'est qu'on m'avait fait promettre de ne point vous adresser la parole avant que la *Thémis* fût bien au large.

— Vous, monsieur le vicomte! reprit Roscoff, par quel miracle?

— Vous le demandez après avoir tant fait pour nous!

— J'ai agi en homme, voilà tout.

— Eh bien, Antoine vous imite...

— Quel Antoine?

— L'ancien fermier de mon père...

— Antoine... Antoine Quérar!

— Justement!

— Devenu le citoyen Brutus!

— Oui, Roscoff... Antoine investi de la confiance du gouvernement, et qui se sert de son influence pour arracher à la mort les proscrits de la république.

— Cela me semble étrange! murmura Roscoff.

— Vous ne croyez pas à son dévouement!

— Je crois à sa ruse, à son habileté... il tient en main, m'a dit Anaïk, tous les biens territoriaux de votre famille...

— Je le sais; il s'en regarde comme le dépositaire, et nous les restituera dès que l'ordre sera rétabli en France.

— Vous souhaitiez donc émigrer?

— Non, Roscoff: mais vendu par Noirot, je courais de grands dangers... mon père est mort, ma mère, tous les miens, et j'eusse monté sur le même échafaud que le comte de Kéroulas sans rien regretter, sinon d'avoir été inutile à la plus sainte des causes, si un devoir à remplir ne m'eût été légué par mon oncle...

— Ah ! oui, murmura Roscoff, mademoiselle Yvonne !

— Ma pauvre cousine n'a plus que moi ; la volonté de son père nous a fiancés, je dois vivre pour elle...

— Vous avez raison, monsieur le vicomte ; l'exécution scrupuleuse d'un devoir est plus noble qu'un trépas volontaire. Seulement bien des choses restent obscures pour moi dans votre récit... Vous avez quitté la prison où on feignait de vous oublier pour monter sur la *Thémis !*

— Oui.

— Vous êtes ici à l'abri de la hache ; mais, au lieu de vous renfermer dans un navire dont le retour ne semble nullement déterminé, pourquoi Brutus ne facilitait-il pas votre départ pour l'Angleterre ?

— Il a cru prudent de me faire donner asile sur un bâtiment de l'Etat ; dès que nous apercevrons un navire faisant voile pour l'Angleterre, je quitterai la *Thémis*, et...

— Monsieur le vicomte, dit Roscoff ; le matelot de la *Sainte-Anne* pouvait à terre se dévouer à vous corps et âme ; sur la *Thémis* le commandant qui gouverne tant d'hommes est esclave des ordres reçus.

— Quels sont ces ordres ?

— De fuir une rencontre, d'éviter toute bataille jusqu'au trentième jour de navigation.

— Excès de prudence ! objecta Hector.

— Je me défie de la prudence, la ruse se cache souvent sous une apparence honnête.

— Mais après ces trente jours...

— Après, je prendrai connaissance de nouveaux ordres.

— Attendons avec confiance, Roscoff. »

Le capitaine se mordait les lèvres d'un air pensif.

Il se leva, puis regardant Hector de Kéroulas avec tristesse :

« Vous ne m'en voulez pas, monsieur le vicomte?

— De quoi, Roscoff?

— De servir sous un drapeau qui n'est pas le vôtre.

— Tu sers la France, brave marin! tu te souviens que les armes de Paris sont un vaisseau, que Duguay-Trouin et Lamothe-Piquet étaient des Bretons comme toi, et tu marches! Non! non! je ne te blâme pas... Tu crois à l'avenir, au progrès sans doute! une honnête liberté te sourit d'en haut! et malgré les excès commis en son nom, tu veux croire qu'elle vient de Dieu! Roscoff, tu gardes la religion au cœur et l'amour du pays : avec ces opinions-là on suit toujours la bonne route!

— Je me rends ce témoignage, monsieur le vicomte, que je crois agir loyalement, et je vous sais gré de le comprendre... Je regrette seulement que, parmi nos officiers, votre nom et votre titre soient des accusations! Vous trouverez de l'hostilité peut-être, quelques-uns épousent la révolution dans toutes ses horreurs, et plus d'une fois vous entendrez blasphémer ce que vous respectez. N'oubliez point que je suis dans l'impossibilité de vous défendre, et que vous ne devez ni répondre, ni comprendre, ni rien relever de ce qui vous sera douloureux : ce bâtiment appartient à la république, et c'est le drapeau de la république qui flotte à nos mâts.

— Vous n'aurez pas à vous plaindre de moi, Roscoff, répondit le jeune homme. Je serai patient, et si j'étais tenté de m'oublier, vous me rappelleriez au calme par un seul regard.

— Je crois prudent de ne pas révéler votre nom, et je préviendrai Flambard et les mousses.

— Agissez à cet égard comme vous voudrez; ce que vous ferez sera bien fait. »

Le capitaine mit sa main dans la main que lui tendait le vicomte, et celui-ci gagna la cabine que Guila nek lui désigna. Roscoff fut longtemps à s'endormir, et ses dernières paroles furent celles-ci :

« Quelle peut être la pensée secrète du citoyen Brutus! »

VIII

Révolte.

Le jour se leva radieux, illuminant le ciel de lumières roses, orangées, écarlates, baignant de lueurs la mer à peine enflée. Le vent était bon, et la *Thémis* filait sous ses voiles blanches, comme un oiseau gigantesque échappé à la destruction des êtres du premier monde. On eût dit un plésiosaure fantastique, dressant ses mâts comme le cou de serpent de cette créature antédiluvienne, agitant ses nageoires dont il pouvait se faire des ailes, et parcourant l'espace avec une rapidité dont la foudre seule peut nous donner la mesure.

Dès que le capitaine fut sur le pont, et Roscoff se levait à l'aube, il prit à part le maître d'équipage, Faribole et les deux mousses.

« Sais-tu, demanda-t-il à Flambard, le nom du passager ?

— Non, capitaine. »

Roscoff haussa les épaules.

« Est-ce que tu ne m'aime plus, Flambard ?

— Pouvez-vous croire, capitaine !

— Alors, appelle-moi Roscoff dans l'intimité... c'est déjà bien assez désagréable que tu sois forcé de me respecter en public.

— Je te respecterai toujours et partout, Roscoff, parce que je t'estime.

— Bien, matelot, bien!., je ne remercie la république que d'une chose : elle permet au moins de se tutoyer!.. Eh bien! ce passager, c'est... »

Flambard, Faribole et Moucheron se rapprochèrent. Guilanek ne fit pas un mouvement, il était dans le secret.

« C'est... répéta Flambard.

— Le vicomte de Kéroulas.

— Qui l'a fait embarquer?

— Le citoyen Brutus... un républicain et un féroce, je t'en réponds... Tu ne le connais pas autant que moi parce que tu as vécu davantage sur mer, mais Anaïk a grandi dans le voisinage du domaine de M. de Kéroulas, père de Mlle Yvonne... et Antoine Quérar en était fermier; cet Antoine est le fils de Jean-Louis Quérar, un honnête homme dont le dévouement s'est prouvé plus d'une fois... Anaïk est une bonne âme, toujours prête à penser des gens des choses avantageuses; la famille des Quérar s'était même montrée excellente pour elle, hors Antoine, sorte de sauvage épais et rusé, de lourde encolure, mais pétri de malice, venimeux et rancunier, avare et sournois... Il eut dans le temps une vague idée de demander Anaïk en mariage, mais la pauvreté de la fillette l'empêcha de suivre le seul instinct droit auquel il eût un moment cédé... Tu le sais, pendant le grand bouleversement nous boulinions ensemble, et Mériadec nous apprit la vérité, comme nous voyions de la rade blanchir Recouvrance... Anaïk savait peu de détails sur l'existence d'Antoine. Il avait quitté le pays depuis un certain nombre d'années; son père en mourant le fit héritier d'un petit bien, il le vendit et partit pour la capitale. Il revint à Brest une seule fois, et sa présence devint comme un signal de pillage et de destruction. Ce fut pendant son court séjour au pays que commencèrent les vols et les incendies. Il parlait de proscriptions et d'échafaud avec une joie diabolique, et se vantait d'avoir bu un verre de sang d'aristocrate. Le château de Kéroulas fut réduit en cendres; Mlle Yvonne échappa à grand'-peine au massacre, et peu de jours après la nuit horrible où ma sœur la recueillit à demi morte. Antoine, devenu le citoyen Brutus, acquérait le domaine de l'orpheline pour la valeur d'une paire de bœufs... Tu sais ce que le gouvernement a fait de notre capitaine, dont Dieu ait l'âme ! A l'heure où il montait sur l'échafaud, le vicomte Hector entrait à Brest; il reçut la bénédiction et les ordres du mourant, vit sa cousine, se fiança à elle selon le vœu de son oncle, puis partit pour Brest, où je lui ménageai un logement chez la mère de Faribole... Le lendemain, il était dénoncé par Noirot, conduit devant Brutus, et mis en prison... Les nouvelles maritimes reçues devenaient de plus en plus mauvaises... On guillotinait les nobles, et les nobles possédaient les charges; il fallait remplir les cadres... on choisit des gens expérimentés dans la pratique, mais plus braves que savants... De quartier-maître à bord de la *Sainte-Anne*, je devins capitaine de la *Thémis;* un bel avancement, matelot ! qui pourtant me laissa le cœur triste. On m'a donné pour officiers des hommes que je ne connais point, bons peut-être, habiles aussi, mais qui sont là d'hier. Excepté toi et les moussaillons, je n'ai pas un ami à bord... Tu sais qu'hier au moment de partir nous avons dû attendre... le commissaire du gouvernement m'amenait un passager, dont je ne pus au premier moment distinguer les traits... ce passager est M. de Kéroulas, et le citoyen Brutus le recommande... Quand le noble jeune homme m'a conté tout cela hier, j'ai frémi malgré moi : je soupçonne une trahison, je flaire un danger... Je ne crois ni à la générosité ni à la pitié d'Antoine; il a tendu un piège, mais, sambleu! qu'il ne me charge point d'y faire tomber le neveu de mon capitaine!

— Tu exagères tes craintes, dit Flambard.

— Je le souhaite; dans tous les cas, je voulais te recommander ceci : le vicomte de Kéroulas est simplement pour nous le citoyen Hector... nul de nous ne le reconnaîtra.

— C'est bien, répondit Flambard.

— Vous entendez, vous autres? demanda Roscoff.

— Oui, capitaine. »

Un moment de silence régna entre les amis : le commandant fit un signe, les mousses s'éloignèrent.

« Mer jolie, et bonne bise! dit Flambard gaîment, pourvu que la Providence... dis donc, Roscoff, entre nous je peux bien parler de la Providence... quand les autres seront là, les rouges, je dirai le hasard... pourvu que la Providence nous envoie sous le vent un bon petit navire ennemi. »

Roscoff tressaillit et ne répondit pas.

« Hein, poursuivit Flambard, comme le canon ronflerait, et quelle satanée mitraille j'enverrais dans une coque de frégate, de corvette ou de brick, peu m'importe, pourvu qu'il s'agisse de se bûcher... Ma parole, j'éprouve déjà une démangeaison, et gare au premier matelot qui se frotte à moi dans un abordage. Espérons qu'avant six semaines... »

Flambard se vit interrompu dans sa profession de foi belliqueuse.

Les hommes de quart se relayaient; l'heure du repas était venue.

Le matelot suivit ses camarades, et l'activité matinale qui règne à bord d'un navire commença sur la *Thémis*. On lava le pont, les cuivres étincelèrent; on mit en ordre le moindre bout de filin; les mousses couraient comme des écureuils dans la mâture et sur les vergues; le soleil rayonnait de toute la magnificence juvénile d'un jaune soleil de mai.

Le vicomte de Kéroulas parut sur le pont.

Apercevant Roscoff à l'arrière au milieu de ses officiers, il lui adressa un salut réservé, et il comprit à la direction de tous les regards qu'on s'occupait de lui.

Le déjeuner réunit l'état-major et le passager.

Roscoff le nomma à chacun des officiers; on échangea froidement des formules de politesse; bien que le nom du citoyen Hector eût été seul prononcé, les officiers de la *Thémis* se sentaient gênés en face du gentilhomme. La simplicité de son costume n'enlevait rien à la distinction aristocratique de ses manières. Le lieutenant Julien Grenier et le sous-lieutenant Pierik Lenovou ne se sentaient pas les égaux de leur voisin de table. Il parlait peu, mais ses paroles et sa voix avaient quelque chose de particulier et d'indéfinissable. On ne pouvait le haïr sans motif; mais on s'éloignait de lui instinctivement. Vers la fin du repas, soit hasard, soit volonté, et afin de connaître un peu mieux le citoyen Hector, les officiers amenèrent la conversation sur la politique.

Julien aimait la république en enthousiaste, en poëte; il refusait de voir ses infamies et les regardait comme la suite de l'opposition qu'on avait faite à son avénement. Il secouait ce qu'il nommait les préjugés de l'enfance, citait à tout propos les héros antiques, refusait de voir le sang répandu, les victimes immolées et montrait la liberté resplendissante, le bonnet phrygien en tête, la lance à la main, régénérant le monde à son apparition attendue. Julien avait lu Jean-Jacques et Voltaire; l'entraînement de la jeunesse faisait le reste. Il se déclarait prêt à mourir pour cette république sacrée, et jurait qu'il lui sacrifierait sans regret non-seulement ses biens et son avenir, mais sa famille et sa vie!

Pierik était tout autre.

Privé d'enthousiasme, parce que les enthousiastes sont au moins doués de facultés puissantes et vivaces, il voyait dans l'ère de la république l'avénement du prolétaire, l'avilissement de la noblesse, presque sa suppression, le triomphe des oseurs, le revirement subit des fortunes. Il ne se contentait point d'être parvenu d'une façon inespérée au grade de sous-lieutenant; il ne pardonnait pas à Roscoff de l'avoir emporté sur lui. Il ne voulait l'égalité des rangs qu'afin d'arriver à dépasser les autres. Son républicanisme, austère en apparence, avait mille accommodements tacites. Il sentait le besoin de luxe, non par goût des belles choses, mais pour se vautrer au milieu du bien-être qui longtemps lui fut étranger. Pierik était capable de soutenir ses opinions avec la dernière bravoure, mais l'entêtement entrait pour beaucoup dans ce courage. En somme, ce qui dominait en lui, plus que tout autre sentiment, c'était la haine de la noblesse, et le sentiment de l'infériorité où le laissait, quoi qu'il en dît, cette noblesse persécutée.

Le troisième officier, appelé Candale, était un brave marin ne voyant qu'une chose : le devoir, ne connaissant qu'une chose : la discipline. Il respectait Roscoff, parce que Roscoff était son capitaine, il se montrait rude avec ses subordonnés, convenable avec ses égaux. Il professait une sorte de culte pour les choses établies, et cette disposition d'esprit fut cause que la révolution le choqua par le renversement brutal qu'elle fit des usages, des costumes et des lois. Sa stupéfaction fut plus grande que sa tristesse. Quand il revint de cette impression violente, les faits étaient consommés, il n'y avait plus de trône ni d'autel; la révolution adorait une idée abstraite, qu'elle représentait sur ses autels par quelque fille éhontée. Les feuilles périodiques donnaient des bulletins, publiaient des discours. Les faits ne pouvaient se controuver; Candale les accepta. Nous l'avons dit, Candale était pour la chose établie, pour la loi du moment. Il obéissait à l'édit nouveau, du moment que c'était un édit. L'esprit de Candale, patient et lent, trouvait aisé de se plier à l'ordre reçu. Il ne se révoltait pas, ne se montrait point curieux, ne demandait ni raisons ni explications. On commandait, il obéissait. Rien ne lui importait au delà. Si quelque jour on lui eût fait un crime d'avoir servi plusieurs pouvoirs, il n'eût pas saisi le sens de cette accusation. Il avait été discipliné, attentif et respectueux sujet de la discipline. Son devoir s'accordait avec sa nature, et le portait à obéir.

Quand le capitaine Roscoff dit à Candale :

« Je vous serai obligé, citoyen, d'avoir des égards pour le citoyen Hector, spécialement recommandé par le représentant du peuple Brutus Quérar... »

Candale répondit avec une cordialité militaire :

« Je serai heureux de faire quelque chose pour le citoyen Hector. »

Julien, qui trouvait une grande séduction dans l'air chevaleresque de M. de Kéroulas, mit plus d'élan dans sa réponse; Pierik seul fixa sur le jeune homme un regard froid. Il s'inclina légèrement et ne répondit pas.

Après le déjeuner les officiers se séparèrent.

Hector remonta sur le pont.

Dans sa cabine il se trouvait seul; au milieu de l'état-major il se sentait entouré d'hostilité mal définie; en face de la mer, il revivait. Enfant il l'avait entendue déferler le long des roches escarpées quand il habitait Kéroulas; les vagues dans leur ressac monotone, leur flux et leur reflux, leurs colères ou leurs caresses, berçaient son sommeil et poursuivaient avec lui un entretien mystérieux. Sur leur crête écumeuse il vit plus d'une fois se dresser une svelte apparition qui, par degrés, prenait la figure et la taille d'Yvonne. Penché au-dessus des flots, balancé par ce remous incessant, il ressentait l'impression du danger lointain, l'orgueil de la difficulté vaincue; les plaisirs d'une traversée sont de beaucoup augmentés par le péril couru. D'ailleurs, hors Roscoff, Flambard et les mousses, il n'avait pas d'amis et n'en pouvait avoir. Il préférait donc la vue du ciel et de l'océan à une causerie où il n'eût rien apporté de lui-même ou à une discussion qui peut-être l'aurait froissé. On pouvait prendre son abstention pour de la sauvagerie; mais il était presque impossible que le hardi et franc jeune homme ne se trahît pas, s'il se trouvait engagé dans une conversation grave.

Vers le soir, le ciel, si brillant le matin, se couvrit de légers nuages, et maître Flambard regarda plus d'une fois l'horizon d'un air inquiet.

Mais au moment où sa préoccupation semblait plus grave, une diversion heureuse lui fut offerte.

Du haut d'un mât, la voix de Faribole venait de crier :

« Navire par notre hanche de tribord. »

Roscoff bondit, saisit sa lunette, et regarda.

C'était bien un navire, en effet, et un navire anglais, autant qu'on en pouvait juger malgré la distance.

« Enfin, ça ronflera, dit Flambard; les canons se seraient rouillés sous l'eau de mer, le feu les nettoiera! »

Le capitaine prit son porte-voix :

« Laisse arriver de deux points! hisse les perroquets et les bonnettes! largue les riz des huniers! »

Ces ordres divers s'exécutèrent rapidement.

Presque aussitôt il fut possible de distinguer le drapeau anglais.

Les officiers, groupés sur le pont, attendaient avec une visible impatience que le capitaine fît préparer les armes pour le combat.

Mais le commandant de la *Thémis* ne paraissait

point y songer. L'on eût dit, au contraire, que son but unique était d'éviter une rencontre. La manœuvre commandée avait pour but de s'éloigner de l'ennemi, et les matelots observaient le capitaine avec une attention peu bienveillante.

L'équipage de la *Thémis* ne connaissait point Roscoff. Hors Flambard, Faribole et les mousses qui avaient navigué de concert avec lui sur la *Sainte-Anne*, et qui vantaient son courage, son bon cœur et son sang-froid, personne ne pouvait l'apprécier encore. On attendait le nouveau capitaine à l'œuvre. Il avait su obéir, et comme matelot on le trouvait brave; mais en ce moment il ne s'agissait plus de batailler sous l'œil des chefs, il fallait prendre l'initiative, se porter le premier à l'abordage, et courir de terribles chances. Le peu d'empressement de Roscoff à attaquer le navire anglais était d'un mauvais présage. Les officiers paraissaient mécontents; les matelots prenaient un air rogue, et Flambard s'occupait d'une foule de choses qui ne le regardaient pas, afin d'éviter par un mouvement perpétuel qu'on devinât sur son visage ce qui se passait en lui.

« Crois-tu qu'on nous voie, Flambard? demanda brusquement Roscoff au contremaître.

— S'ils nous voient?... les voilà qui parlent... » On entendit le sifflement d'un boulet qui tomba à quelque distance de la *Thémis*.

« Ne répondons-nous pas, capitaine? s'écria Pierik.

— Ceci me regarde, citoyen, répondit froidement Roscoff.

— C'est juste! murmura Candale... la hiérarchie, la discipline... »

La *Thémis* avait l'avantage sur le navire anglais. Elle était meilleure marcheuse et pouvait devancer la corvette à la course.

Le capitaine ordonna que toutes les voiles fussent

déployées; un sourd murmure répondit à cet ordre.

« Nous fuyons, s'écria Julien Grenier! Je ne crois pas cependant que nous soyons marins pour manger du biscuit et faire le quart! Nous avons du sang à verser pour la France, et des revanches à prendre... La bataille se présente, vive la bataille! et que ces coquins d'habits rouges apprennent que la *Thémis* soldera le compte du *Cyclope*. »

Roscoff fit un pas vers le jeune homme.

« Silence! » dit-il.

La corvette ayant imité la manœuvre, et le capitaine aimant mieux l'éviter que de continuer cette chasse, il fit diminuer subitement sa toile, et feignit d'attendre la corvette et de risquer le combat. Quand le navire anglais fut dans ses eaux, car, moins agile que la *Thémis*, il ne put se mouvoir de façon à lui passer en proue, Roscoff ordonna de tout serrer au plus près. Immédiatement ce mouvement fut imité par l'anglais, et la corvette poursuivit la *Thémis* avec un redoublement d'ardeur.

En même temps les boulets continuaient à pleuvoir dans la direction de la *Thémis*. Flambard serrait ses poings de rage. Le dernier des boulets causa un accident assez grave : la partie supérieure du grand mât tomba sur le tillac, et la grand'voile et le pavillon roulèrent sur le pont.

« Ne seriez-vous ni Français ni soldat? demanda insolemment Pierik. Le drapeau de la république est insulté, et vous ne lavez pas l'insulte?

— Une déchirure ne fut jamais humiliante pour un pavillon; vous sauriez cela, citoyen, si vous vous étiez souvent battu, répondit Roscoff.

— Si je me suis peu battu, l'occasion m'a manqué.

— Sachez l'attendre.

— Mais le canon tonne là-bas.

— Le vent est bon et la *Thémis* file bien ; la nuit baisse, dans une heure l'ennemi ne nous apercevra plus... »

Pierik murmura une phrase dont le capitaine ne devina que trop le sens injurieux.

Tandis que Roscoff surveillait les mouvements de la corvette, les officiers groupés sur l'arrière causaient vivement. Le doux et silencieux Candale lui-même paraissait oublier son respect de la discipline. Comme les chevaux de race généreuse dressent l'oreille aux éclats de la fanfare, officiers et marins brûlaient du désir de se battre. L'impassibilité du capitaine leur paraissait une lâcheté. Les intérêts de tous étaient lésés par suite de l'abstention du capitaine. Les officiers, ne pouvant se signaler par une action d'éclat, perdaient des chances d'avancement, les parts de prise des matelots étaient perdues ; mais par-dessus tout l'honneur national se trouvait humilié. Non-seulement la *Thémis* ne désirait pas le combat, mais elle le repoussait.

La *Thémis* était déshonorée.

Roscoff, malgré son grade, avait-il le droit d'humilier le pavillon français ?

Dans une circonstance pareille, officiers et matelots ne pouvaient-ils arracher ses pouvoirs à l'homme qui s'en montrait indigne ?

Ne devait-on point refuser toute obéissance à celui qui trahissait la république ?

Toutes ces pensées, vagues d'abord dans l'esprit de chacun, ne tardèrent point à se formuler. On hésita avant de se les communiquer ; mais dès que les marins se virent soutenus par Julien, le sombre Pierik et le second, ils ne craignirent plus de manifester leur mécontentement.

Roscoff suivait froidement et calculait les progrès de la révolte

Le sentiment du péril qu'il courait ne l'empêchait point de continuer à donner ses ordres avec sang-froid.

« Est-ce que par hasard le capitaine de la frégate serait un aristocrate? demanda Julien en s'adressant à Pierik.

— C'est tout bonnement un lâche, répondit celui-ci avec un geste de mépris.

— Lâche, peut-être, reprit Julien, mais au fond partisan de la noblesse et des préjugés... Ne le voyez-vous pas souvent avec cet étranger, que je jurerais être un ennemi de la France?... Egalité, fraternité, ces deux mots ne sont pas de son dictionnaire; si nous parlons patriotisme il ne nous entend pas davantage... Ce stupide Candale l'écoute... Est-ce que la république durerait avec des patriotes comme ceux-là?... Si le capitaine à qui la *Thémis* est confiée ne fait pas son devoir, j'ai le droit de prendre sa place...

— La hiérarchie! balbutia une voix.

— Il y a aussi les droits de l'homme et la constitution!

— Et les droits de l'homme, c'est l'égalité! dit un maître en s'avançant.

— Il faut juger le capitaine, reprit un officier.

— C'est déjà fait, » répondit un autre.

Les matelots se rapprochaient de plus en plus du groupe d'officiers.

« N'est-ce pas, vous autres, demanda Normand, que vous ne souffrirez pas qu'on refuse la bataille?

— Mort aux Anglais! répondirent vingt voix.

— Et que vous regarderez comme un traître celui qui vous défendra de pointer vos canons?

— La bataille! la bataille!

— Mort à l'Anglais! A bas le capitaine!

— Jetons-le par-dessus le bord.

— Fusillons-le.

— La république veut être servie, la république ne peut être humiliée.

— Fusiller le capitaine...., dit un matelot.

— Qu'est-ce qu'on fait à Paris, et à Nantes, et à Brest? On fusille, on guillotine... les émigrés, les girondins, les fayettins sont faits pour ça... je suis pour qu'on tue... »

En ce moment la voix de Roscoff commanda une manœuvre.

« Etes-vous décidés à la révolte? demanda Normand.

— Nous voulons rendre ses boulets à la corvette.

— Eh bien donc, ne répondez pas à l'ordre du capitaine. »

Roscoff répéta le commandement.

Le groupe des matelots demeura immobile.

Flambard comprit ce qui se passait; un coup de sifflet appela auprès de lui les mousses et Faribole.

« Songez que vous êtes responsables de l'ordre que je vous donne, dit Roscoff qui vit que l'heure de la lutte était venue.

— La bataille! la bataille! » répondirent-ils.

Normand et ses camarades s'avancèrent d'un air menaçant.

« Pilotin, dit Roscoff, préviens les officiers que je les demande. » Puis avisant le matelot qui semblait le plus animé par les conseils de Pierik, le capitaine le saisit par le collet, et le remettant à Flambard :

« Attache-le au pied du mât, » dit-il.

Cet ordre n'était pas facile à exécuter. Normand se débattait entre les mains robustes de Flambard, et opposait une vive résistance.

En ce moment un des officiers parut sur le pont; bientôt l'état-major suivit, entraînant du côté de Roscoff une partie de l'équipage.

Le vent venait de changer. La tempête menaçait d'ééclater, et ce n'eût pas été trop de tout l'effort des volontés réunies de ces hommes pour lutter contre la bourrasque. Mais les violences de l'indiscipline éclatèrent, les matelots tentèrent de s'emparer des canons ; les soldats, dont une partie était du côté des révoltés, ne parvenaient point à contenir les mutins. Le danger éclatait partout. Le tonnerre grondait, la mer battait avec furie les flancs du navire. L'officier de quart, occupé à lutter avec ses camarades contre l'envahissement du gaillard d'arrière, ne pouvait en ce moment s'occuper du navire. Les huniers amenés se gonflaient de vent, ralinguaient ou battaient en furie contre les hunes, selon que les vagues faisaient aller le navire à babord ou à tribord, au vent ou sous le vent. L'aspirant qui se tenait à la barre ne pouvait rester maître de la frégate. C'était un enfant de seize ans, et l'énergie de Flambard eût été à peine suffisante.

Les révoltés s'étaient armés à la hâte, les uns de haches, d'anspects ou de pinces empruntés à l'armement des canons du gaillard d'avant et de la batterie ; les autres d'avirons pris dans la chaloupe ; ceux-ci de cabillots de fer ou de bois, ceux-là de chandeliers de hunes que l'on avait démontés.

Le parti du capitaine était de beaucoup inférieur en nombre ; seulement de ce côté on était pourvu d'armes et de fusils.

Au moment décisif, Candale, fidèle à ses principes sur la discipline, passa du côté de Roscoff.

Quand tout fut prêt, et que la mêlée parut imminente, Roscoff fit croiser quelques baïonnettes ; puis, s'adressant au matelot qui avait crié le premier : A bas le capitaine ! et qui était encore à la tête des meneurs :

« Rublot, dit-il, viens me demander pardon.

— Moi ! hurla Rublot, moi demander pardon !

— Ou tu seras pendu, » ajouta froidement Roscoff.

Alors le capitaine jeta le sabre qu'il tenait à la main, prit un de ses pistolets, l'arma, et, sans paraître ému, marchant droit au robuste matelot entouré de factieux, il le saisit brusquement au collet, pendant qu'il dirigeait le canon de son arme vers celui des mutins qui s'élançait au secours de Rublot.

« A nous deux, » dit-il; et il l'entraîna sur le gaillard d'arrière.

L'instinct du matelot hardi à la lutte, prêt à montrer ses poings, à relever ses manches et à jouer du bâton, l'emporta sur le sentiment de la dignité de son grade. Le lutteur de Basse-Bretagne reparaissait tout entier.

Celui que le capitaine avait menacé de son pistolet ne fit qu'un bond. Il coupa brusquement le chemin à Roscoff et lui asséna un coup de pince qui aurait fait chanceler un moins robuste. Roscoff, malgré la violente douleur qu'il ressentit et la commotion imprévue du choc, ne lâcha pas Rublot qui suffoquait, et se tournant vers le matelot, il lui brûla la cervelle.

Un tumulte épouvantable éclata.

La mêlée devint effrayante. Les mutins sentaient qu'il fallait vaincre ou se voyaient perdus; les amis de Roscoff comprenaient la nécessité de terminer au plus vite cette scandaleuse révolte. Les officiers fidèles et Flambard tuèrent d'une seule décharge de leurs pistolets cinq des factieux les plus ardents. Faribole assomma avec un aviron un aspirant qui avait aidé et poussé à la révolte. Roscoff ne lâchait pas son prisonnier. Les partisans de Normand, de Rublot et de Maclou, en voyant s'entasser les morts de leur côté, se demandaient jusqu'où irait le châtiment des coupables. Roscoff semblait terrible dans ce moment. Ses yeux lançaient des éclairs, sa voix tonnait, la crosse de son pistolet semblait une massue.

Une voix de matelot cria :

«Rendez-nous Rublot, et nous mettrons bas les armes.

— Mieux vaudrait demander ta propre grâce que de t'occuper de ce bandit, » répondit Roscoff.

Une balle siffla et blessa le capitaine à la joue.

Il étancha le sang qui coulait, d'une voix forte et calme commanda la manœuvre, fit jeter six cadavres à la mer, et, sans paraître se soucier de la rébellion qui bouillonnait encore, il s'écria :

« Justice maintenant! justice au nom de la république.

— Certainement la discipline a été méconnue et la hiérarchie oubliée, » grommela Candale.

Flambard, Guilanek et les matelots fidèles n'avaient point posé leurs armes; les officiers qui avaient pris le parti des rebelles commençaient à se repentir.

Trois matelots, Rublot, Normand et Suiffard, celui qui venait de blesser le capitaine, étaient gardés prisonniers par trois hommes robustes.

Roscoff s'adressa à Candale :

« Faites passer de forts cartahus sous le vent, au bout de la vergue barrée et de la grande vergue... et un autre à la vergue de misaine.

— Oui, capitaine, répondit Candale d'une voix altérée.

— Vous savez ce que cela veut dire! demanda Roscoff aux marins.

— Parce que tu fais l'office de bourreau, cela ne t'empêche point d'être un lâche, répliqua Rublot.

— Nous serons vengés, ajouta un autre.

— Soyez tranquilles, dit Roscoff, le gouvernement saura ce qui s'est passé, et je porterai ma tête aux représentants du peuple... Je dirai ce que vous avez fait, et quelle justice a été accomplie... Ensuite, s'il faut monter à la guillotine, j'y monterai... Je suis républicain, mais je respecte le pouvoir, et vous m'avez manqué de subordination et de respect, à moi qui représente ici la république elle-même... Vous dites que vous connaissez la loi, eh bien ! je l'applique. »

Candale très-pâle se trouvait de nouveau près du capitaine.

« Eh bien, citoyen, est-on paré aux bouts des vergues !
— Oui, capitaine, répondit Candale plus mort que vif.
— Qu'on accroche ces misérables, tous trois...
— Capitaine, balbutia Candale, la hiérarchie...
— Sans doute... Rublot le quartier-maître au mât d'artimon, le matelot Normand au grand mât, et Stiffard à la misaine... »

Le plus jeune éclata en sanglots.

« C'est Rublot qui m'a entraîné, répétait-il... j'étais un bon matelot, jamais on ne s'était plaint de moi... Ma mère ! ma pauvre vieille mère !
— Bah ! dit Rublot, vas-tu pas cancr, failli gars ! parce que tu vas être pendu à l'empoignure de la vergue, comme un hareng qu'on va sécher, tu gémis à cette heure... Ne l'écoute pas, capitaine : il te ménageait une belle cravate de chanvre, si nous avions mis le grappin sur toi.
— Capitaine ! dit le malheureux, tu ne feras pas mourir un patriote ! »

Les matelots rangés par les passavants étaient tenus en respect par les soldats.

Sur un signe de Roscoff, trois soldats s'avancèrent.

Les condamnés avaient les mains fortement liées derrière le dos ; on leur passa rapidement autour du cou un nœud coulant, puis six hommes les hissèrent au haut des vergues.

Une émotion terrible passa sur le visage des révoltés.

La leçon était indispensable.

Alors Roscoff s'adressant aux deux officiers qui au commencement de la lutte avaient hésité à remplir leur devoir :

« Vous mériteriez d'être dégradés, leur dit-il ; mais si je ne tire pas aujourd'hui une justice complète de vos actes, c'est que je me réserve le choix de votre châtiment. »

Les trois cadavres se balançaient aux vergues, et l'attitude des matelots témoignait d'une profonde terreur.

Cette scène s'était passé rapidement. La révolte avait eu la durée de l'explosion d'un baril de poudre : le supplice des trois assassins termina ce drame maritime.

Pendant ce temps le navire anglais était toujours en vue, on l'avait un peu oublié ; une décharge terrible galvanisa soudainement les marins de la *Thémis*.

Aucun d'eux ne bougea cependant.

« Il ne sera point dit qu'on ne leur aura pas répondu, au moins par courtoisie, » murmura une voix douce.

En même temps un boulet parti de l'une des pièces de la *Thémis* cassa le grand mât de la corvette. »

Les applaudissements éclatèrent.

« Bien pointé ! » crièrent les matelots.

Roscoff s'élança vers la batterie.

« Qui a osé, demanda-t-il, qui a osé enfreindre mes ordres ?

— Moi ! dit le vicomte d'une voix tranquille.

— Tu es un républicain, toi ! tu es un patriote ! crièrent en s'avançant vers lui, les mains tendues, Pierik et Grenier.

— Je vous demande pardon, dit le jeune homme en ôtant son chapeau, je suis aristocrate et royaliste ! mon nom est le vicomte de Kéroulas, neveu du capitaine de Kéroulas que quelques-uns d'entre vous ont connu.

— Ta main ! ta main ! dirent les officiers.

— Prenez garde ! je vois du sang à la vôtre, répondit Hector. Je prends seulement les armes contre les ennemis de mon pays... Vous avez attaqué un brave, le capitaine de la *Thémis*, je ne saurais fraterniser avec vous... Le drapeau de la France a été déchiré, j'ai troué le pavillon anglais, nous sommes quittes. »

IX.

Ordres secrets.

Roscoff se trouvait dans sa cabine, en face d'une table couverte de papiers, de cartes maritimes, et d'instruments de précision. Il était loin d'être savant, nous l'avons dit, mais il possédait le rare mérite de ne point se croire tel. Si, en face de l'ennemi, personne ne pouvait lui dicter une leçon d'héroïsme et lui donner l'exemple du devoir, il ne rougissait pas, lui, un matelot de la veille, de demander conseil à un des membres de son état-major ayant eu le bonheur de compléter ses études. Roscoff lisait couramment l'immense page bleue au ciel, et se perdait dans les calculs des astronomes. Les chiffres le laissaient froid; il ne comprenait pas la puissance du nombre et admirait naïvement ceux qui trouvaient par les mathématiques les secrets qu'il tenait de sa vieille expérience.

Chaque matin il travaillait avec un de ses officiers, il lisait, il écrivait. Arrivé à l'âge mûr, il recommençait son instruction tronquée, et ce n'était pas le moindre de ses courages, que l'observation de ce règlement que lui-même avait écrit et qu'il mettait en pratique.

Ce matin-là, Roscoff accoudé sur sa table ne lisait plus les volumes marqués de signets; le front pensif, le regard fixe, il regardait les aiguilles de sa montre.

On était au 17 juin, et il y avait un mois, jour pour

jour, que le commissaire porteur d'ordres du gouvernement lui avait remis le pli dont il devait rompre le sceau à une époque déterminée. Roscoff attendait que les aiguilles de son chronomètre marquassent midi.

Un pressentiment pénible l'agitait. Il relut la première lettre du commissaire, lettre bizarre, à laquelle il avait dû se conformer, ordre sans exemple dans un moment où la guerre est déclarée, dont l'exécution faillit lui coûter la vie. Les idées de Roscoff prenaient une teinte douloureuse, sa mémoire lui retraçait les lugubres tableaux révolutionnaires; l'avenir lui apparaissait de plus en plus sombre. Il se demandait à quoi aboutiraient pour lui ces courses incessantes, ces tumultueuses batailles. Si le mot *gloire* résonnait à son oreille comme le clairon, le mot plus humble *bonheur!* montrait à son cœur des choses indécises, vagues et douces.

Pourquoi n'était-il pas resté en Bretagne, pêcheur de la côte, vivant d'un gain modique, élevant une famille dont les multiples besoins eussent doublé ses forces? L'ambition le conseilla mal. La pauvre Anaïk, sa sœur, vivait seule, là-bas; elle avait vu s'en aller sa jeunesse au milieu des larmes et de l'angoisse. Ah! qu'il eût été bien plus sage de se faire son protecteur, d'élever Guilanek en laboureur, et de regarder à la fois croître les moissons de la plaine sous le soleil et la rosée, et de récolter celles de la mer au milieu de la vague et de la tempête!

Que faisait-il à bord? Il commandait, il est vrai; mais à qui? A des hommes qui le méconnaissaient, à des gens envieux, cupides ou méchants. Les soldats qui le soutenaient la veille, et l'état-major qui l'avait défendu, obéissaient à la consigne réglementaire bien plus qu'à un sentiment de respect et de bienveillance.

Pour l'aimer, il avait Flambard, Guilanek, Faribole

et Moucheron, les petits, les humbles, mais aussi les bons !

Et quand il se trouvait, sans savoir pourquoi, le cœur pris dans un étau, il ne pouvait appeler aucun de ses officiers et épancher avec un ami le trop-plein de sa pensée.

Pauvre capitaine de fortune ! il expiait son avancement, sa bravoure et jusqu'à sa bonté !

S'il est des gens que les vices éloignent, il en est que les vertus offusquent. Les natures méchantes fuient les natures supérieures. Et Roscoff, malgré son peu de science, et ses quelques défauts, était cependant une nature hors ligne.

Midi !

Le capitaine saisit la lettre, en fait rapidement sauter le cachet. D'un regard il la parcourt, et, poussant un cri d'indignation et de rage, il la rejette sur la table et cache son front dans ses mains. Puis il se lève, d'un pas fiévreux il arpente sa cabine, poussant des exclamations sourdes, serrant les poings, furieux, désolé, ivre de colère et de désespoir.

Quand ce premier accès est passé, il tente de mettre un peu d'ordre dans ses idées. La réflexion embrouille davantage le nœud d'une infernale intrigue. Il cherche, il ne trouve rien.

« Non ! s'écrie-t-il, non, je ne commettrai pas cette infamie ; j'ai prêté à la république serment de lui obéir, je ne me suis pas engagé à devenir un de ses bourreaux ; on insulte mon caractère, on foule aux pieds ma dignité, on me traite deux fois de misérable et de lâche ! Eh bien ! en dépit de ce qui peut suivre, je n'obéirai pas !... Sera-t-il plus vite sauvé pour cela ? se demanda Roscoff... Je me défiais de Brutus, et c'est de Brutus qu'émane cet ordre maudit... Que puis-je seul contre tous ? Quand je me ferais sauter la cervelle pour ne point commettre ce crime, un autre s'en chargerait peut-être... Mes officiers savent à quelle date je dois leur communiquer des ordres mystérieux... ils attendent... ils se demandent déjà pourquoi je ne leur en fais point part... Cela est juste, ils doivent comme moi consommer cette œuvre inique; comme moi ils jugeront la cause... S'ils sont résolus d'obéir à la république, ou plutôt de servir les misérables vengeances de ceux qui disent la représenter, je sais ce qui me reste à faire. »

Roscoff, après avoir repris son calme habituel, et s'être masqué de ce stoïcisme qui faisait sa force, dit à Guilanek de prier le citoyen Pierik de Leneveu de descendre près de lui.

« Commençons par le plus entêté, pensa Roscoff; je veux prendre le taureau par les cornes.

« Citoyen, dit Roscoff, en s'adressant à Pierik qui venait d'entrer, je ne vous ai point remercié encore pour le zèle avec lequel vous m'avez défendu, lors de l'émeute qui a eu lieu à mon bord. Soyez persuadé cependant que la reconnaissance ne me pèse pas. Les hommes tels que vous sont rares, citoyen; vous êtes de bronze : ce que vous jurez, vous le tenez; ce que vous aimez, vous l'aimez jusqu'à l'héroïsme.

— Je ne sais pas trop ce que vous voulez dire par ce mot héroïsme, mais ma vie me semblerait une misère comparée à une opinion.

— Je vous le disais bien, vous êtes un homme de bronze! aussi je désire que, le premier, vous preniez connaissance de cet ordre reçu en rade de Brest une heure avant mon départ.

— Oh! capitaine!

— Je vous en prie... »

Pierik prit le papier que lui tendait Roscoff, et lut à mi-voix : « *Défense expresse au capitaine d'accepter* ou de livrer un combat avant d'avoir pris connaissance du pli dont il brisera le sceau dans un mois.

« Brest, 17 floréal, an III de la république.

« Signé, le représentant du peuple,

« Brutus. »

« Je comprends maintenant pourquoi vous avez fui devant la corvette anglaise, capitaine.

— Vous m'avez accusé, n'est-ce pas?

— Je ne vous ai pas compris, du moins.

— Maintenant, vous me croyez un brave marin, et vous me reconnaissez pour un fils zélé de la république?

— Oui, capitaine, oui!

— Et vous avez raison. Elle parle : on agit sans penser, sans réfléchir. C'est une souveraine, elle peut ce qu'elle veut. Je crois, Pierik, que pour le service de cette révolution que vous avez reconnue, saluée, acclamée, vous accompliriez des actes sans exemple... Les vieux souvenirs de l'histoire ancienne pâliraient devant vos actes, et les sentiments les plus naturels au cœur de l'homme s'effaceraient devant le salut de la patrie.

— Certes, Roscoff.

— On vous ordonnerait de charger un bataillon à vous seul, vous le feriez sans calculer que vous courez à la mort...

— Je le ferais!

— Et si on vous disait : Voici un ennemi de la nation, un criminel, un misérable qui met en question les droits de l'homme et l'inviolabilité de la liberté, vous le condamneriez?

— Sans hésitation.

— Et si les bourreaux manquaient pour l'œuvre...

— Eh bien ! fit Pierik en se levant rigide et sombre, eh bien, je me ferais bourreau... »

Pas un muscle de sa face de granit n'avait bougé.

« L'occasion est trouvée, » répliqua Roscoff.

Il fit deux tours dans la salle et revint se placer en face de Pierik.

« Quelle occasion, capitaine ?

— Celle de devenir exécuteur au nom de la république.

— Je ne comprends pas...

— Un homme est condamné à mort...

— Un homme de la *Thémis ?*

— Oui, citoyen.

— Mais depuis l'émeute où la justice sommaire du bord eut son cours, il n'est rien survenu de nouveau !

— Cet homme doit mourir, cependant...

— Qu'a-t-il fait ?

— Je l'ignore.

— L'accusation...

— Il n'y a point d'accusation, mais une condamnation.

— Assemblez le conseil de guerre.

— Cet homme n'est chargé d'aucun crime, et il doit mourir.

— Mais saprebleu ! s'écria Pierik en frappant du pied, il ne s'agit plus alors d'une exécution légale, mais d'un assassinat ! »

Il regarda Roscoff en face.

Le capitaine était très-pâle.

Il avait eu besoin d'une grande puissance de volonté pour entourer de longues circonlocutions la confidence qu'il voulait faire.

« Vous exagérez peut-être, » reprit-il ; car il voulait jusqu'au bout exciter plutôt que retenir l'officier.

— J'exagère ! et quoi donc, capitaine ? Vous me dites : Il se trouve à bord un homme à qui l'on reproche aucun crime, et qui sera passé par les armes, voilà l'ordre... Je vous réponds que je suis un marin et non pas un tortionnaire! Chargez un autre de cette besogne!

— Vous faites partie de l'état-major.
— Ça m'est bien égal.
— Et vous servez la république.
— A-t-elle la prétention de me déshonorer?
— Vous ne me demandez pas même qui est le condamné?
— Je sais qu'il est innocent.
— Qu'importe! sa race est coupable!
— Sa race... sa race...
— N'avez-vous point vu proscrire une aristocratie dont l'unique faute était un titre nobiliaire.
— J'ai proscrit les abus, non les hommes.
— Que parliez-vous d'exécution tout à l'heure, alors?
— J'ai dit, capitaine, répondit Pierik avec une agitation croissante, que pour protéger les doctrines républicaines, pour défendre les droits de l'homme, pour arborer le drapeau sacré de la liberté, et faire de la révolution une ère nouvelle, je ne reculerai devant rien! Si une armée se présentait, je lutterais contre une armée; si je découvrais un complot, j'en châtierais les fauteurs! Voilà ce que j'ai dit, rien de plus, rien de moins! Eh parbleu! je trouve plaisant que ce soit vous qui me rappeliez au jacobinisme!
— Moi que l'on suspectait presque, n'est-ce pas?
— Pas absolument, mais...
— Vous voyez, Pierik, qu'il ne faut point se hâter de juger, pas plus qu'il ne faut se presser d'émettre une opinion et une volonté : tout à l'heure vous changerez d'avis sans doute... L'homme désigné à notre justice... non; pas à notre justice, mais livré à un châtiment, est un aristocrate...

— A-t-il conspiré?
— On ne le dit pas.
— Il se nomme?
— Le vicomte de Kéroulas!

— J'ai refusé, je refuse encore: Pour un noble il n'est pas trop fier... et puis, il aime la France, au moins...

— Lisez cette dernière ligne, Pierik.

Roscoff tendit l'ordre de Brutus.

Le 17 juin de l'an présent, en quelque latitude qu'il se trouve, et quelles que soient les circonstances, le capitaine Roscoff se débarrassera du passager, ci-devant vicomte de Kéroulas, avec le moins de bruit possible. Il répond sur sa tête de l'exécution de cet ordre.

« Je refuse! je refuse! répéta énergiquement Pierik, et je veux croire que mes amis en feront autant.

— Et vous acceptez la responsabilité de votre refus?
— Tout entière.
— Je sais tout ce que je voulais savoir, citoyen.
— Et si vous commettez le crime que l'on ordonne, ajouta Pierik, je prendrai les armes pour défendre le vicomte de Kéroulas! je...
— Citoyen, je vous ferai part de ma résolution ce soir. »

Pierik sortit, et Roscoff fit appeler Julien Grenier.

Il commença, comme il avait fait avec Pierik, par prouver à l'officier qu'il lui avait été impossible de se battre lors de la rencontre de la frégate; puis il amena l'entretien sur le passager de la *Thémis*.

« Un brave jeune homme! s'écria Julien; il était merveilleusement beau quand il a froidement allumé sa mèche et tiré sur le navire ennemi. Ah! quand on épouse ainsi les deuils de la patrie, et qu'on en venge les humiliations, on appartient à la grande famille patriotique!

— Vous aimez le ci-devant vicomte de Kéroulas?

— Beaucoup, je l'avoue! Il est doux, inoffensif, il semble triste ; son oncle, noble ou non, a fourni une belle carrière maritime, et quoique j'aime la république, je respecte infiniment ceux qui sont demeurés fidèles à ce qu'ils croyaient un principe, bien qu'à mes yeux ce fût seulement un préjugé.

— Si vous aimez le jeune Kéroulas, donnez-moi un conseil, alors... J'ai un ordre signé du citoyen Brutus de *faire disparaître* le passager qu'il m'a confié.

— C'est une infamie! s'écria Julien.

— Quel est votre avis?

— Ne point obéir.

— Nous passerons tous en conseil de guerre! réfléchissez.

— Je n'ai pas besoin de réfléchir; une condamnation pour un pareil fait me semble honorable... et je vois plutôt une vengeance particulière qu'un arrêt du tribunal dans cette façon de procéder.

— Bien ! dit Roscoff, bien, jeune homme ! Et de deux ! car Pierik, ce patriote, refuse également de participer à ce meurtre.

— Alors il est sauvé? demanda Julien.

— Vous oubliez Candale. »

Roscoff serra la main de l'officier, et, après son départ, Candale parut.

« Citoyen, lui dit nettement le capitaine, le commissaire du gouvernement de Brest nous ordonne une infamie devant notre conscience; nous ne la commettrons jamais...

— La discipline... murmura Candale.

— Ordonne de se conformer sans réfléchir aux ordres émanés d'en haut; je le sais! Que voulez-vous? l'humanité est un tribunal aussi, et nous en déférons à l'humanité. Le vicomte de Kéroulas est condamné par le citoyen Brutus à disparaître mystérieusement... Il faut que la mer engloutisse son cadavre... nous n'en savons pas davantage... et nous refusons...

— Vous refusez !

— Nous devions vous consulter, et vous pouvez émettre votre avis...

— Il y a, dit Candale, la république et l'humanité, le gouvernement et la raison, la discipline, et... »

Candale s'arrêta brusquement :

« Vous le condamnerez ?

— Oui, citoyen !

— Moi aussi... La discipline m'ordonne de suivre les ordres reçus ; mais le respect pour la hiérarchie m'oblige à vous imiter.

— Il est sauvé ! sauvé ! dit le capitaine en se frottant les mains. Pauvre jeune homme... lui qui vantait la générosité du citoyen Brutus...

— Sait-il de quoi on le menaçait ?

— Il ne s'en doute même pas... Il me faut peser les chances de salut, Candale... Pierik, Julien et vous, vous êtes de force à porter le poids d'un secret. J'ai voulu savoir jusqu'à quel point vous pouviez vous sacrifier à une cause honnête ; mais je n'exposerai point votre vie, et votre honneur militaire me devient d'autant plus cher que vous vous montrez plus généreux... Je dois préparer un plan... Je vous le soumettrai... Je parlerai aussi à Kéroulas... et ce soir tout sera fini, je l'espère... A bientôt, Candale. »

Roscoff resta seul cherchant, combinant, et ne trouvant pas encore le moyen de salut qu'il demandait à son imagination rebelle.

Il monta sur le pont, et la première personne qu'il aperçut fut le vicomte de Kéroulas, dont le visage semblait moins triste que de coutume.

« Savez-vous ce que vient de dire un matelot, capitaine ?

— Non, citoyen.
— Nous avons une île en vue.
— Une île ! s'écria Roscoff, une île...
— Vraiment oui ! à moins que ce ne soit un nuage.
— Julien ! cria le capitaine, Flambard !
Le quartier-maître accourut le premier.
« C'est bien une île, matelot ?
— Autant que ma vieille expérience l'affirme.
— Bien, bien ! voilà une bonne nouvelle, Flambard...
— Oui, une bonne nouvelle, ajouta le vicomte de Kéroulas ; nous ne passerons pas tout près, sans doute, mais peut-être la bise nous apportera-t-elle quelques parfums de la côte... Peut-être nous sera-t-il donné d'entrevoir des arbres... un oiseau viendra se percher sur un mât ! La terre sera la bienvenue, et quoique étrangère, je la saluerai du regard et du cœur. »
Le capitaine étreignit convulsivement la main du passager. Hector ne croyait pas si bien dire, en affirmant que la vue de la côte lui serait bienfaisante.
« Quand serons-nous assez proche pour y aborder en une demi-heure ? demanda Roscoff à Flambard.
— Vers la nuit, capitaine.
— Alors la *Thémis* cessera de marcher... »
Le repas des officiers fut contraint, M. de Kéroulas seul montra de la gaieté.
Quand le dîner fut fini, le capitaine se leva.
« J'ai à vous parler, monsieur le vicomte, » dit-il.
Hector suivit Roscoff dans sa cabine.
« Savez-vous où vous allez ? demanda le capitaine.
— A l'exil !
— A la mort ! fit Roscoff d'une voix brève.
— Les promesses de Brutus !
— Mensonge !
— Mon passage retenu à bord de la *Thémis* ?
— Trahison.

— Oh ! je ne puis croire...

— Lisez... »

M. de Kéroulas lut l'ordre d'Antoine, dit Brutus. Puis il le rendit paisiblement au capitaine.

« Je suis prêt ! dit-il.

— Prêt à quoi ! à mourir ! vous devez regretter la vie !

— Non, si je dois voir s'accomplir de nouveaux crimes...

— Et... mademoiselle Yvonne...

— Vous lui remettrez sa dot, reprit Hector, et puis vous lui direz... »

Il n'acheva pas, sa voix mourut dans sa gorge, ses paupières devinrent humides.

« Je l'aimais bien ! je n'aimais qu'elle... que Dieu la garde !

— Vous avez parlé de dot, monsieur le vicomte ? »

Le jeune homme déboucla rapidement une ceinture de cuir cachée sous ses vêtements.

« Voilà, dit-il ; quand on m'arrêta je portais cousus dans mon habit les diamants des douairières de Kéroulas que, d'après l'ordre et les indications de mon oncle, j'étais allé chercher dans le caveau du manoir... Antoine devina mon secret, m'offrit de se charger du dépôt, dans la crainte que Noirot et le geôlier ne devinassent que je portais sur moi une fortune... Vous savez que l'on m'oublia en prison...

— On ne s'en souvint que le jour de l'appareillage de la *Thémis*.

— Justement ! A l'heure où j'allais suivre les hommes qui, après m'avoir mené de la prison chez Brutus, me devaient conduire de sa maison au navire, Antoine fit glisser dans une ceinture de cuir, devant moi, les diamants qu'il avait reçus... Cette ceinture, la voilà... Je vous l'ai dit, elle contient la dot d'Yvonne, ces diamants sont ceux de sa mère... »

Roscoff prit un couteau poignard sur sa table.

D'un brusque mouvement il éventra la ceinture.

Des grains de plomb en tombèrent.

Le vicomte regardait stupéfait.

« Je comprends maintenant, dit Roscoff : l'incorruptible Brutus ne voulait pas être inquiété au sujet de ce vol. Monsieur le vicomte, reprit le capitaine, vous êtes ruiné; mais vous vivrez, il suffira pour cela de vous fier à de braves gens !

— Le misérable ! murmura Hector, l'héritage de l'orpheline ! oh ! Dieu le châtiera.

— Dieu châtie toujours, » dit Roscoff.

Puis se levant :

« Adieu, monsieur le vicomte ; j'ai beaucoup de choses à faire avant ce soir... »

Hector serra de nouveau la main de Roscoff et sortit.

X

L'exécution.

Ordre fut donné de mettre la *Thémis* en panne.

Les matelots ne purent s'expliquer la raison qui faisait agir le capitaine ; depuis l'affaire de la corvette anglaise, l'équipage tenait Roscoff en suspicion. On obéissait, mais de mauvaise grâce. Le châtiment mérité, mais terrible, des rebelles ne s'oubliait pas ; cinq matelots étaient encore aux fers, et le capitaine d'armes était devenu un objet de terreur. Les uns, tout bas, car nul désormais n'aurait osé émettre tout haut son opinion, les uns accusaient Roscoff de lâcheté ; les autres de trahison. Bien que la *Thémis* fût montée par des républicains, les gens de mer gardent une nature propre, et que les mouvements révolutionnaires et le déchaînement du désordre ne dénaturent pas essentiellement. Le marin a moins de mesquineries que l'habitant des villes. Tout ce qui l'environne durant ses traversées est si grand, que ses idées gagnent une certaine ampleur à l'observation continue du ciel, à la lutte sans corps avec l'Océan. Or, pour quelques matelots de la *Thémis*, le capitaine Roscoff devait avoir livré M. de Kéroulas à ses ennemis pour obtenir leur commandement; le premier qui manifesta cette opinion devant le maître d'équipage reçut une de ces volées de coups de poings dont on se souvient toute la vie. On l'arracha demi-mort des mains du terrible Flambard; mais tout ce que gagna le capitaine à cette plaidoirie d'athlète, fut qu'il n'avait point agi seul et que Flambard devait être son complice.

Le capitaine sentait cette hostilité. Pendant les premiers jours qui suivirent la chasse du navire anglais, Roscoff fut en proie à une sorte de désespoir. Peu à peu, il prit son parti de sa situation; il la savait temporaire. On lui défendait de se battre seulement jusqu'au 17 juin; cette date passée, avec quel bonheur il ferait payer aux Anglais les injures de son équipage! Il lui faudrait non pas seulement une revanche, mais une vengeance.

Roscoff avait souvent, et presque toujours été méconnu.

Il finit par trouver une sorte de fatalisme dans cette disposition à la méfiance qu'il trouvait chez beaucoup d'hommes. S'il eût réfléchi davantage, il les eût excusés; comme la plupart des êtres doués de qualités supérieures, Roscoff avait des inégalités de caractère, des timidités et des faiblesses. On pouvait prendre pour de la sauvagerie les craintes puériles qu'il avait parfois. Un mot le troublait; il était fort en présence de l'ennemi; en face d'une grande misère il aurait pleuré. Il avait honte de ses tendresses, de ses pitiés exquises cachées sous une enveloppe rude, comme un fruit exquis dans une coque épineuse. Pour cacher une émotion il se mettait en colère; quand il se voyait près de céder à la compassion, il faisait acte d'impassibilité froide. A ses colères de lion il faisait succéder des douceurs d'agneau. L'instinct de la poésie était en lui, poésie austère et forte. Il n'eût pas compris les mièvreries du sentiment analysées dans certains livres, il dédaignait les fadeurs de langage et l'exagération de la tendresse féminine. Mais les mots simples et grands, les situations difficiles tranchées par un sacrifice, les dévouements muets, les passions étouffées, il les sentait avec une puissance énorme d'assimilation. Il en était de même des choses de la nature. Sans nul doute, Roscoff ne tombait pas dans de subites rêveries à la vue d'un brin d'herbe, ou bien en prêtant l'oreille au chant d'un oiseau; mais les harmonies majestueuses de la vague, les murmures du vent dans les forêts de chêne ou les sifflements de la tempête dans les cordages; la vue du ciel pur comme un saphir ou couvert de nuages sombres; les figures étranges formées par les étoiles et les diamantations de la lune dans l'eau; la contemplation de la côte dessinant ses baies, ses golfes, et ses presqu'îles; les îles surgissant de l'eau comme une féerique corbeille soutenue par des mains géantes : tout cela pénétrait l'âme de Roscoff d'une impression mal définie, mais l'absordait : sensation puissamment poétique, et dont il ne comprenait pas bien lui-même l'influence et la cause.

Il eût fallu à Roscoff, pour débrouiller l'énigme de son propre esprit, une âme douce et fraternelle, un être aimé plus faible que lui physiquement, mais plus instruit des choses de l'intelligence; ils se fussent complétés, compris, aimés, et Roscoff aurait prouvé quelle était sa réelle valeur. Mais à bord, ceux qui l'aimaient du plus profond de leur cœur étaient naïfs et plus ignorants que lui-même : Flambard, Guilanek, Moucheron et Faribole n'avaient de prépondérance que sur le gaillard d'arrière et encore. .

Flambard devait la sienne à la franche jovialité de son caractère, à sa force herculéenne, à sa façon de prendre un homme par le collet et de lui faire mesurer cinq pieds onze pouces de long. Faribole contait des histoires bizarres, inouïes; il en puisait les sujets, moitié dans sa fertile imagination, moitié dans les légendes de son pays; quand on mécontentait Faribole, adieu les contes de bord, et Dieu sait quelle dîme il fallait payer au jeune matelot pour lui faire oublier sa mauvaise humeur ! Il exigeait de l'un du rhum, de l'autre du vin, de celui-ci une ration de viande; et ne croyez pas qu'il profitât de l'impôt ! non point ! les mousses faisaient bombance ce jour-là ; Moucheron buvait du vin ; Guilanek, dont l'appétit prenait des proportions énormes, apaisait une faim insatiable, et tandis que les deux enfants se gobergeaient, Faribole mis en joie demandait à son cerveau ou bien à sa mémoire un récit fantastique, capable de tenir toute la bande éveillée pendant vingt-quatre heures.

Guilanek avait son biniou !

Et ce n'était pas peu de chose que cet instrument national. Plusieurs Bretons se trouvaient à bord; quand la nostalgie les envahissait, quand ils devenaient malades du regret de ne plus voir la lande désolée, les bruyères violettes drapant le talus des fossés, les genets d'or ondoyants sous le vent, les durs ajoncs fleuris, les chaînes des collines enracinées dans le sol épineux, et les grandes châteigneraies sombres ; quand les sons de la langue gaélique les plongeaient dans des mélancolies telles qu'on pouvait craindre une consomption, il leur suffisait d'entendre un air national, d'ouïr chanter la flûte aiguë du biniou et résonner sa basse sombre. Leur œil atone s'animait, ils respiraient l'air qui remplissait leurs poumons desséchés ; tremblants encore ils se levaient, et machinalement leurs pieds cherchaient la cadence du passe-pieds et des bals de Cornouailles.

Moucheron savait des chansons, et quelles chansons ! les *Gars de Locminé*, l'histoire de la *Belle Germaine*, épopée dramatique, belle comme la reconnaissance d'Ulysse et de Pénélope, les *Pèlerins de Saint-Jacques*, le *Marinier*, les *Dames de Bordeaux*, et avec sa voix d'enfant de chœur que n'avaient point encore altérée les cris de manœuvre, il chassait l'ennui et la fatigue, comme Faribole avec ses contes et Guilanek avec son biniou.

Certes ils aimaient le capitaine, ceux-là !

Souvent, le soir, Roscoff montait sur le pont, passait à l'arrière, cherchait l'un d'eux, oubliait son grade et s'entretenait des amis de Bretagne, du beau temps de la jeunesse, d'Anaïk, de Mlle de Kéroulas, de la mère Lamproie, de Madeleine. Il se demandait en causant avec Flambard quel châtiment le Seigneur réservait à Brutus, et puis ils plaignaient la France avilie dans sa prétendue grandeur, la France que l'on ensanglantait, et dont on ruinait le sol en massacrant ses enfants. Que devenaient les captifs du Temple ? Où s'arrêteraient ceux qui prétendaient réformer les abus du privilége et qui voulaient seulement se substituer aux privilégiés ? Dans la situation d'esprit où Roscoff se trouvait à bord de la *Thémis*, il avait doublement besoin de sortir de lui-même, et il trouvait plus de concordance d'idées dans l'esprit simple et droit de

Flambard que dans les raisonnements de ses officiers. Ceux-ci d'ailleurs avaient pour la plupart une instruction qui faisait défaut à Roscoff; le capitaine se trouvait humilié, et les officiers ne respectaient pas toujours les susceptibilités ombrageuses de l'ancien matelot.

Il trouvait bien une pareille sympathie dans le vicomte de Kéroulas; mais s'il lui était permis d'avoir des attentions et une amitié visible pour le citoyen Hector, depuis ce fameux coup de canon tiré sur la corvette, depuis que le passager avait révélé son nom et son titre, Roscoff se trouvait obligé à plus de retenue. La délicatesse de sa situation augmentait à toute heure, il ne tarderait pas à trouver sa charge trop lourde et son emploi trop périlleux.

Heureusement que, de l'heure où il eut pris connaissance des ordres secrets du gouvernement, une sorte de fièvre s'empara de lui, sainte exaltation du cœur qui enlève le sentiment de la personnalité, la prévision du danger couru, substitue l'oubli de soi à l'égoïsme et rend capable de toutes les choses sublimes. Roscoff éprouva une joie immense à la pensée de sauver la vie du malheureux jeune homme. Après en avoir conféré avec ses amis, il se rendit à la vérité un compte exact du péril qu'il bravait, et se dit qu'il payerait de sa vie celle du vicomte de Kéroulas; mais une espérance lui restait, celle de mourir bravement dans un combat naval, et d'expirer après avoir fait à la fois son devoir devant Dieu et devant les hommes.

Dès que la nuit fut complète, Roscoff fit mettre le navire en panne : il lui fallait un calme absolu en lui et autour de lui. D'ailleurs, il devenait nécessaire de prendre quelques dispositions. Il mit dans sa poche le pistolet dont M. de Kéroulas lui avait fait présent à la suite d'une rencontre dans laquelle Roscoff s'était bien conduit; puis il descendit prendre au râtelier d'armes une petite hache soigneusement affilée, un fusil, le peu d'or qu'il possédait, fit ranger un petit baril de biscuit dans un coin, commanda à Flambard de lui apporter quelques bouteilles de vin, fouilla dans ses malles, fit un paquet de son meilleur linge et de l'un de ses habillements civils, nettoya et visita son propre canot, et rentra dans sa cabine.

Julien Grenier, Candale et Pierik Leneveu ne tardèrent pas à le rejoindre.

La nuit était sombre, la lune s'ensevelissait sous des monceaux de nuages noirs.

M. de Kéroulas se sentait envahi par de lugubres idées.

Il lui semblait que sa condamnation à mort recevrait son exécution, et qu'on lui accordait seulement un sursis.

Il alla se placer sur le pont à l'arrière, cherchant à percer l'obscurité sans pouvoir y parvenir. Comme les ténèbres augmentaient la souffrance nerveuse qui l'envahissait, il chercha Guilanek.

« Joue-moi un air breton, lui dit-il.

— L'air de Mlle Yvonne? demanda le mousse.

— Pourquoi l'appelles-tu l'air de Mlle Yvonne?

— Je vais vous conter ça, monsieur le vicomte... Un soir, Mlle de Kéroulas chantait une chanson dont je n'entendis pas un mot et qui ne me semblait être ni du brezounek ni du français, et comme l'air me rendait tout mélancolique et songeur, quand votre cousine l'eut fini, je m'en allai loin dans les roches avec un vieux biniou que j'avais, et qui manquait bien un peu de vent... et je me mis à chercher, comme cela, dans ma mémoire, les notes que j'avais entendues... Tous les jours je me redisais cet air, si doux et si langoureux qu'on eût pu le jouer sur les tombes des défunts : car cet air-là priait et pleurait comme des paroles dites au

bon Dieu, et de grosses larmes tombant sur les joues...
Et voilà qu'un midi, Mlle Yvonne passa sur la côte,
et, m'entendant musiquer, elle s'approche :

« Guilanek, me dit-elle, qui t'a appris cet air?

« — Vous l'avez chanté une fois, Mademoiselle, que
je lui dis.

« — Et tu l'as retenu?

« — Je retiens bien les roulades du rossignol et la
chanson de la grive.

« — Répète-le encore, Guilanek. »

« Je le jouai, tout honteux, et votre cousine me fit
voir où je manquais la note et m'enseigna bien des
choses pour rendre le son plus doux et plus prolongé...
Mais voyez-vous, monsieur le vicomte, cet air-là, je ne
le joue pas sur le gaillard d'arrière, il est à moi et pour
moi... Vous, c'est autre chose, vous êtes un seigneur
de Kéroulas et vous pouvez me commander.

— Je te prie seulement, Guilanek. »

Le mousse alla chercher son biniou et joua; il joua,
le pauvre ignorant de la mesure, des clefs, des bémols,
des dièzes, de la fugue et du contre-point, il joua à faire
pleurer, il évoqua les figures aimées, il rendit le passé
pendant quelques minutes à celui dont le présent tenait
dans une heure et qui n'aurait peut-être jamais d'avenir...

Quand Guilanek eut fini, le vicomte tira de son doigt
un petit anneau d'or et le tendit au mousse.

« Garde-le en souvenir du plaisir que tu m'as fait ce
soir...

— Comme vous dites cela, monsieur de Kéroulas! je
ne veux point de salaire, et l'on ne fait de ces sortes de
cadeaux que par testament; Dieu merci, vous avez de
longues années à vivre...

— Garde cette bague, Guilanek, et que le Seigneur
te bénisse! »

Puis le passager quitta le mousse.
Comme il traversait le pont, Pierik passa près de lui.
« Il est temps, citoyen ! dit-il.
— Je suis prêt, » répondit Hector.
Le capitaine parut.
Il ordonna à Flambard de faire descendre le canot suspendu au porte-manteau du couronnement.
Le maître d'équipage le regarda, stupéfait, ahuri, et Roscoff répéta doucement son ordre.
Quand il fut prêt, Flambard vint le prévenir :
« Faut-il des canotiers, capitaine ?
— Non ! » répondit brusquement Roscoff.
Il descendit dans sa cabine, prit un manteau, et reparut suivi de Julien Grenier, de Candale et de Pierik.
Tous trois portaient également des manteaux.
Chacun d'eux dissimula adroitement la provision de biscuits, les munitions et les effets ; Pierik entra le premier dans le canot, et le petit baril fut descendu au moyen d'une corde ; sous différents prétextes on avait éloigné les matelots, et d'ailleurs la nuit était si sombre qu'ils n'eussent rien pu distinguer.
Minuit sonna.
« Qu'on apporte des lanternes, cria Roscoff.
« Êtes-vous prêts, Messieurs ? demanda le capitaine aux officiers.
— Nous vous attendons, capitaine, » répondirent Candale, Pierik et Grenier.
Alors Roscoff tourna la tête en arrière, et dit d'une voix rauque au vicomte de Kéroulas :
« Passez, citoyen ! »
Hector commença à descendre l'échelle de corde.
L'œil curieux des matelots embrassait cette scène ; aucun ne parvenait à comprendre. On ne pouvait croire qu'à pareille heure, et pendant une nuit aussi obscure, il s'agît d'une promenade. D'ailleurs la physionomie de

Roscoff n'était rien moins que rassurante; les officiers eux-mêmes paraissaient mornes et découragés; quant au vicomte, on lisait sur ses traits une mélancolie profonde.

Quand il fut dans le canot, Roscoff descendit à son tour.

On lui gardait à l'arrière la place d'honneur.

« Nagez! » dit-il.

Le canot s'éloigna.

Les matelots de la *Thémis* se penchèrent, tâchant de distinguer quelque chose; mais il devenait impossible de voir la barque, et le bruit affaibli des lames prouva seul qu'elle s'éloignait.

« Je n'augure rien de bon de ce qui va se passer! dit un jeune aspirant à son camarade; les mines sont funèbres aujourd'hui; on dirait que le canot qui vient de prendre la mer est une de ces gondoles de Venise dont les passagers ne revenaient jamais de leur promenade.

— Pourquoi vous imaginez-vous cela, Jovie! le capitaine a des phases comme la lune; mais entre un caprice et une méchante action...

— Roscoff est capable de tout! » grommela le jeune aspirant.

Ils firent quelques tours de promenade et s'arrêtèrent un moment. Guilanek jouait l'air de Mlle de Kéroulas.

On ne distinguait point ce que disaient entre eux des matelots groupés à l'arrière; mais il était facile de voir que le mécontentement était général, et que l'inquiétude devenait de plus en plus grande.

On sentait un malheur dans l'air.

« C'était un émigré, un noble, un Pitt et Cobourg! s'écria un marin; mais il vous avait des façons jolies que je n'oublierai pas, et tout capitaine qu'il est, si le citoyen Roscoff... »

Le matelot n'acheva pas...

Un grand cri de détresse se fit entendre, et l'effroi glaça tous les cœurs à bord de la *Thémis*.

« Mort-diable ! s'écria Flambard, on assassine quelqu'un...

— Un canot ! un canot ! c'est le passager que l'on tue... »

Quelques hommes coururent du côté de la chaloupe.

Mais alors un second cri d'angoisse retentit, lent et prolongé comme un appel d'agonie.

« Ne bougez pas, vous autres, dit un matelot, c'est la fin. »

Il y eut dans les groupes un moment de stupeur inexprimable ; puis la colère brilla dans les yeux, et les poings menaçants s'étendirent du côté par où Roscoff avait disparu. La révolte des matelots, quand le capitaine refusa de se battre, n'était rien à côté de celle qui les animait maintenant. Quand ils entendirent de nouveau dans l'éloignement les rames battre la mer, ils se portèrent sur le flanc du navire où l'échelle restait suspendue. Les lanternes s'élevèrent, on scrutait l'ombre, on fouillait l'océan.

La barque ne se voyait pas dans la nuit.

Le clapotement de l'eau prouvait seul que le canot approchait ; enfin il toucha.

Pierik monta le premier à bord.

Après lui Candale sauta sur le pont.

Julien Grenier précéda de peu le capitaine.

Quand tous quatre se trouvèrent sur le navire, Roscoff commanda de hisser le canot.

Les matelots terrifiés se regardèrent.

« Un homme de moins ! » dirent-ils.

Le capitaine convoqua les officiers dans la salle à manger qui servait de salle du conseil.

Quand il les vit réunis autour de la table, il promena

autour de lui un regard interrogateur ; toutes les figures étaient glaciales, les lèvres muettes, les yeux impénétrables.

« Allons, pensa-t-il, je vais boire la dernière goutte du calice. »

Il chercha des papiers dans un portefeuille rouge, et lut d'une voix brève et tranchante l'ordre reçu en rade de Brest, et celui qu'il avait trouvé dans le pli décacheté la veille.

« Messieurs, dit-il en terminant, mes instructions étaient précises, j'ai dû m'y conformer... Il ne m'appartient pas de juger le gouvernement qui m'emploie... Le sang versé ne peut ni ne doit retomber sur ma tête... Il y avait en France un homme dangereux, vous pouvez témoigner qu'il vint à mon bord... qu'il n'y est plus... Vive la république, citoyens !

— Vive la république ! répondirent les officiers d'une voix sombre.

— Veuillez maintenant signer le procès-verbal de ce qui s'est passé... »

Les officiers signèrent.

« Voilà tout ce que j'avais à vous communiquer, » leur dit Roscoff.

D'un brusque mouvement, ils se levèrent tous, se séparant d'une façon ostensible du groupe formé par le capitaine et ses trois complices.

Et quand il fut seul, Roscoff, cachant son front dans ses mains, murmura :

« Qu'ai-je fait, Seigneur ! qu'ai-je osé faire ! »

XI

Guilanek.

La nuit que passa Roscoff fut affreuse. Il comprenait à quel mépris il serait désormais en butte; il sentait peser sur lui le poids d'un meurtre, et quand, seul avec Dieu, il pouvait lever le front avec la sérénité de l'innocence, il lui fallait baisser la tête devant les hommes ou braver leur opinion et se faire presque un mérite d'un forfait.

Avant l'aube il était sur le pont.

Flambard nettoyait un canon avec une attention extrême. Il vit venir le capitaine, mais il feignit d'être absorbé par sa besogne.

« Beau temps ! dit Roscoff avec une feinte gaieté.

— Bon temps, capitaine, répondit Flambard d'une voix brève.

— Qu'as-tu donc ? poursuivit Roscoff, qui voulait le pousser à bout et connaître le fond de sa pensée.

— Moi ! ce que j'ai ! Rien, capitaine. On sent parfois des choses qui vous grouillent dans le cœur sans qu'on en sache la cause... Je fais ma besogne, et si je suis triste, personne n'a le droit de s'en plaindre que Moucheron, à qui je n'épargne pas les tapes...

— Et moi...? ajouta Roscoff avec tristesse.

— Mille pardons, capitaine ! on a beau être sous le régime de la république, il y a encore, comme dit le citoyen Candale, la hiérarchie et la discipline... Qu'est-ce que ça peut vous faire, la tristesse d'un matelot...?

— Quand ce matelot est un ami !

— Un ami ! parlons-en, des amis ! on s'aime parce qu'on croit se connaître, on échange une parole de son cœur... et puis le quartier-maître devient capitaine, et le maître d'équipage reste ce qu'il était...

— En suis-je plus fier !

— Pourquoi m'interrogez-vous, capitaine ? demanda brusquement Flambard ; je ne vous fais pas de reproche. »

Roscoff fit deux pas en arrière, hésitant, troublé, torturé ; puis il s'éloigna d'un pas chancelant.

Les officiers montaient sur le gaillard d'arrière.

Ils saluèrent Roscoff et s'éloignèrent, comme s'ils voulaient maintenir entre lui et eux une distance respectueuse.

Le capitaine les regarda avec une sévérité hautaine.

Ils ne le virent point sans doute, et continuèrent à se promener en causant.

Ce fut alors que la vigie cria :

« Navire sous le vent !

— De quel côté ? demanda vivement Roscoff.

— Par notre hanche de bâbord.

— Enfin ! murmura Roscoff, je me laverai de l'une des accusations qui pèsent sur moi... »

Et prenant son porte-voix, il cria de cette voix calme, qui pouvait dominer jusqu'à la tempête :

« Hisse toutes les voiles !

— Tiens, dit un officier à Julien, est-ce que l'on se battrait aujourd'hui ?

— Je le crois, répondit Grenier.

— Eh bien ! je ne serai pas fâché de voir de quel bois se chauffe le capitaine.

— Laisse arriver vent arrière ! » dit la voix tonnante de Roscoff.

Le bâtiment que l'on avait en vue était un beau navire élancé, rapide, garni de canons à tous ses sabords. Il comprit vite l'intention de la *Thémis*, et parut accepter l'idée du combat comme une grande faveur.

« Brasse tout carré ! » cria Roscoff.

Les vieux matelots se frottaient les mains, les jeunes officiers prenaient un air martial, le souffle généreux de la bataille courait déjà dans les groupes. Roscoff semblait un vieux lion acculé dans sa tanière, bouillant d'impatience de déchirer de ses dents le premier porteur de fusil venu.

Flambard serra les mains de Faribole, et tandis que l'on préparait le tambour pour exécuter le branle-bas de combat, Guilanek, faisant de son biniou un instrument martial, changeait en marseillaise l'air plaintif de *l'an hihi goz*

L'équipage de la *Thémis*, rassemblé en petits groupes, examinait le navire ennemi.

Chacun attendait le signal pour courir à son poste.

Le capitaine passa d'un regard ses hommes en revue, et parut satisfait.

Comme il terminait cette inspection sommaire, Julien Grenier s'approcha de lui :

« Capitaine, dit-il respectueusement, je viens vous adresser une supplique.

— De quelle part, Julien ?

— Les matelots qui sont aux fers demandent la permission de se battre.

— Qu'ils soient libres ! répondit Roscoff, ce n'est point pour venger une injure personnelle que je priverai le pays de braves défenseurs. »

Un moment après le capitaine d'armes ramenait les coupables sur le pont.

« Merci, capitaine ! dirent les cinq matelots, nous allons laver notre faute, allez !

— Qu'on pavoise la *Thémis*, dit Roscoff ; au grand

mât le drapeau noir surmonté du bonnet de la Liberté! car c'est au nom de la république que nous attaquons le vaisseau anglais; le drapeau rouge au mât d'artimon, et à son antenne le pavillon tricolore! »

Quand ces ordres furent exécutés, Roscoff ajouta:

« Tout le monde à son poste! »

Au premier son du tambour dont la voix rude s'alliait à la note aiguë du biniou de Guilanek, officiers et matelots se rendirent où les appelait leur devoir respectif.

Des jeunes gens agiles et vigoureux entouraient les canons; rangés en bon ordre sur le pont, les matelots attendaient les ordres de leurs officiers. Ceux-ci portaient à la main leurs sabres nus, tandis qu'à leur ceinture luisaient les crosses de leurs pistolets.

Roscoff se promenait sur le pont, tantôt regardant les dispositions de l'ennemi à l'aide de son télescope, tantôt prenant son porte-voix pour commander une manœuvre.

Sur divers points du tillac s'entassaient des mousquets, des sabres, des fusils, des haches et des piques.

A l'effervescence du premier moment succédait une gravité imposante. Il s'agissait de remplir son devoir, mais pour beaucoup il s'agissait de mourir.

Le premier coup de canon fut tiré par la *Thémis*.

On lui répondit immédiatement, et la canonnade s'engagea.

Moucheron passait les gargousses à un pointeur, et poussait un joyeux éclat de rire chaque fois qu'un boulet enlevait quelque chose à la corvette anglaise. Sa première bordée ne fit aucun mal à la *Jenny*; les canonniers avaient bien ajusté, mais les canons se trouvaient trop légers pour porter à une semblable distance. Un ou deux boulets seulement effleurèrent les flancs de la frégate, puis tombèrent dans l'eau sans lui causer le moindre dommage.

« Mort-diable! dit Roscoff, l'affaire serait trop

longue ainsi ; nous n'avons pas de poudre à perdre, il s'agit de se trouver le plus vite possible bord à bord avec cette damnée corvette, sans s'exposer à recevoir son feu par la poupe! »

La manœuvre tendit à se rapprocher du bâtiment anglais, et quelques minutes après, le beaupré de la *Thémis* s'engageait dans les haubans du mât de misaine de la corvette.

« A l'abordage! cria Roscoff, à l'abordage! suivez-moi tous, à l'abordage! »

Et donnant l'exemple à ses officiers, il sauta le premier sur la corvette.

Flambard le suivit, puis Grenier maniant une hache, et la troupe ardente de la *Thémis* fut en un instant à bord du navire anglais.

Ce fut un ouragan, une avalanche, une descente de banquise, quelque chose de prodigieux, de fantastique. La mêlée qui suivit ce mouvement désordonné fut terrible. On ne voyait que bras levés, armes étincelantes. Les uns maniaient leur fusil comme une massue, les autres se servaient de leur hache; quelques-uns faisaient feu des deux mains avec leurs pistolets de marine. L'odeur âcre de la poudre se mêlait à la tiède odeur du sang chaud qui coulait. On glissait sur le pont ; les corps formaient des barricades. On les franchissait comme des degrés, sans s'inquiéter si ces malheureux couchés à terre respiraient encore.

Mais à ce grand drame où il fut d'abord impossible de rien distinguer, succédèrent des épisodes brillants et terribles, douloureux ou sublimes. Roscoff semblait le démon de la bataille. Après avoir tué deux hommes en déchargeant deux pistolets, il avait pris son sabre, et l'agitait comme les anges exécuteurs des vengeances célestes devaient faire de leurs glaives de flamme. Ses yeux lançaient des éclairs ; des menaces foudroyantes jaillissaient de ses lèvres; la furie du combat l'animait. Il y avait à la fois dans sa façon d'agir de la bravoure et du désespoir. Il voulait vaincre, mais il souhaitait mourir. De la noble tâche accomplie la veille il prévoyait des suites terribles, et cet homme de cœur que vingt ennemis n'eussent pas épouvanté se sentait défaillir en face d'un regard soupçonneux. On avait suspecté sa bravoure, et on le voyait à l'œuvre; mais on l'accusait d'assassinat, et jamais sans doute il ne lui serait permis de se justifier. Aussi rien d'humain ne semblait pousser Roscoff au milieu de ce fracas, de ce cliquetis, de cette attaque furieuse, de cette défense héroïque. Il aperçoit Grenier aux prises avec un officier anglais: il vole de ce côté, dégage Julien, fend le crâne de l'officier, perce la poitrine d'un matelot qui tentait de le venger, blesse deux hommes, cherche d'un regard où sa présence est nécessaire, et pousse un cri de terreur en voyant l'audace avec laquelle Guilanek vient de s'emparer du pavillon anglais.

Le mousse grimpant au mât d'artimon par les drisses, venait de couper les liens du drapeau britannique.

A l'exclamation de triomphe qu'il pousse, répond le cri d'angoisse de Roscoff, couvert par une décharge de fusils et de pistolets.

Le mousse serre le pavillon dans ses bras; mais il tombe sur le pont, et les matelots anglais se ruent de ce côté pour reprendre cette relique nationale.

Candale a tout vu; blessé à la main gauche, entouré d'ennemis qui l'accablent et le percent, il ne peut voler au secours de l'enfant.

« A moi ! dit-il, à moi! »

Flambard tombe au milieu du cercle, une hache dans chaque main, les agite avec une justesse de lutteur de Basse-Bretagne, fend un crâne ici, abat un bras là, tranche et tue, délivre Candale, et couvre la retraite de Roscoff, qui prenait dans ses bras le corps inanimé de Guilanek.

Le capitaine saute sur la *Thémis*, couche le mourant sur le pont, la tête appuyée sur son biniou, et lui crie :

« Je vais te venger !

— Ils m'ont tué, mon oncle ! dit Guilanek, mais j'ai leur pavillon. »

Chacun se multiplie et accomplit des prodiges ; Pierik est entouré de cadavres, il se bat comme devaient faire les héros des Thermopyles ; couvert de sang, acculé contre un mât, il tient encore tête à cinq hommes, et il faut qu'un coup de pique l'atteigne en pleine poitrine pour qu'il tombe la face contre terre, en criant pour la dernière fois :

« Vive la France ! »

Julien se trouve en face du capitaine anglais ; un tel ennemi lui semble digne de lui : le sabre en main, il l'attaque avec une sûreté et un coup d'œil tels qu'il les aurait eus sur le terrain, s'il se fût agi d'un simple duel. Il ne se préoccupe pas de l'action qui multiplie autour de lui ses tragiques épisodes. Il lui faut la vie du maître de la corvette anglaise ; il faut que le capitaine tombe sous les coups de l'officier, comme le pavillon a été arraché par le mousse.

Mais le capitaine anglais est d'une force terrible. Grenier, atteint au front d'un coup de crosse de fusil, reçoit une blessure au bras droit ; il change son sabre de main, fond sur son adversaire qui ne s'attendait point à une riposte aussi vive, lui transperce l'épaule gauche, dégage le fer, et les deux hommes saignants, chancelants, continuent le combat.

Il fut long ; il fut tel que quelques marins s'arrêtèrent pour considérer un spectacle rare même au milieu des plus nobles combats et des plus héroïques victoires. Enfin, Grenier, sentant qu'un nuage obscurcit sa vue, se fend avec une rapidité telle que son épée se plonge jusqu'à la garde dans le corps de l'Anglais tandis que l'épée de celui-ci s'abat sur son front.

Ils tombent tous deux, aucun ne se relève.

Candale et Roscoff se trouvaient ensemble au milieu d'un groupe de soldats. Il fallait à l'Anglais la vie du capitaine breton, pour prix de la mort de Williamson; et Roscoff de son côté voulait que des flots de sang payassent le trépas de son neveu.

Que dirait-il à Anaïk quand celle-ci lui demanderait son enfant? Ne valait-il pas mieux que Roscoff s'ensevelît dans ce grand combat, et que rien de lui ne survécût, hors cette victoire si chèrement payée?

Roscoff ralliait encore les matelots en leur répétant quelques-uns de ces mots qui électrisent les masses. Candale venait de recevoir un coup de poignard; Roscoff le retenait d'une main et combattait de l'autre, quand quelque chose de rampant, de grassouillant, se remua entre les jambes du capitaine.

Puis une voix murmura :

« J'ai mis le feu à la corvette. »

C'était Moucheron qui venait d'accomplir ce fait d'une hardiesse inouïe, et l'annonçait à Roscoff, comme il eût fait s'il se fût agi d'une espièglerie.

Il ne fallait plus songer à combattre.

Le capitaine cria à Flambard d'une voix de tonnerre :

« Dégagez le bâtiment! »

En même temps, Roscoff, qui soutenait encore Candale dans ses bras, tout en continuant à se défendre contre ses adversaires, repassa sur le pont de la frégate.

« Allons, les enfants, dit Flambard, il ne sera pas dit qu'un cadavre français restera au pouvoir de l'ennemi. »

Et, donnant l'exemple, il en mit deux en équilibre sur ses épaules. Tandis que l'on sauvait les chères dépouilles d'une humiliation d'outre-tombe, on couvait tout ce qui pouvait retenir l'un à l'autre les deux navires ; la *Thémis* s'agitait pour fuir la *Jenny*, et les derniers coups s'échangeaient quand le feu commença à lécher les flancs de la corvette. Elle voulut alors se coller à la *Thémis*, et l'entourer à son tour d'une robe de flammes ; mais les marins, la hache en main, se tenaient sur le bord du navire, défiant les grappins, abattant les mains obstinées. Il fallait s'éloigner au plus vite, car l'incendie ne pouvait manquer de gagner la soute aux poudres, et la *Jenny* sauterait avec un fracas capable de bouleverser au loin la mer, et de mettre le *Thémis* en danger. On s'éloigna donc du navire anglais avec une vitesse égale à celle que l'on avait mise à le poursuivre, et pendant cette manœuvre on échangeait encore une fusillade nourrie, et les canons grondaient avec une rage nouvelle.

C'était un magnifique et terrifiant spectacle que celui présenté par la *Jenny*. L'incendie gagnait. Il n'y avait pour les braves qui l'avaient défendue aucune chance de salut. Ils paraissaient résignés à la mort. Les Français rendaient justice à leur défense, et quand éclata l'explosion formidable du navire, quand se dispersèrent les débris enflammés de la corvette, et que le ciel obscurci d'un nuage de poudre montra, en se dégageant, la mer couverte de restes informes au milieu desquels on pouvait voir surnager des cadavres, plus d'un brave détourna les yeux.

L'équipage de la *Thémis* comptait des pertes cruelles ; dans le premier enthousiasme du triomphe on ne pouvait encore les apprécier. Les cris de joie annoncèrent la victoire des Français, et si un cri d'horreur lui succéda quand sautèrent comme du cratère d'un volcan les restes de la *Jenny*, il fallait encore que quelques instants fussent donnés à des transports tumultueux avant que l'on songeât aux blessés et que l'on comptât les morts.

Roscoff ne songeait point à lui-même.

Tandis que l'on descendait les blessés dans la cabine, il se promenait sur le tillac, passant sa main sur son front rouge de sang et noirci par la poudre.

Il ne sentait pas ses blessures; après une minute douloureuse pendant laquelle il tenta vainement de ressaisir sa pensée, il court à l'avant, et, s'approchant de l'endroit où il avait déposé le corps de Guilanek, il le regarda avec une angoisse profonde.

« Pauvre cher enfant! dit-il, j'avais promis... »

Il se mit à genoux et posa la main sur le cœur du mousse.

« Il bat! s'écria-t-il, il bat! »

Entr'ouvrant la veste de l'enfant, il visita les blessures reçues. Hélas! on pouvait compter cinq trous creusés par les balles. La main de Guilanek pressait le drapeau anglais sur sa poitrine blessée.

Roscoff courut chercher de l'eau, mouilla les tempes de son neveu, enleva sa cravate, et tenta de dépouiller la chemise; mais il n'y pouvait parvenir, l'enfant crispant ses doigts sur son sein. D'un coup de couteau la chemise fut fendue, et l'épaule saignante mise à nu. Avec des précautions de femme et une habileté de chirurgien, Roscoff lava les plaies, et les pansa d'une façon provisoire. La fraîcheur de l'eau, puis une douleur aiguë causée par le mouvement rappelèrent Guilanek à la vie... Sa première pensée fut pour le drapeau anglais; il ouvrit ensuite les yeux et reconnut Roscoff.

« Faut pas vous désoler, mon oncle, dit-il, je n'étais qu'un mousse, et le bon Dieu m'a donné la mort d'un matelot... Vous direz à la mère que j'ai fait mon devoir... et au gouvernement que j'ai pris le drapeau... Si on rebâtit les églises, mon oncle, mettez le pavillon à la voûte... en *ex-voto*... Tenez, je vous donne cette bague, portez-la toujours, c'est... le vicomte de Kéroulas qui me la donna... le soir où... j'avais joué l'air de

Mlle Yvonne... Ah! mon biniou... mon cher biniou... il a battu la charge à sa manière... Portez-le à ma mère, elle le gardera, et quand elle le regardera elle pensera à son petit Guilanek.

— Tu ne mourras pas! tu ne mourras pas! s'écria Roscoff.

— Si, mon oncle, dit l'enfant qui respirait avec peine... je m'en vais... priez avec moi, car je suis toujours bon chrétien. »

Les lèvres pâle du mousse commencèrent l'*Ave Maria*.

La voix de Roscoff lui répondit.

« *Maintenant et à l'heure de la mort*... répéta le mousse. Oh! je crois bien, allez! l'Etoile de la mer, la Porte du ciel, la Rose mystique... tout cela va briller, s'ouvrir, fleurir... Mon oncle! mon oncle! fit Guilanek en se soulevant et en appuyant à terre une de ses mains, mon oncle, c'est la fin... Il me faut une bonne parole de vous, oncle Roscoff. Par votre patron saint Pierre qui tient les clefs du paradis, jurez-moi que...

— Je te jure de dire la vérité!, dit Roscoff, et d'obéir à ton dernier vœu.

— Jurez-moi que... »

Le mousse s'arrêta encore; ce qu'il allait dire ne pouvait échapper à ses lèvres bleues sans causer une blessure à son âme.

« Parle, parle... dit Roscoff.

—... vous n'avez pas assassiné le vicomte de Kéroulas!... »

Le capitaine chancela, et son front heurta le bâtiment du navire.

Il se remit pourtant, regarda Guilanek avec son fier regard, se pencha à l'oreille de l'enfant et murmura quelques paroles à voix basse.

L'œil éteint du mousse se ranima.

« Merci, oncle Pierre... Anaïk, ma mère! Etoile du matin, *Ave Maria!* »

Sa tête tomba lourdement sur la peau gonflée du biniou, il était mort.

Roscoff le baisa au front, abaissa ses paupières, prit la bague d'or du vicomte de Kéroulas et descendit dans sa cabine. Quand il remonta, il portait un grand manteau dans lequel il ensevelit le pauvre mousse.

Tandis que Roscoff rendait les suprêmes devoirs à Guilanek, on s'empressait de donner aux blessés les premiers soins, et de jeter les cadavres à la mer.

L'équipage avait fait des pertes nombreuses, bien inférieures cependant à ce qui aurait pu arriver. On se comptait, on se trouvait.

Il y avait des oraisons funèbres contenues dans un mot. Plus d'un homme brutal comme un sauvage dans la mêlée pleurait en face de son matelot mort. Les obsèques sont courtes à bord, plus courtes encore dans ce temps-là : car Guilanek fut le seul pour qui l'on récita une prière.

Candale, Julien, Pierik, avaient succombé; Flambard venait de se faire panser cinq blessures plus ou moins graves, qui ne l'empêchaient pas de s'occuper de ses camarades encore plus maltraités que lui.

Le chirurgien pénétra presque de force dans la cabine dont Moucheron gardait la porte.

Roscoff ne voulait point de secours.

Il se laissa panser machinalement.

Ses yeux ne quittaient pas le pavillon anglais taché du sang de Guilanek ni le biniou suspendu au-dessus : cher et lugubre trophée, lui rappelant l'être qu'il avait le plus aimé!

Et cependant, combien de bourrades, de taloches et de *gifles* avait reçues ce pauvre Guilanek! Roscoff le formait rudement à un rude métier. Et maintenant que la mer était le cimetière du pauvre enfant; que ce garçon, si plein de vie, il y avait quelques heures à peine, était une proie pour les requins, Roscoff ne se pardonnait pas ses colères, ses rudesses et ses heures d'exigence. Pourtant Guilanek ne se trompait pas à cette sévérité : il se savait aimé par son oncle, et ses derniers regards s'étaient empreints de tendresse.

Quand le chirurgien fut parti, Moucheron quitta la place qu'il occupait comme garde de la porte du capitaine, et sans bruit, il se glissa jusqu'à Roscoff.

« Avez-vous besoin de moi, capitaine? demanda-t-il.
— Non, dit brusquement Roscoff.
— Voulez-vous me permettre de rester là tout de même...?
— Pourquoi?
— C'est que j'aimais bien Guilanek, et que j'ai envie de pleurer... »

Roscoff attira brusquement l'enfant sur sa poitrine.

Et tous deux, le vieil homme de mer et l'enfant adoptif de la mère Lamproie, confondirent leurs sanglots.

A partir de ce jour, Moucheron ne quitta guère le capitaine.

Personne ne s'en étonna.

Le mousse avait agi en héros tout simplement, quand il eut l'audace de mettre le feu à la corvette anglaise.

Il semblait juste qu'on le récompensât.

Mais ce que nul des officiers de la *Thémis* et aucun des matelots n'aurait pu croire, c'est que Roscoff trouvait un bonheur douloureux à s'entretenir avec l'enfant.

Hélas! Roscoff ne causait guère qu'avec lui.

Sa bravoure dans la bataille, son humanité pour les blessés, rien ne calma les haines et ne dissipa les soupçons.

Une ombre planait au-dessus du navire : celle du vicomte de Kéroulas; on entendait sans cesse retentir un cri lugubre : le cri poussé en plein large par le passager que le capitaine, aidé de ses complices, avait fait descendre dans le canot pendant une nuit obscure.

Et Roscoff ne pouvait douter qu'on l'accusât de meurtre. Un seul être ne se défiait pas, ne maudissait pas, ne croyait pas : c'était Moucheron.

Il avait vu son capitaine pleurer la mort de Guilanek...

Est-ce que les assassins pleurent !

Dieu ne refuse-t-il point aux criminels le don des larmes ! cette source sacrée ne se tarit-elle pas quand l'âme se corrompt !

Moucheron le croyait, et voilà pourquoi il aimait toujours le capitaine et restait si souvent à ses pieds comme un chien caressant et fidèle, ne parlant point de peur de le troubler, mais pensant comme lui au pauvre petit joueur de biniou.

XII

Sous mâts de fortune !

La tempête hurlait de toutes ses voix, le vent soufflait en horribles rafales, la mer élevait des montagnes d'eau qui retombaient brusquement comme des avalanches ; sur la côte, sur la jetée, malgré la nuit profonde et la rigueur de la température, une foule avide, épouvantée, se pressait, se heurtait. Les hommes les plus courageux avaient tenté vingt fois de mettre une barque à flot pour aller au secours du navire dont les signaux de détresse étaient apparus. Le canon d'alarme ne tonnait plus. On prévoyait un de ces drames maritimes qui glacent le cœur. Houëlik, le meilleur nageur de la côte, s'était fait attacher une corde autour des reins, et voulait porter aux naufragés le câble de sauvetage; mais la mer le roulait dans ses tourbillons avec une impétuosité telle que le brave pêcheur fut obligé de revenir au rivage, en maudissant son impuissance. Un groupe de femmes agenouillées priait. Elles ne savaient encore ni le nom du navire, ni quel pavillon il portait, mais elles croyaient attendrir le Ciel, et obtenir par l'élan de leur charité le salut de ceux qui leur étaient chers.

De temps en temps apparaissaient encore les signaux.

On crut même, au milieu des hurlements de l'orage, distinguer une clameur désespérée.

Une grande angoisse serrait toutes les poitrines; on attendait avec une fébrile impatience les premières lueurs du jour.

Parmi les femmes qui prenaient un intérêt poignant à cette scène était Anaïk, pour qui la mer se montrait toujours avide et menaçante : elle avait pris Servan; elle gardait Roscoff et Guilanek. Auprès d'elle une jeune fille pâle, frissonnante sous sa robe de deuil et sa cape noire, prêtait l'oreille à ses lamentations et la consolait d'une voix douce.

— Je vous dis, Mademoiselle, qu'il y a un malheur dans l'air, répétait Anaïk, et ce malheur m'atteindra.

— Tous les coups ne peuvent vous frapper, Anaïk, et Dieu mesure à nos forces l'épreuve qu'il envoie... Si quelqu'un s'est vu près du désespoir et de la mort, n'est-ce point moi? Quand Noirot m'eut dénoncée, que des soldats et des hommes plus féroces que des tigres me vinrent arracher de l'asile où vous me cachiez, vous me crûtes perdue, Anaïk, et en effet, je devais attendre la mort... la mort comme toutes les filles nobles, la mort comme les vierges de Verdun et tant d'autres : je ne pouvais boire du sang pour sauver personne : car tous les miens étaient montés sur l'échafaud, et je me sentais le courage d'expirer comme eux... Mais ce tribunal qui me fit jeter en prison avait à sa tête un homme épouvantable, un monstre... Cet Antoine qui avait mangé notre pain, ce citoyen Brutus devenu un faucheur de têtes, menaça d'abord ma vie, puis m'offrit de la racheter... Je pouvais vivre! plus encore, je pouvais sauver Hector, mon cousin, mon fiancé, le dernier des Kéroulas; mais il fallait pour cela poser ma main dans la main de Brutus au-dessus de l'autel de la Patrie! Je refusai.. il attendit... Pour vaincre ma résistance, il employa tous les moyens... même la générosité... Vous le savez, Anaïk : il m'a montré un papier signé Pierre Roscoff, constatant que le ci-devant vicomte de Kéroulas venait de monter à bord de la *Thémis*... Il pria, il supplia... Cette bête fauve eut des éclairs de pitié et de remords... Antoine jurait alors qu'il cesserait les massacres, qu'il ouvrirait les prisons... Je lui demandais la mort comme une grâce, il en reculait toujours l'heure; enfin il voulut employer jusqu'à la violence! mais les anges de Dieu gardent ceux qui leur sont confiés... Le lendemain de cette terrible soirée je devais monter sur l'échafaud... Je me sentais calme, tranquil'e; on ouvre la porte de mon cachot, je me dirige vers le point lumineux que j'entrevois au fond du corridor... je me trouve au milieu d'un groupe de condamnés comme moi... On parle, on s'embrasse, on remercie Dieu... J'interroge... je suis libre! la Terreur est finie. Antoine vient d'être mis en pièces par la populace, et l'échafaud est brûlé sur la place même où il fonctionna... Je courus chez vous, Anaïk, et nous ne nous sommes plus quittées... Vous voyez bien que le Seigneur est bon, et qu'il ne faut jamais désespérer. •

Anaïk secoua la tête.

L'abbé Colomban parcourait les groupes. Il rassurait les uns, élevait le courage des autres. Il s'était mêlé à ceux qui tentèrent de monter une barque et d'aller au secours des naufragés.

Dans cette nuit d'angoisse et de désespoir, il sentait sa présence nécessaire; on avait besoin de ses secours à bord du navire en détresse, il voulait être là pour absoudre et pour bénir comme prêtre, pour arracher à la mort et disputer aux vagues comme le plus hardi sauveteur de Recouvrance.

C'était vraiment une noble et héroïque figure que celle de l'abbé Colomban.

Au milieu des dangers, à quelque heure que se manifestât un péril, il était là au premier rang. Sa grande taille le faisait aisément reconnaître. Sa physionomie calme et douce s'animait subitement, le front s'éclairait, l'œil avait des rayons d'enthousiasme, sa force d'athlète prenait les proportions de celle de l'ange lutteur qui ployait les reins de Jacob. Lui si doux, si humble, qui cherchait la vie cachée et se plaisait à être ignoré, se jetait dans le danger avec la sainte témérité de l'abnégation. On l'avait vu dans les incendies arracher aux flammes des familles entières; dix naufragés lui devaient la vie; une carrière d'ardoises ayant enseveli sous un éboulement trois malheureux ouvriers, l'abbé Colomban les arracha à la mort. Pendant qu'il s'entretenait avec les matelots de l'impossibilité présente de tenter quelque chose pour les malheureux, il souffrait lui-même une véritable agonie.

Enfin la nuit se dissipa; lentement les clartés du matin reparurent, et avec elles le calme se rétablit un peu.

Les coups de mer devinrent moins furieux; le vent tomba; et quand ce fut possible de distinguer le navire qui luttait contre les vagues, on put espérer de sauver au moins l'équipage.

A en juger par la grandeur du bâtiment, on disait que ce devait être une frégate. Elle était sous ses mâts de fortune, et portait le pavillon en berne.

Des barques furent mises à la mer; l'abbé Colomban s'élança dans la première avec Mériadec, le vieux pilote que nous connaissons, et trois pêcheurs déterminés.

Du navire on aperçut les barques, et les signaux recommencèrent.

Le bâtiment déralingué, rasé, noyé, faisant eau, malgré les efforts de l'équipage, ne pouvait plus tenir contre la vague.

Un cri s'éleva du canot de sauvetage :

« Nous voilà! nous voilà! »

Et sur le pont, quelques-uns de ceux qui avaient cru mourir se prosternèrent. La pensée d'un trépas imminent leur avait rendu la foi.

Le pilote, le prêtre et les pêcheurs se trouvaient enfin proche du bâtiment.

Un homme vêtu de tous ses insignes, calme, froid, se trouvait à l'arrière. En voyant le canot, il s'approcha des matelots, surveilla l'embarquement du premier groupe, et attendit l'arrivée de la seconde barque. Quand les matelots furent descendus, il laissa passer les officiers. On croyait qu'il se trouvait encore une place pour le capitaine; mais celui-ci répondit tranquillement :

« Une personne de plus la surchargerait, allez...

» Le navire enfonce! dit la voix rude d'un matelot; prenez garde, capitaine.

— Nagez! » répondit le capitaine.

En effet le bâtiment s'enfonçait lentement, lentement....

La première barque revenait, il est vrai ; mais arriverait-elle à temps ?

Le capitaine chercha à ses côtés un paquet assez volumineux, auquel il semblait attacher un grand prix, et calcula avec un sang-froid admirable combien il fallait de minutes au bateau pour rejoindre le bâtiment. Quelles amères pensées se heurtaient dans la tête de ce marin, de ce soldat, de ce vaillant qui avait affronté tous les dangers, souffert toutes les intempéries, lutté contre les hommes et les choses, passé au travers d'un tourbillon de fer et de feu, dompté la mer et vaincu l'orage, et qui revenait triste à la mort, sur ce bâtiment presque sans voiles, glorieux débris de la guerre, dont la coque étalait des blessures, dont le pont avait vu tant de batailles ! Il se demandait, le maître de ce navire, pourquoi Dieu ne le retirait pas du monde, et il désirait presque au fond de son cœur que le canot sauveur arrivât trop tard.

S'il n'eût pas eu au fond de l'âme un sentiment vivace de foi, si le devoir dans l'acception la plus complète de ce mot n'eût pas été le grand mobile de sa nature, il se serait abandonné à ces vagues hurlantes pour y ensevelir une existence vouée à tant de douleurs incurables. Il ne mourait pas parce qu'il ne devait point devancer l'heure marquée par Dieu, cette heure mystérieuse dont l'obscurité même est l'ordre de nous tenir toujours prêts.

La barque avançait à grands coups de rames, et l'abbé Colomban faisait de nouveau le voyage.

En le voyant bien cette fois (car le capitaine était près de la hanche du navire que heurta la barque), le prêtre ne put retenir un cri douloureux :

« Roscoff ! dit-il, Roscoff ! »

Le capitaine sourit d'un air navré.

« Allons, dit-il, Dieu veut que je vive ! »

Il laissa doucement glisser dans le canot le paquet qui le préoccupait, et prit place ensuite à côté du prêtre.

L'abbé Colomban regarda Roscoff bien en face.

« Ah ! dit le capitaine, vous savez déjà...

— Je sais que vous êtes mon frère, Roscoff.

— Caïn était bien le frère de Seth !...

— Anaïk est sur le rivage, dit le prêtre.

— Seule !... demanda le capitaine avec angoisse.

— Non, Mlle de Kéroulas l'accompagne.

— Que leur dirai-je ? mon Dieu ! que leur dirai-je ? murmura Roscoff. La mère me demandera son fils... la sœur me demandera son frère...

— Courage, Roscoff, courage ! »

Le capitaine ne parut pas entendre le prêtre, il mit son front dans ses mains et demeura silencieux.

Tandis que les pêcheurs ramaient vers la côte, une grande animation régnait dans les groupes formés sur le rivage. On eût dit que tous ceux qui s'y trouvaient rassemblés formaient une seule famille.

Le nom de la *Thémis* éveillait de chers et lointains souvenirs. On rappelait dans quelles circonstances avait appareillé le navire. Sommairement on racontait aux officiers la fin de la Terreur ; ceux-ci parlaient de la croisière et comptaient les navires anglais pris ou coulés bas. Tous les officiers et les matelots de la *Thémis* prenaient à ce moment des proportions d'autant plus héroïques, que la frégate paraissait devoir s'ensevelir dans son dernier triomphe. Tandis qu'ils parlèrent de la croisière et des batailles livrées, officiers et matelots se montrèrent éloquents ; le souvenir des morts fut honoré de regrets sincères ; mais quand une voix prononça le nom du capitaine Roscoff, les fronts se rembrunirent, et il se fit un silence glacial.

Anaïk, qui attendait anxieuse, s'approcha :

« Roscoff ! dit-elle, c'est mon frère ; il est là, c'est

le plus brave de tous, car il se sauve le dernier... et Guilanek ne le quitte pas sans doute, puisque je ne vois pas Guilanek. »

A l'arrivée de la première barque, Anaïk avait couru, haletante, demandant son fils à tous ceux qu'elle voyait.

Aucun des matelots de la *Thémis* n'avait eu le courage d'enlever une suprême illusion à cette pauvre mère, et Anaïk, ne voyant pas son enfant, crut que Roscoff lui-même voulait le remettre dans ses bras.

Il y avait sur le rivage bien des pères désolés, bien des femmes brisées. On entendait des sanglots sourds en même temps que des cris de joie. Tant d'hommes manquaient à l'appel! tant de braves étaient morts!

Mais Anaïk n'avait pas été seule frappée de l'expression au moins étrange avec laquelle on avait prononcé le nom de Roscoff. Yvonne était forte en face d'un malheur; elle aimait mieux l'affronter brusquement que de conserver un doute.

Quittant donc le bras d'Anaïk, elle s'approcha d'un adjudant :

« Monsieur, dit-elle, n'aviez-vous point à bord de la *Thémis*, et en qualité de passager, le vicomte Hector de Kéroulas? »

L'adjudant, entendant cette voix douce et tremblante, se retourna.

Il demeura comme ébloui de la beauté pure d'Yvonne, et se découvrant :

« En effet, Mademoiselle, le vicomte de Kéroulas fut mis à bord de la *Thémis* le 17 floréal....

— Et... revient-il ?

— Non, Mademoiselle... répondit le jeune homme d'une voix sombre.

— Il a péri... dans une tempête?...

— Non, pas dans une tempête, Mademoiselle, il a péri... » L'adjudant s'arrêta.

« Poursuivez, Monsieur, dit Yvonne, je suis Mademoiselle de Kéroulas : mon père est mort sur l'échafaud, je puis tout entendre, je veux tout savoir...

— Eh bien ! le vicomte Hector... est mort assassiné...

— Par qui ? demanda Yvonne en se redressant.

— Par le capitaine Roscoff ! »

L'adjudant vit pâlir Yvonne et voulut la soutenir.

« Je veux croire que vous vous trompez, Monsieur... dit-elle.

— Je souhaiterais me tromper moi-même.

— La preuve ! la preuve ! demanda Mlle de Kéroulas.

— Vous la trouverez à la préfecture maritime.

— Je ne peux me figurer cela ! répéta tout bas Yvonne... Roscoff a voulu sauver mon oncle... mais, quoi qu'il en soit, je dois la vie à Anaïk, et je veux qu'elle ignore... »

En ce moment la sœur de Roscoff s'avança si près de la mer que la vague lui mouillait les pieds.

« Guilanek ! cria-t-elle, Guilanek ! »

On ne lui répondit pas.

Elle répéta d'une voix plus navrante :

« Guilanek ! mon fils Guilanek ! »

Ses yeux démesurément ouverts ne virent que l'abbé Colomban, qui lui montrait le ciel.

Anaïk tomba de toute sa hauteur sur la grève.

Elle était évanouie.

A peine Roscoff eut-il mis pied à terre qu'il courut vers sa sœur. Agenouillé près d'elle, lui parlant doucement, à voix basse, il lui répétait le nom chéri de l'enfant qu'elle ne devait plus revoir. Le prêtre se tenait de l'autre côté, priant pour l'âme envolée. Mlle de Kéroulas tenait ses yeux fixés sur la petite bague d'or que le capitaine portait à son doigt.

Cette bague, elle la reconnaissait pour avoir appartenu à Hector. Le capitaine confia sa sœur à quelques braves gens du voisinage dès qu'elle fut revenue à elle. Roscoff, voyant ses hommes en sûreté, voulait encore sauver le navire. Il ne pouvait s'habituer à la pensée de voir sombrer cette *Thémis* vaillante dont les canons avaient dit si haut le nom de la France.

L'entreprise était difficile, presque impossible; et cependant vers la fin du jour la frégate se trouvait en sûreté.

Roscoff ne put que fort tard rentrer dans la maison d'Anaïk.

Il trouva sa sœur assise à côté de son lit, couvrant de baisers le biniou de Guilanek, et lui adressant de ces discours navrants et naïfs qui poignent le cœur plus que de grands cris.

Mlle de Kéroulas s'était vainement efforcée de faire prendre quelques aliments à la pauvre femme : elle n'en put venir à bout. Assise près de la table, l'Évangile ouvert sous ses yeux, elle ne parvenait pas à lire un seul verset. Quand elle entendit heurter à la porte, elle s'approcha d'Anaïk :

« C'est la voix de votre frère, » dit-elle, et elle s'enfuit dans sa chambre.

La veuve se leva en chancelant, se traîna le long de la muraille et ouvrit.

Roscoff pâle, défiguré, brisé par la souffrance morale, écrasé de fatigue, affamé, tomba sur un siége, les bras inertes, la tête lourde, l'œil sans regard.

Il demeura un moment ainsi; puis il passa sa main sur son front, rassembla ses pensées, s'appuya du coude sur la table et tourna son regard désespéré vers Anaïk.

La veuve tomba sur les deux genoux.

Roscoff attira sa sœur vers lui.

« Pleure, dit-il, pleure dans mon sein l'enfant dont

j'aurais sauvé la vie au prix de la mienne... Il est mort criblé par les balles ennemies en enlevant un pavillon anglais... Une glorieuse mort de soldat... Mais la mort est toujours la mort pour les mères... Pourquoi suis-je au monde, tandis que Guilanek n'est plus?... Pauvre Anaïk! que Dieu te console, qu'il nous console tous!...

— Je sais... je sais... dit la veuve, il n'y a pas de ta faute... Qu'il était beau et doux, mon Guilanek, et que j'avais raison de vouloir en faire un laboureur!... Il serait là maintenant, sa journée finie, tandis que j'ignore dans quel lieu du monde il repose... La mer! quel grand tombeau!... Il a parlé de moi, Roscoff? il a dit mon nom?

— Oui, dit Roscoff, il m'a recommandé de te donner son biniou... Il veut que le pavillon teint de son sang soit placé dans une église... Il a eu deux noms sur les lèvres en expirant, le tien et celui de la Vierge!

— Cher et pur enfant! fit Anaïk.

— Nous exécuterons tout ce qu'il souhaitait, reprit le capitaine;... puisque les églises sont rebâties, nous irons en pèlerinage suspendre ce drapeau dans une chapelle... Quand tu verras son biniou, tu pleureras encore; mais l'espérance te reviendra en regardant la croix que je ferai élever à sa mémoire...

— Tu es bon! oh! tu es bon... » murmura Anaïk.

Roscoff serra les mains de sa sœur avec énergie.

« Tu as confiance en moi? demanda-t-il.

— Oui, Roscoff, grande confiance, confiance méritée. »

Le capitaine poussa un long soupir.

« Tu me crois esclave de la discipline et du devoir?

— Comme un vrai marin.

— Mais incapable de commettre un crime?

— Un crime, toi! s'écria la veuve.

— Merci, ma sœur, répondit Roscoff, merci...

— Pourquoi me remercies-tu?

— Parce que demain l'on m'accusera, si l'accusation

n'est pas déjà portée... On dira que je suis un misérable et un meurtrier... et il me sera bon de penser que dans une âme, au moins, une sainte et belle âme, je reste pur et innocent...

— Accusé d'un crime! répéta la veuve: ne deviens-tu pas fou, Roscoff?

— Plût à Dieu que j'eusse perdu la raison, puisqu'il semble que j'ai déjà perdu l'honneur... Anaïk! Anaïk! aussi vrai que le Christ endura mort et passion pour nous, tu entendras dire que j'ai versé le sang d'un homme...

— Et tu ne peux prouver le contraire?

— Non!

— Pas un témoin ne parlera pour toi?

— Tous sont morts!

— Dieu t'assistera, frère, un tel malheur ne peut être qu'une épreuve passagère!

— Enfin, Anaïk, tu l'as dit, Roscoff pour toi ne sera jamais coupable?

— J'en jure par la mémoire de Guilanek, » dit solennellement la veuve.

Roscoff et Anaïk passèrent une soirée lugubre.

Assis en face l'un de l'autre, ils se surprenaient souvent les yeux fixés sur le biniou du pauvre mousse; les larmes mouillaient leurs yeux, leurs mains s'étreignaient; ils n'osaient plus parler. Roscoff se leva de bonne heure et sortit.

Comme il quittait la cabane, une petite main laissa tomber le rideau de la fenêtre.

Mlle de Kéroulas avait épié le départ de Roscoff. Quand elle ne craignit plus de le rencontrer, elle jeta sa mante sur ses épaules et entra dans la chambre d'Anaïk.

« Je m'en vais à la ville, dit-elle; dans deux heures environ je reviendrai. »

Anaïk n'osa interroger Yvonne, tant elle vit de douleur sur son visage et de résolution dans ses yeux.

Yvonne trouva Brin-d'Avoine dans le champ voisin. Le jeune garçon courut à sa rencontre; puis, apprenant qu'elle se rendait à Brest, il lui demanda de l'accompagner. Yvonne y consentit; Brin-d'Avoine siffla son chien, lui recommanda les brebis, et se mit à courir devant Mlle de Kéroulas. Il revenait parfois sur ses pas pour lui offrir un brin de bruyère, une fleur sauvage; Brin-d'Avoine était le dernier page de l'héritière des Kéroulas.

Mais en docile serviteur, Brin-d'Avoine s'arrêta à l'entrée des rues fréquentées, et Yvonne prit seule le chemin de la préfecture maritime.

Elle n'y connaissait personne, et se trouvait étrangère à tout ce qu'elle voyait. Néanmoins la dignité de son maintien, sa jeunesse, le deuil austère qu'elle portait, intéressèrent un employé. Il s'avança vers elle, et lui demanda ce qu'elle désirait.

« Obtenir un renseignement concernant la *Thémis*.

— Veuillez me suivre, Mademoiselle, » répondit le jeune homme.

Elle fut conduite dans une petite salle d'attente; l'employé franchit le seuil d'un cabinet, et reparut bientôt en disant :

« Votre nom, s'il vous plaît, Mademoiselle.

— Yvonne de Kéroulas, » répondit-elle.

Une seconde fois le jeune homme disparut; quand il revint, il n'était pas seul; un homme de quarante ans environ, d'une figure expressive, d'une tenue digne, s'inclinait devant elle.

Yvonne le suivit dans le cabinet.

M. de Mantes avança un fauteuil à l'orpheline.

« Je suis à vos ordres, Mademoiselle...

— Monsieur, dit Yvonne, quand mon père mourut

sur l'échafaud, les deux derniers Kéroulas étaient là...
mon cousin et moi... Hector le lendemain même fut mis
en prison sur la dénonciation d'un misérable... Peu de
jours après je fus incarcérée moi-même... La fin de la
Terreur m'a sauvée... On m'a dit que le vicomte de
Kéroulas avait été embarqué en qualité de passager à
bord de la *Thémis*...

— C'est la vérité, Mademoiselle.

— Par quels ordres?

— Par ordre d'un misérable, Antoine dit Brutus...

— L'ancien fermier de mon père... c'est bien cela...
Et... qu'est devenu mon cousin, Monsieur? demanda
Yvonne qui regarda bien en face M. de Mantes.

— Il est mort, Mademoiselle.

— Pourquoi?

— Il fut condamné comme aristocrate, traître à la
nation...

— Par qui? demanda encore Yvonne.

— Par ce même Brutus, tout-puissant alors...

— Où l'a-t-on exécuté?

— Ici, Mademoiselle, il me devient difficile de
vous répondre... Dans ces temps d'anarchie et d'horreurs s'accomplissent des actes qui sembleraient monstrueux à d'autres époques, et sont une fatale conséquence...

— On l'exécuta à bord de la *Thémis?* reprit Mlle de
Kéroulas.

— Le capitaine avait des ordres formels...

— Des ordres ! » répéta Yvonne d'une voix sourde,

M. de Mantes ouvrit un vaste portefeuille et y prit
plusieurs papiers.

« Voici, dit-il, une instruction datée du 17 floréal de
l'an III, portant que, le 17 du mois suivant, le ci-devant vicomte de Kéroulas serait mis à mort... signé,
Brutus... »

Le fonctionnaire passa cette pièce à Yvonne, qui la lut attentivement.

« Il répondait de l'exécution sur sa tête... » murmura Mlle de Kéroulas.

« Voici en outre le procès-verbal, signé de trois officiers de la *Thémis*, constatant que dans la nuit du 17 juin le ci-devant vicomte de Kéroulas, embarqué comme passager à bord de la frégate la *Thémis*, a disparu... selon les instructions dont communication a été prise. Suivent les signatures : Julien Grenier, Candale, Pierik Leneveu.

— Et les complices... pardon, les exécuteurs de cette sentence dont vous venez de lire les noms?

— Morts dans un combat naval...

— Dieu peut-il donner à des lâches des funérailles de braves! » s'écria Mlle de Kéroulas.

La jeune fille demeura un moment silencieuse; puis se levant :

« Monsieur, dit-elle, mon cousin de Kéroulas m'était fiancé par la volonté de mon père... Avant de me vouer à Dieu et de m'ensevelir dans un cloître, je voulais savoir toute la vérité sur sa destinée. »

Elle fit deux pas pour se retirer, puis elle demanda vivement :

« Que fera-t-on au capitaine Roscoff?

— Rien, Mademoiselle, répondit M. de Mantes presque bas; mais si la justice humaine ne le châtie point pour avoir obéi à des ordres sanguinaires, le mépris public vengera votre noble parent. »

Yvonne, suivie par M. de Mantes, traversait la salle d'attente quand un groupe d'officiers y pénétra.

M. de Mantes, s'adressant aux jeunes gens, leur dit d'une voix grave :

« Chapeau bas, Messieurs, et place à Mlle de Kéroulas! »

Les officiers s'écartèrent subitement, et Yvonne passa devant eux, pâle, mais forte, de la force des martyrs.

Elle retrouva Brin-d'Avoine à l'angle de la rue, et prit avec lui le chemin de la maison de la côte.

Roscoff n'était pas encore rentré.

Anaïk, debout sur sa porte, regardait le chemin désert.

En voyant Mlle de Kéroulas, au lieu de s'élancer à sa rencontre, elle s'éloigna d'instinct.

Yvonne congédia Brin-d'Avoine du geste, franchit le seuil sans adresser une parole à Anaïk, et pénétra dans sa petite chambre. C'était un réduit agreste et pauvre, mais dans lequel une main amie et prévoyante s'efforçait de répandre la grâce. Il y avait des fleurs fraîches dans des vases de grès et des rideaux à la fenêtre. Les draps du lit étroit éclataient de blancheur, les meubles de noyer bien cirés n'avaient pas un atome de poussière. Une statuette de la Vierge rayonnait dans un angle, entre des rameaux de buis. De grands coquillages nacrés couvraient des étagères, et les murs drapés de filets pittoresques, de nattes étrangères, d'étoffes bizarres, disparaissaient sous la réunion étrange de tout ce que Guilanek et Roscoff avaient rapporté de leurs courses nombreuses.

Yvonne ouvrit la commode, y prit un livre d'heures, un portrait, quelques menus souvenirs, les plaça dans une cassette de nacre, puis s'agenouilla devant l'image de la Vierge, se leva et reparut dans la salle.

Anaïk mettait le couvert.

Roscoff venait de rentrer.

En le voyant, Mlle de Kéroulas devint blanche comme le linon de son fichu.

« Anaïk, dit-elle d'une voix grave, je quitte votre maison... vous l'avez faite hospitalière pour mes malheurs... jamais je ne vous oublierai... Dieu m'appelle à lui, puisqu'il me retire tout ce qui m'attachait à la terre...

Adieu! nous serons deux à prier pour vous : Guilanek du haut du ciel, moi dans le silence du cloître. »

Anaïk prit la main d'Yvonne et la baisa.

« Je comprends votre chagrin, dit-elle, et ne tenterai point d'aller contre votre résolution; partout où vous irez, vous serez abritée sous les ailes des anges... Avant de partir, asseyez-vous une dernière fois à ma table, c'est la seule faveur que j'ose vous demander.

— Je ne puis, » répondit Yvonne avec un effort visible.

Un élan la jeta dans les bras d'Anaïk; elle s'en arracha et fut bientôt près du seuil.

Roscoff s'y tenait debout, immobile.

Yvonne étendit silencieusement le bras.

« N'avez-vous rien à me dire, Mademoiselle? demanda le capitaine.

— Que Dieu vous pardonne! » dit Mlle de Kéroulas; et elle passa.

Anaïk voulut la suivre, la conjurer d'avoir une bonne parole pour Roscoff, lui jurer à genoux qu'elle se trompait; mais le capitaine retint sa sœur.

« C'est le commencement! » dit-il.

En effet c'était seulement le début d'une guerre sourde, mais acharnée.

Les matelots de la *Thémis* parlèrent de l'étrange disparition du passager. On refusa d'abord de les croire. Ils en appelèrent à *Flambard*; celui-ci, furieux d'être mis dans l'obligation d'accuser Roscoff, répondit d'une voix rogue que c'était la vérité. Pendant toute une semaine, dans le cabaret de la mère Lamproie, on ne parla pas d'autre chose. Les aventures de la *Thémis*, ses batailles, l'incendie de la *Jenny*, la prise de *The-King*, de *Farewel* et de tant d'autres navires anglais, émerveillaient les auditeurs; l'affaire sinistre du passager jetait sur cette croisière un voile légendaire. Roscoff prenait des proportions bizarres. Un faiseur de complaintes mit en couplets la mort du vicomte de Kéroulas; un musicien du pays improvisa un air en rapport avec cette lugubre histoire, et Roscoff ne fut plus connu que sous le nom du *Capitaine aux mains rouges*.

Quand la cabaretière entendit pour la première fois chanter cette complainte dans son cabaret, elle se leva en proie à une bouillante colère : elle tenait un pichet d'une main et une bouteille de l'autre, et frappait sur son comptoir avec ces deux vases fragiles et sonores.

« C'est des infamies! disait-elle. J'ai eu ici un club, Dieu me pardonne! on y a tricotté, on y a parlé, on y a dit toutes les horreurs que l'oreille humaine peut entendre... mais jamais, jamais on n'a proféré un tel blasphème! Roscoff un assassin! lui qui servait de père à Guilanek, lui qui aime tant Moucheron, mon mousse à moi, et Faribole, l'enfant de la Madelon... Faut être des pas-grand-chose, des rien-qui-vaille, et même des rien-du-tout, pour avancer des mauvaisetés semblables! Je me fiche pas mal que vous abandonniez mon établissement pour aller boire à la *Pinte d'étain*! C'est pas la *Lamproie d'argent* qui sera complice de vos turpitudes! Je ne fais pas crédit aux perturbateurs et aux vipères... Les Roscoff, je les connais de père en fils, c'est la crème du monde... »

Flambard entrait au moment où la mère Lamproie, à bout d'haleine, s'arrêtait un peu pour respirer.

« Qu'y a-t-il? qu'y a-t-il? demanda Flambard; on se fâche dans le cabaret modèle!... Mère Lamproie nous menace avec les fioles et les pots que nous venons de vider!

— On chante ici la complainte du *Capitaine aux mains rouges*, et je ne le souffrirai pas.

— Pourquoi?

— Vous demandez pourquoi? mais j'aime Anaïk et

Roscoff, moi, et, mes amis, je ne veux pas qu'on les moleste.

— La mère Lamproie a raison, dit Flambard, et vous avez tort, vous autres... Ceux qui croient à l'honnêteté sont heureux, et il ne faut enlever le bonheur de personne... D'ailleurs elle est la mère du matelot, la bonne femme! et souvent elle nous fait crédit d'un voyage à l'autre... Ayez un peu de reconnaissance, que diable! et si les bons sentiments ne suffisent pas pour vous faire taire, j'ai un autre argument : le premier qui dit un mot de la chanson et une note de l'air, je l'assomme! »

Les buveurs remplirent leurs gobelets; personne ne répliqua.

La mère Lamproie regarda Flambard dans les yeux.

« J'ai à te parler, » dit-elle.

Elle l'emmena dans le jardinet.

« Tu m'as soutenue, Flambard, merci.

— A votre service, répondit le marin.

— Tu as menacé de massacrer celui qui chanterait le *Capitaine aux mains rouges*, et tu as ajouté : Ceux qui croient à l'honnêteté sont heureux.

— Sans doute!

— Tu n'y crois donc pas, toi! que tu avais l'air si fâché en disant cela?

— Moi! ne pas croire à l'honnêteté! mais il faudrait pour cela qu'il n'y eût pas une cabaretière modèle à l'enseigne de la *Lamproie d'argent!*

— Mais à l'honnêteté des Roscoff, y crois-tu?

— Ne me le demandez point, dit le maître d'équipage.

— Je veux le savoir.

— Ce n'est pas la faute d'Anaïk, d'ailleurs.

— Tu crois donc ce que dit la complainte?

— Je l'ai vu, dit Flambard.

— Tu l'as vu! répéta la mère Lamproie: eh bien! moi, j'aurais vu Roscoff tirer un coup de fusil au vicomte, lui enfoncer un poignard dans le cœur, je dirais que ce n'est pas possible... Je demanderais qu'on me renferme comme une aliénée; car cela ne se peut pas, Flambard, cela ne se peut pas!

— Quand je vous le disais! ceux qui croient à l'honnêteté sont heureux! »

La mère Lamproie cacha sa tête dans son tablier.

Flambard entendit tout à coup éclater ses sanglots.

« J'aurais dû mentir, dit-il ; mais je ne sais pas. Ah! bonne chère femme, que voulez-vous pour cesser de pleurer ?... Je suis prêt à tout pour la mère adoptive de Moucheron. Allez! j'aime l'enfant et je vous vénère... je comprends : je ferai ce que vous voudrez... quand on parlera de Roscoff, je jouerai du poing et du pen-bas; mais ne vous désolez plus, je tâcherai de réparer le mal...

— Cela ne se peut plus, Flambard, et tes dernières paroles me prouvent mieux que tout le reste la grandeur du mal... Le pauvre brave Roscoff est accusé par tout le monde ; et je le connais, lui qui a échappé à tant de boulets et à tant de volées de mitraille, il mourra d'un soupçon !... »

Flambard essaya de ramener la sérénité dans l'âme douce et bonne de la mère Lamproie ; mais le coup était porté, et la cabaretière n'espérait plus que l'on croirait à l'innocence du frère d'Anaïk.

XIII

La sœur du citoyen Brutus.

Elle s'en allait cheminant à travers la lande, la vieille pauvresse... On ne savait quel était son âge; à la regarder passer hâve, décharnée, chancelante, portant sur son visage la trace de toutes les souffrances, elle paraissait âgée d'un siècle. Le vent sifflant dans les ajoncs semblait devoir la faire tomber, tant elle était frêle; et son fardeau de douleur était si lourd qu'elle se laissait parfois choir à terre la face contre le sol, criant d'une voix à fendre l'âme :

« Seigneur Jésus! Seigneur Jésus! »

Les gens de la côte, les anciens se souvenaient de l'avoir vue jeune et belle. On l'appelait Marianic, et jamais paysanne ne porta mieux le jupon de drap plissé, et *just* éclatant, la coiffe blanche. Alors Marianic aimait les rubans d'or noués en ceinture; elle dansait aux pardons et chantait des *guerz* aux fileries. Non point que la jeune fille fût coquette d'allure et légère d'esprit; mais elle riait parce qu'elle entendait le ruisseau rire et bruire sur les cailloux, elle chantait parce que l'oiseau chante, et dansait d'instinct comme les chèvres bondissent. Elle gardait une grande innocence de cœur, une simplicité naïve, une bonté à toute épreuve.

Ses parents tenaient à ferme une métairie du comte de Kéroulas.

Un dernier enfant leur fut envoyé: Ce petit être faible et grêle, Marianic l'aima de toute son âme; et sa mère ne pouvant le nourir, la jeune fille ne voulut point qu'il fût confié à une étrangère; elle supplia sa mère d'acheter une brebis, et l'enfant fut élevé par une jolie nourrice brune comme l'écorce de la châtaigne. Il n'était guère beau le frère de Marianic; on eût dit un poulpiquet mal venu, mal bâti, et il fallait la tendresse des gens de la Genetière pour s'accoutumer à cette créature aux jambes torses, à la figure de fourmi, aux yeux vairons, plus semblable à un gnome hideux, à un meneur de sabbat, qu'à un chrétien ayant été honoré du baptême.

Tandis que Marianic était blanche comme une fleur de pommier, l'enfant nommé Antoine gardait un teint sombre, terreux. Encore, s'il n'eût été difforme que de sa personne! mais las! Antoine était encore plus méchant que laid, et il n'était point de jour où il ne se rendît coupable de quelque mauvais acte.

Les pommes des voisins disparaissaient, et quand une poule manquait dans un poulailler, si on cherchait dans les cendres du feu allumé par le petit berger, on y trouvait des plumes accusatrices, souvent même il commettait le mal sans y trouver de profit.

Il affolait les vaches, agaçait les taureaux, poursuivait de grandes huées les oies ahuries, chassait devant lui les moutons peureux, et ne savait qu'inventer de nouveaux méfaits.

On ne cessait d'adresser des plaintes sur son compte, et les gens de la Genetière suppliaient qu'on pardonnât, réparaient le dommage, et se montraient si bons et si doux qu'on sortait de la maison pleins de bons sentiments pour Jeanne et Marianic.

Mais la mère Jeanne, si elle implorait grâce pour le délinquant, ne manquait pas de le réprimander. Elle croyait lui devoir, autant que le pain, la leçon qui réprime ou le châtiment qui punit.

Antoine connaissait le cœur de la brave femme. Il se mettait à genoux, promettait de ne plus tomber dans les mêmes fautes, jurait de s'amender, pleurait à sanglots, et Jeanne se tournait vers Marianic, disant:

« Ne faut-il point encore essayer de la douceur? »

La jeune fille prenait l'enfant dans ses bras et le présentait aux baisers de sa mère.

Mais ce système de débonnaireté et d'indulgence, qui eût suffi à un enfant honnête et bien intentionné, eut pour Antoine de terribles conséquences.

Il abusa de l'adorable bonté de sa mère; il rit de la

douceur de Marianic. Leurs qualités lui parurent un moyen facile de tromperie ; il comprit vite que s'il affectait un vif repentir on lui ferait toujours grâce, et il devint hypocrite et menteur.

Les deux femmes, à qui on exprimait des doutes sur la sincérité d'un repentir sans cesse suivi de chutes nouvelles, se révoltaient à cette pensée : Antoine était folâtre, malicieux, mais son cœur valait mieux que sa tête.

Jeanne mourut dans cette illusion, et Marianic lui jura de tout sacrifier pour ce frère indigne de tant d'amour.

La jeune fille refusa tous les partis avantageux qui se présentèrent ; quand Jacques vint au monde, elle comptait dix-sept ans ; le garçon parvenu à la jeunesse trouva donc plutôt une seconde mère qu'une sœur dans Marianic, il absorba à son profit cette vie pleine de sève.

En grandissant, loin de s'améliorer, Antoine se pervertit de plus en plus. Ses espiègleries dégénérèrent en actions coupables. Jadis on lui pardonnait par pitié ; plus tard on s'abstint de le dénoncer à cause de la grande terreur qu'il inspirait dans le pays.

Antoine Quérar ne voulut point labourer la terre ; il craignait le travail régulier et honnête ; il lui fallait l'existence vagabonde de la route, les nuits solitaires et sombres passées sous la futaie, l'hospitalité du hasard, les auberges de carrefour.

Il quitta donc la Genetière quand il eut seize ans, emportant quelques écus réservés pour la gabelle, et volant la croix d'or que Jeanne légua à Marianic.

Le vieux paysan et la jeune fille masquèrent cette fuite en disant qu'Antoine voulait apprendre un métier ; mais un homme du pays étant allé à une foire peu éloignée, y rencontra le garnement, une balle sur le dos, et vendant des mouchoirs de Chollet, des bagues de Saint-Hubert et des épingles d'étain.

Il le confia seulement aux gens de la Genetière, car il appréciait et aimait ses voisins. Le vieux laboureur demeura tout attristé, et Marianic s'effraya de cette existence nomade.

Au bout de deux ans, Antoine reparut.

Il était richement vêtu, étalait des marchandises nombreuses et variées : des bijoux, des dentelles, des mitaines de soie et de fins souliers, et même des flacons d'essences venus de Paris.

Il affecta une grande joie de revoir son père, s'accusa de lui avoir fait tort de quelques écus, et posa sur la table un sac de pistoles.

Puis il ajouta :

« Voici une autre croix d'or, Marianic. »

La jeune fille la repoussa.

« Merci, dit-elle, je n'aime pas les bijoux et n'en veux pas porter... Je tenais à la relique de ma vénérée mère... Tu as enlevé ce que nous t'eussions offert de bon cœur... Si tu fais fortune, tant mieux ; quant à nous, le champ de la Genetière nous suffit. »

Antoine se leva pâle de colère.

« Pour refuser de la sorte mes présents, crois-tu donc que j'aie volé ce que je t'offre ?

— Dieu me préserve de le penser, » murmura Marianic...

Le vieillard, qui avait machinalement attiré à lui le sac d'argent, et qui faisait tinter les pistoles, les repoussa en entendant la réponse de sa fille.

Antoine ne dit rien. Il mit le sac dans sa poche, écrasa la croix d'or sous ses pieds, rattacha à son dos par des bretelles son ballot de marchandises, et demeura muet, debout, presque menaçant, appuyé contre l'angle de la cheminée.

Il passa la nuit à la Genetière, partit au matin, et resta cinq ans sans revenir.

Un grand changement s'opéra pendant ce temps: Il apprit à lire et à écrire. Qui lui enseigna une prononciation hasardée et une orthographe fantaisiste? il ne le dit point; mais il tirait vanité de son mince savoir et affecta plusieurs fois d'écrire devant Marianic.

L'humble fille, qui ne jalousait rien, fut heureuse de voir s'augmenter les moyens qu'Antoine possédait de gagner de l'argent. Il prospérait et parlait souvent de ses économies.

A de rares intervalles il reparut encore dans le département. Son père mourut pendant une de ses absences; le dernier mot du laboureur à Marianic fut:

« Ton frère! ton frère! »

Marianic renouvela au moribond la promesse faite à Jeanne. Elle restait seule au monde, la pauvre fille, toute seule... Comme elle ne pouvait labourer, et qu'il lui fallait peu pour vivre, elle laissa le champ en friche, se contentant de ce qu'elle gagnait à filer.

Marianic ne possédait pas un grand esprit; elle gardait dans le caractère une grande timidité. N'ayant plus le puissant mobile du bien-être de son père pour activer son désir de gagner de l'argent, elle n'en voulut que pour s'acheter du pain. Peu à peu même Marianic s'ennuya de se pourvoir de lin, de songer à vendre son fil; elle s'arrangea avec une fermière qui l'estimait grandement. Annaï lui donnait du pain le matin, lui trempait de la soupe à midi, s'occupait de son repas du soir, et Marianic filait de l'aube à la nuit pour Annaï. Quand la brave femme s'apercevait que Marianic était trop misérablement vêtue, elle lui donnait un jupon neuf, et ainsi de suite pour tous les objets de son habillement.

A force de songer à son frère, de se lamenter sur sa

conduite, de repasser dans sa tête les souvenirs anciens, Marianic devint triste, triste, à croire que cette tristesse dégénérerait en maladie.

Et de fait cette mélancolie la minait lentement.

Elle n'avait jamais eu le cerveau actif ; ses facultés s'engourdissaient.

Marianic ne s'écartait point d'un cercle d'idées pénibles, toujours semblables, toujours désolées.

Et tandis qu'elle filait son éternelle quenouille, elle répétait :

« Son salut, Seigneur Jésus! son salut! »

Elle avait toujours été pieuse ; à mesure qu'elle vieillissait, elle témoignait une ferveur plus grande. Le chagrin affaiblissait son corps, la foi soutenait son âme. Le dimanche elle ne quittait point l'église de la journée, assistant à tous les offices pour elle d'abord, ensuite au nom de son frère. On la vénérait dans le pays, et quelques-uns la regardaient comme une âme privilégiée, l'appelant non plus *Marianic*, mais l'*Innocente!* car doucement, et par de lentes gradations, son esprit de colombe et d'agneau remontait vers le ciel. Elle ne paraissait pas souffrir de la variation des saisons, ni des intempéries. Quand il faisait beau, elle s'asseyait dans le champ en friche où poussaient les marguerites à grands pétales, les saponaires étoilées ; où les coquelicots étalaient leurs fleurs rouges, à côté des cornets découpés du bluet d'azur. Les héliotropes sauvages, les centaurées roses, les liserons rampants charmaient ses yeux ; les abeilles et les papillons bourdonnaient et volaient autour d'elle ; les oiseaux prenaient à ses pieds les miettes de son pain noir ; toutes les créatures faibles, humbles et douces l'entouraient et la caressaient, et pendant ce temps-là Marianic chantait d'étranges complaintes, imprégnées d'une poésie de terroir dont rien ne rend la grâce, sorte de mélopée qui s'en va traînant ses dernières notes, comme la brise mourant dans les épis ployés.

De loin on entendait la voix claire de la Marianic, et les pastours, non moins confiants que les brebis, les faneurs et les abeilles, s'ébattaient près de la triste fille, lui demandant des yeux, de la voix et du geste :

« Une complainte, Marianic, une complainte! »

Un jour la fileuse de la Genetière, voyant autour d'elle un groupe d'enfants blonds, eut comme une souvenance du temps où elle était heureuse, alerte et jolie; du temps où Jeanne la regardait avec le regard extatique des mères, où le champ devenu sauvage ne laissait point pousser d'ivraie, où Antoine cherchait des nids dans les buissons... Cette réminiscence se produisit subitement à sa mémoire, une complainte à laquelle on ne saurait assigner de date, mais dont la musique, en raison de ses tonalités bizarres, affirme plus de deux siècles à cette œuvre.

« Oui, une complainte, et une belle! » répéta Marianic.

Elle tira sa quenouille de sa ceinture, et les mains jointes sur ses genoux, elle commença :

C'est une fille âgée de quinze ans
Qu'a promis un voyage
A Sainte-Anne d'Auray
Dans la Basse-Bretagne;
Dans la Basse-Bretagne, dans la chaude saison,
A promis son voyage par grand'dévotion.

Les enfants écoutaient avec une religieuse curiosité. Marianic poursuivit :

Ce fut par un lundi,
Qu'la belle se mit en route;
Ell'n'était pas à mi-chemin
Qu'elle s'est trouvée lassée.

> Lassée cheminer,
> Sur l'bord d'une fontaine se mit à s'reposer.

La fileuse commençait le troisième couplet :

> Dans son chemin rencontre...

quand une voix rude dit non loin d'elle :

« Ce qu'elle n'attendait pas, bien sûr. »

Marianic poussa un cri, et sans tourner la tête, répéta :

« Antoine, mon frère Antoine ! »

C'était en effet le colporteur.

Les enfants disparurent comme une volée d'oiseaux, et Marianic tremblante se prit à regarder son frère.

« Que tu es changé, Antoine ! mais, Jésus ! que tu es changé...!

— Où est le père ?

— Dans la fosse voisine de celle de la mère ; deux tombes où tu ne vas point prier. »

Le colporteur eut un regard sinistre.

« On ne prie plus ! dit-il.

— Comment font les pauvres gens, alors ! demanda naïvement la fileuse... Où Dieu manque, que reste-t-il ?

— Le bien des autres ! » répliqua Antoine.

Marianic ne comprit pas ; elle releva sa quenouille et tira un crucifix qu'elle approcha de ses lèvres pâles.

« Je viens de Paris, reprit le voyageur.

— De Paris ! si loin !

— A Paris j'ai vu le roi, la reine, le dauphin... ils affament le peuple !

— Qui donc a faim ? demanda Marianic ; quand on travaille, de quoi peut-on manquer ?

— Il y a des gens qui ne travaillent pas.

— Ils ne sont point nés pour cela, dit tranquillement Marianic.

— A Paris, c'est un tas de seigneurs et de belles dames, qui paradent dans des carrosses... ici, c'est... la famille du comte de Kéroulas, les seigneurs de Guémené, de Kérouent, de Léon et tant d'autres... Il y a trop longtemps que ça dure.

— C'est la volonté de Dieu, Antoine !

— Les hommes n'ont pas dit leur mot.

— Antoine ! Antoine ! tu blasphèmes !

— Je ne veux plus travailler ni porter la balle ; je veux des châteaux et des terres... je veux...

— Le champ est à toi... murmura la fileuse... aucune main mercenaire n'y a touché.

— Tu appelles cela cultiver ?

— Je ne sais point conduire la charrue, Antoine, reprit Marianic avec douceur ; quand le père a été trop vieux pour garder à ferme le bien de M. le comte, de ses minces épargnes il acheta le petit champ qu'il labourait la veille même de sa mort... Quand tu quittas la maison, par dédain de la bêche et du hoyau, le pauvre homme se sentit découragé ; tu as manqué à la tâche qu'on te destinait... mais la terre est là, toute reposée sous les fleurs... cultive-la, elle donnera du froment.

— Où sont les maîtres de Kéroulas, à cette heure ? demanda Antoine.

— La comtesse repose dans le caveau, sa statue de marbre est toute blanche, et l'image de son chien dort à ses pieds... le comte navigue sur un vaisseau du roi, et Mlle de Kéroulas grandit élevée par Mlle Gaude et l'abbé Colomban...

— Sais-tu ce qu'on dit à Paris, Marianic ?

— Je ne sais que mon chapelet, dit la fileuse, et c'est assez pour mon salut !

— On dit que les pauvres prendront la place des riches, que les fermiers vont devenir propriétaires...

— Et les propriétaires ? »

Antoine leva la main à la hauteur de son cou.

Marianic ne comprit pas bien toute la portée de ce geste, et cependant il l'effraya.

« J'ai faim, dit Antoine. »

Marianic chercha dans son panier un morceau de pain noir et le tendit à son frère.

Celui-ci fit un geste de dégoût.

« Je ne le mendie pas, je le gagne, » dit Marianic.

Antoine se leva.

« Tu deviens chaque jour plus stupide ! dit-il en frappant du pied.

— Ne gronde pas, ne te mets pas en colère, dit Marianic en s'agenouillant ; je suis pauvre d'esprit, et ne saurais rien que t'aimer, si tu voulais... Antoine ! Antoine ! je t'ai bercé si petit ! je t'ai tout donné, ma beauté, ma jeunesse... car j'ai été jeune et belle, et je n'ai point voulu de mari pour te soigner mieux... tu ne trouveras jamais une créature qui t'aime davantage... reste ici ; et tout va changer... tout m'abandonne et je m'abandonne moi-même ; mais si j'avais quelqu'un à aimer, ce ne serait pas la même chose... Antoine ! si tu voulais, si tu pouvais m'aimer un peu... »

Si mauvais qu'il fût, Antoine se sentit l'âme remuée. Il releva la pauvre fille, l'attira à lui, et embrassa son front pâle et ridé.

Elle tressaillit de joie sous cette tardive caresse, et crut avoir reconquis l'âme de ce damné ; mais après cette courte effusion, Antoine lui dit :

« Je vais repartir, Marianic !

— Et où vas-tu ? demanda-t-elle.

— De ci, de là... pendant un mois, je reviendrai souvent. »

Elle le laissa s'éloigner sur cette promesse ; et en effet, pendant plusieurs semaines il courut le pays et battit les grandes routes. Il ne portait plus de balle, mais l'argent ne lui manquait pas, et dans les auberges où il s'attablait il payait volontiers à boire.

Marianic ne le questionna plus.

Elle devinait que son frère travaillait à quelque œuvre sombre; quand il lui annonça qu'il retournerait à Paris, elle se contenta de demander :

« Quand reviendras-tu ?

— Ça dépendra... » répondit-il.

Une année se passa encore.

Terrible année ! de sinistres nouvelles se succédaient, nouvelles tellement incroyables qu'on refusait d'y donner créance. Il fallut se rendre à l'évidence pourtant. On apprit avec stupeur que le roi était arrêté, que sa famille était au Temple; on entendit dire que l'on supprimait Dieu, que l'on voulait abattre les églises, qu'il n'y aurait plus de dimanche, et que les décades seraient réglées par le gouvernement. De Paris le flot de sang qui coulait descendit la Seine. Les massacres commencèrent dans la province. Beaucoup de gens riches effrayés prenaient passage pour l'Angleterre; de Paris on fuyait à Coblentz.

Sur tous les points s'allumaient des incendies, le pillage s'organisait. On calomniait les vieilles républiques de Rome et de la Grèce en prétendant qu'on les copiait; des vêtements ignobles, un drapeau teint dans le sang, des chansons cyniques, ajoutaient à l'effroi causé par l'annonce de nouveaux systèmes et le renversement de toutes les lois.

Ce fut au moment où le Finistère s'épouvantait de la Révolution que le frère de Marianic revint, non pas à la Genetière, mais à Brest.

Il ne portait plus le nom d'Antoine, on l'appelait le citoyen Brutus. A peine fut-il installé à la tête de ce gouvernement de sang et de fange, que la vraie Terreur commença dans le pays. Il avait pour séide, espion et valet, un homme de sac et de corde appelé Noirot, qui, comme lui, avait vendu des mouchoirs et du linon sur les marchés, et qui s'était fait dénonciateur, pillard et incendiaire. Il fournissait des captifs à la prison et des victimes à l'échafaud.

Lâche comme la plupart des êtres pervertis, il se jeta dans le parti souterrain de la Révolution. On ne le voyait jamais. Il agissait sous main, cachait ses traîtrises, et gardait sur ses lèvres le sourire de Judas. Ce fut lui qui mena une bande de misérables au château de Kéroulas, qu'on brûla après l'avoir dévasté. Noirot, à la suite de chaque expédition, jetait dans une tonne immense cachée au fond d'une cave de l'or monnayé et de l'argenterie, des bijoux ou des objets précieux. Il ne montrait pas une parcelle de son butin, et avait la force de vivre dans l'apparence d'une grande pauvreté. Brutus lui dut la capture d'Hector de Kéroulas et celle d'Yvonne. Digne limier d'un semblable bourreau, il le mettait sur toutes les pistes. Brutus le haïssait au fond. Il trouvait que Noirot le devinait trop; et peut-être se disait-il vaguement qu'il s'en débarrasserait, quand le couperet de la guillotine, tombant sur le cou de Robespierre, termina la Terreur. La revanche fut terrible à Paris : elle se montra également impitoyable en province.

Brutus était à son tribunal et siégeait quand on apprit la mort de Robespierre.

Aussitôt les cris de menace éclatent, la foule se rue dans la salle du tribunal ; on arrache Brutus de son siége, on le traîne sur le pont, et, après l'avoir accablé d'outrages, on le laisse nageant dans son sang et criblé de coups de couteau.

Noirot avait donné le dernier.

Par cet acte de justice populaire il évita tout soupçon. Mais Noirot n'était pas homme à abandonner le cadavre. Il s'était toujours demandé pour quel motif le citoyen Brutus avait envoyé en qualité de passager M. de Kéroulas au capitaine Roscoff. Les diamants du jeune homme n'avaient point reparu ; il n'était pas croyable que Brutus les eût restitués. Dans l'espérance de trouver sur Brutus une clef, des papiers, il attendit la nuit blotti derrière une carène vide ; puis, quand nul ne put le voir, il fouilla les poches du cadavre et y prit un portefeuille ; mais, en retournant la carmagnole de Brutus, il sentit entre le corps du mort et sa chemise quelque chose de résistant. Il cherche, il reconnaît que Brutus avait les reins entourés d'une ceinture de cuir. Les courroies sont coupées en un instant, et Noirot se sauve avec son butin.

Riche butin, en effet. Brutus, on se le rappelle, au moment où Hector de Kéroulas lui avoua qu'il portait sur lui les diamants de sa cousine, offrit au vicomte de les garder en dépôt jusqu'à ce qu'il pût les lui remettre en lui donnant la liberté. Un instant avant de quitter Hector, dans la soirée du 17 floréal, il renferma devant lui les diamants dans une ceinture de cuir ; M. de Kéroulas remercia chaleureusement le misérable, et partit en emportant une ceinture qu'il prit pour celle dans laquelle les pierreries avaient été cousues. Ce fut seulement à bord de la *Thémis* qu'il comprit la substitution, et se rendit compte de son embarquement nocturne et de sa condamnation.

Brutus était resté nanti des pierreries de la douairière de Kéroulas, pierreries que, sur l'ordre de son oncle, Hector était allé chercher dans le caveau du manoir.

Il savait quelle somme énorme elles représentaient.

Il ne pouvait encore, dans la crainte de passer pour un mauvais citoyen, se livrer à de folles dépenses. Il savait que la révolution s'userait, et attendait son heure pour jouir à son tour. Brutus avait acheté les biens de la famille de Kéroulas au prix d'une paire de bœufs, et Noirot trouva ce contrat de vente dans le portefeuille du représentant du peuple. Il espérait plus tard trouver le moyen de l'utiliser, et devenir à son tour suzerain de Kéroulas.

À l'époque où commencèrent dans le Finistère les incendies et les massacres, Marianic sentit sa pauvre tête s'en aller tout à fait.

La terreur l'affolait, le désespoir lui broyait le cœur. Quand tomba la croix de son clocher, quand elle vit mutiler la statue de la Vierge et insulter le Crucifix, il lui sembla qu'elle rendait l'âme, et ses sanglots, ses cris, son angoisse l'auraient fait massacrer sur les marches de l'autel où elle s'était traînée, quand un homme dit en la repoussant avec une brusquerie qui n'était pas exempte de pitié :

« Laissez donc, c'est l'*Innocente !* »

Et on la laissa.

La pauvre Annaï expira sous les débris de la ferme incendiée, Marianic ne fila plus... le fil cassait sous ses doigts agités d'un tremblement nerveux... Elle se traînait dans les chemins, pieds nus, par pénitence, répétant :

« Ayez pitié, Seigneur Jésus ! ayez pitié ! »

Antoine s'inquiéta d'elle un jour. Il monta jusqu'à la Genetière, et trouva Marianic couchée à plat ventre dans le champ fauché par l'hiver et couvert de givre. Elle avait les bras en croix et sanglotait.

Antoine lui toucha l'épaule : elle tressaillit.

« Lève-toi, Marianic ! » dit le citoyen Brutus.

Elle se releva sur les genoux, lentement, puis le regarda longtemps sans parler.

« Veux-tu de l'argent ? lui demanda-t-il.

— Tais-toi! dit l'Innocente, tais-toi! »

Elle lui saisit le poignet de ses doigts osseux.

« Pourquoi m'offres-tu de l'argent, Judas!... Je t'ai vu crucifier le Sauveur Jésus, et voler les ciboires de l'autel... Je t'ai vu allumer les flammes de l'incendie, et il m'a semblé que tu soufflais le feu de ton propre enfer... et depuis... depuis, je vais pleurant et criant miséricorde, je gémis et je couche sur la terre nue... je flagelle mon pauvre corps exténué et je jeûne pour que le repentir te visite... Va-t'en! va-t'en! j'ai peur que mon père et ma mère sortent de leur tombe pour te maudire! »

Elle lâcha la main de Brutus, redressa sa taille courbée, et le repoussa avec le geste souverain de l'ange poursuivant les coupables que Dieu venait de chasser.

Brutus ne put se défendre d'une crainte superstitieuse; il tourna les yeux vers l'endroit où était le cimetière et distingua de pâles lueurs voltigeant sur les fosses.

Il crut que, selon la parole de Marianic, des flammes surnaturelles allaient le poursuivre, et, sans dire adieu, il s'enfuit, tandis que Marianic, reprenant sa posture de suppliante, répétait d'un accent plus lamentable :

« Pitié! Seigneur Jésus, pitié! »

Une femme du voisinage témoigna une grande bonté à la malheureuse fille; Anaïk gardait toujours un peu de paille fraîche pour la mendiante et lui réservait sa part de pain.

Mais Marianic disait la vérité en racontant à son frère qu'elle jeûnait continuellement et macérait son corps débile. Quiconque aurait pu voir les épaules de l'Innocente aurait frémi de compassion... Elles étalaient d'innombrables blessures; elles saignaient, meurtries par les coups d'une discipline de fer que Marianic avait trouvée proche des ruines d'un couvent détruit.

L'Innocente ne comprenait plus que deux mots :
prier, expier !

Pour racheter l'âme de Brutus, elle endurait un long
martyre. Pauvre sainte ignorée, héroïque créature dont
le nom est presque oublié, elle savait tout ce qu'il faut
savoir dans sa folie, et elle achetait sa part de ciel en
montant au calvaire.

Quand elle ne couchait pas chez Anaïk, elle cherchait un refuge dans les ruines de l'église.

Parfois dans les beaux jours elle se croyait chargée
de fêter l'autel profané ; elle cueillait des fleurs, ra-
massait une poignée de bruyère, balayait le sol, réta-
blissait sur leurs socles les statues mutilées ; puis,
tandis qu'un rayon de soleil passait à travers un frag-
ment de vitrail, elle croyait assister aux pompes du
culte qu'elle aimait, et de sa voix brisée par les larmes
elle chantait l'*alleluia*.

Aurait-on pu reconnaître dans la folle martyrisée,
dans l'*Innocente* des grands chemins, la belle fille
blonde qui berçait dans ses bras Antoine enfant !

XIV

La pauvresse de la Grand'lande.

Une grande joie ranima le cœur de Marianic.

Par une chaude après-midi, elle gravissait la colline
sur laquelle se dressaient les murs de la chapelle, et
comme d'habitude elle chantait en marchant ; ce qu'elle
chantait ressemblait si bien à un cantique que les préoc-
cupations de l'Innocente ne pouvaient se trouver dis-

traités par la complainte populaire. Il y avait du reste, bien des rapports entre la pèlerine de Sainte-Anne et la malheureuse folle; toutes deux avaient un but : elles voulaient obtenir de Dieu qu'il leur dévoilât le sort éternel de ceux qu'elles avaient tant aimés.

Marianic disait :

> Dans son chemin rencontre
> Une très-noble dame
> Qui lui dit : — « Mon enfant,
> Voyagerons-nous ensemble? »
> — Je ne suis point capable de marcher quant et vous;
> J'ai promis ce voyage seulette à deux genoux
>
> Quand elle fut arrivée
> Là-haut dessus les landes,
> Les pèlerins suivaient
> Une route sanglante,
> Une route sanglante, une route de sang;
> Les pèlerins de Vannes en ont le cœur dolent.

Marianic s'arrêta ; elle avait cru entendre des coups de pioche et de marteau.

« Hélas ! murmura-t-elle, ils vont de nouveau crucifier le Sauveur Jésus, et les voilà qui apprêtent les clous... »

Alors elle se jeta la face contre terre, pleurant et priant, répétant avec des sanglots et des cris :

« Pitié, Seigneur Jésus, pitié!

— Pour qui implores-tu la pitié? demanda une voix basse à son oreille.

— Pour Judas, Seigneur Jésus! Judas qui livra le sang innocent.

— Marianic, poursuivit la voix, veux-tu sauver ton frère?

— Ma vie, Seigneur, je vous l'offre, et mon éternité même pour purifier ce pécheur; plongez-moi dans les brasiers du purgatoire, mais épargnez-lui les flammes de l'enfer.

— Tu peux le sauver, Marianic.

— Que faut-il faire pour cela, Seigneur ? » demanda la mendiante sans lever la tête.

Elle ne se rendait point un compte exact de ce qui se passait.

Le surnaturel était presque devenu son élément. La voix qu'elle entendait lui promettait le salut de son frère ; cette voix devait être celle d'un ange.

« Retourne à la maison d'Anaïk à cette heure ; mais quand le jour tombera, rends-toi aux ruines de l'église.

— J'y serai... » murmura la pauvresse.

Elle entendit comme un frôlement dans les genêts ; mais ce pouvait être le bruit d'une aile effleurant les branches fleuronnées de papillons d'or.

Marianic se leva.

Son regard était devenu calme.

Tout en marchant vers la maison d'Anaïk, elle répétait les paroles qu'elle venait d'entendre.

La veuve se tenait assise sur sa porte, filant au rouet.

Non loin, Brin-d'Avoine gardait ses moutons en même temps que la vache et la chèvre d'Anaïk.

La pauvre femme n'était plus que l'ombre d'elle-même.

Roscoff était parti depuis longtemps.

Il avait repris la mer la mort dans l'âme ; cette nature énergique était brisée. Il se sentait impuissant à repousser une calomnie qui ternissait toute une vie loyale.

Le coup le plus rude lui fut porté par Yvonne, quand elle laissa tomber cette parole de ses lèvres froides :

« Capitaine Roscoff, que Dieu vous pardonne ! »

Le marin fut tenté de se faire sauter la cervelle.

Anaïk se mit à ses genoux, lui parla de Dieu, de

Guilanek, et lui prouva qu'il devait accomplir un devoir en se réhabilitant.

« Comment ! demanda Roscoff.

— Te souviens-tu dans quels parages tu abandonnas le vicomte Hector ?

— Je m'en souviens !

— Redemande donc ce chemin à la grande mer ; si tu peux aborder dans l'île, il est impossible que tu n'y retrouves point des preuves de ton innocence. »

Le capitaine embrassa sa sœur.

« C'est l'âme de Guilanek qui t'envoie cette idée ; tu as raison, je chercherai... je chercherai sans repos... Si mes efforts deviennent inutiles, il sera toujours temps d'en finir. »

Roscoff accepta le commandement du *Jupiter*.

Anaïk revint à la cabane plus malheureuse que jamais.

Elle trouva de chaque côté de la porte Brin-d'Avoine et la mendiante.

L'enfant tressait un chapeau de paille ; Marianic égrenait son rosaire.

Anaïk leur tendit à chacun une main.

« Ne pleurez pas ! s'écria Brin-d'Avoine, ne pleurez pas, Anaïk, et je vous dirai une belle chanson... une chanson que j'ai apprise sous les grands chênes de Margot la *travailleuse* ; elle est belle et douce comme les fleurs de mai. »

Et l'enfant lança d'une voix claire les paroles du premier couplet :

   La fille du roi d'Espagne
   Trop matin s'est levée,
  Trop matin s'est levée sur le bord du rivage,
  Trop matin s'est levée sur le bord de l'eau,
   Tout auprès du vaisseau !

« Paix, dit la mendiante ; tu es trop jeune pour savoir endormir le chagrin... pleurez, Anaïk, pleurez ! nos cœurs devraient être une source d'amertume et nos yeux une fontaine de larmes ; le juste s'en va le long des chemins poursuivi par les clameurs, souillé par la fange, par les coups... la route est longue, longue, longue... ! étroite, étroite, étroite ! dure, dure... oh ! dure, Seigneur ! à broyer le crâne et les genoux... Mais devant nous, toujours devant... si vite que nous essayions de courir, si douloureusement que nous parvenions à nous traîner, nous vous apercevons, Sauveur Jésus, flagellé, saignant, la croix sur les épaules, et sur le front la couronne d'épines... Et quand nos pauvres yeux aveuglés par les larmes vous distinguent si loin et si haut, écrasant les ronces les plus aiguës, et traçant le chemin le premier, nous n'osons nous plaindre et gémir, et nos lamentations et nos pitiés sont pour vous, Jésus homme de douleurs... »

Puis, comme si la parole ne suffisait point pour rendre ce qu'elle ressentait, l'Innocente improvisa une de ces poésies qui devaient devenir populaires, tant le peuple les trouva belles, et tant de paupières devinrent humides quand elle cédait à son inspiration. Le chagrin d'Anaïk était oublié, les souffrances de l'Homme-Dieu absorbaient ses souffrances ; quand elle évoquait le Crucifié, elle ne voyait que lui. Et alors la pauvresse de la grand'lande se transfigurait, son visage macéré rayonnait sous sa pâleur de cire, et il était impossible de ne point frissonner jusqu'au fond de son cœur.

« Quel long frémissement j'entends ! s'écria Marianic ; la terre a le frisson.

« Du fond de la mer blanchissante s'élève un grand cri au-dessus des forêts.

« La mer s'élance hors de son lit ; le cri de douleur domine le bruit des flots.

« Les montagnes s'ébranlent ; le ciel regarde et pleure d'angoisse.

« Les étoiles du ciel s'obscurcissent, la lune tombe et bout dans la mer.

« O pécheurs, vous verrez de vos yeux dresser du moins la croix du Sauveur,

« La croix du Sauveur sur le Calvaire à la vue de toute la terre,

« Et toute rouge du haut en bas du sang sacré du cœur du Fils de l'homme.

« Vous recevrez un jour les clous qui ont cloué votre vrai Seigneur.

« Vous verrez les épines de sa couronne briller comme les étoiles autour de son front.

« Et on vous entendra dire : « Secourez-nous, Sauveur du monde ! »

Marianic répéta deux fois cette prière comme une clameur désolée.

L'esprit poétique s'éteignit subitement ; la chrétienne désolée l'emporta sur la fille inspirée de la Cornouaille ; et dans sa crise douloureuse elle murmurait :

« Pitié ! Seigneur Jésus ! pitié. »

Anaïk, que venaient de réveiller les grandes pensées de la foi, se prit à son tour à consoler la mendiante. L'enfant entra dans la maison en silence, alluma le feu de bruyère, suspendit la marmite aux crocs noirs de la crémaillère et fit cuire des pommes de terre. Quand le frugal repas fut prêt, toujours sans rien dire, il tendit à chacune des deux femmes une écuelle de hêtre pleine de légumes fumants.

Anaïk le regarda avec remercîment dans les yeux.

Leur faim apaisée, les deux pauvres femmes restèrent jusqu'à la nuit, l'une filant, l'autre disant son chapelet, à la porte de la maisonnette.

Marianic coucha sous le toit de la veuve ; et, à partir de ce jour, elle y revint presque tous les soirs.

Dans le jour, elle allait par le pays cherchant les fontaines réputées miraculeuses ; elle les fleurissait en honneur du saint et de la sainte à qui on les avait consacrées. Parfois son imagination s'exaltant, elle improvisait une poésie imagée. Alors accouraient les pasteurs et les bergères avides de recueillir de sa bouche des légendes rimées dont, pendant leurs heures de solitude, ils répétaient les fragments. Anaïk attendait chaque soir la pauvre Innocente ; souvent elle l'attendit en vain. Marianic couchait dans le cimetière abandonné, dans les cavernes profondes creusées par la mer, dans les ruines de l'église de la côte.

Le jour où, tandis qu'elle pleurait, une voix qu'elle ne reconnut point lui donna rendez-vous, elle gagna la chaumière de la veuve avant l'heure habituelle, et se mit en oraison après avoir fait un léger repas.

Elle invoquait Dieu, elle se préparait à recevoir de lui un grand bienfait : l'apaisement de l'âme de son frère ! elle se sentait rassérénée et consolée. Pauvre âme ignorante ! si elle avait reconnu l'homme qui promettait la paix pour Brutus, le représentant du peuple !

Quand Noirot qui trahissait ses amis se trouva en possession des diamants de Mlle de Kéroulas, et des titres de propriété des domaines du capitaine de Kéroulas, il fut poursuivi par une idée persistante.

Certes, les diamants constituaient une belle fortune pour ce rustre, mais il ne pouvait apprécier toute la valeur de ces pierreries ; il n'osait les montrer à personne, et tremblait qu'on le volât en lui en comptant le prix. D'ailleurs, à Brest, personne ne pouvait les acheter ; à Paris, on l'accuserait sans doute de les avoir volés, et peut-être le mettrait-on en prison. Ce qu'il voulait, c'était l'héritage de Brutus, mais cet héritage revenait à Marianic ; la pauvresse de la Grand'lande était par la mort d'Antoine devenue propriétaire des domaines de Kéroulas vendus à son frère au prix de quelques misérables écus.

Si Noirot avait été maître des champs et des ruines, il eût commencé des fouilles, et un beau matin il aurait montré les diamants. Les acquéreurs de biens nationaux étaient à la vérité mal vus et méprisés, mais Noirot croyait à l'influence souveraine de la fortune. Seulement, comme tous les gens de la campagne, il ne comprenait pas les fortunes en quelque sorte factices; l'argent peut être volé; les assignats se déchirent; la terre seule ne perd rien de son prix, et Noirot convoitait une fortune territoriale.

Marianic avait vaguement entendu dire que son frère avait acheté Kéroulas; mais elle ne pouvait le croire; si on lui eût montré le contrat, au fond de son âme elle l'aurait regardé comme nul.

Pour elle, Kéroulas ne pouvait sortir de la famille, maintenant dispersée, au milieu de laquelle, enfant, elle avait presque grandi. L'achat des terres et du manoir constituait à ses yeux une espèce de vol, une faute de plus ajoutée à toutes les fautes d'Antoine.

Noirot le comprit, et il eut vite préparé un plan.

Marianic ne pouvait manquer de tomber dans le piége.

Sa religion pour la famille de Kéroulas contribuait à l'y pousser.

Quand le misérable qui avait livré Hector et Yvonne au représentant du peuple Brutus, et enfoncé son poignard dans le cœur du furieux Jacobin, eut mûrement médité ce qu'il devait faire, il chercha Marianic dans la lande, et lui promit mystérieusement de soulager l'âme de son frère et de l'empêcher d'endurer d'éternelles douleurs.

L'*Innocente*, confiante dans ses paroles, quitta la cabane d'Anaïk à la nuit.

A cent pas, elle vit passer une grande ombre noire.

« Où allez-vous si tard, ma fille? demanda une voix bien connue.

— Où je vais, monsieur le curé? dans les ruines de notre pauvre église.

— Vous avez bien prié et bien pleuré, Marianic, le Seigneur vous a exaucée : la chapelle va germer du sol, la cloche chantera dans le clocher, et vous assisterez encore à la messe.

— Est-ce possible, Jésus!

— Si possible, ma fille, que tantôt le pic, la pioche et le marteau faisaient leur œuvre de reconstruction. »

Marianic se souvint alors d'avoir entendu des bruits dans la ruine.

Elle crut à la grande effusion de la miséricorde céleste, et se signa :

« Vous ne craignez rien, pauvre femme? reprit le prêtre.

— Rien que Satan! dit la Bretonne en frissonnant.

— Priez toujours, Marianic, ajouta l'abbé Colomban, je vais chez le vieux Kadok : il se meurt. »

Le prêtre poursuivit sa route et Marianic continua d'avancer dans la direction des ruines.

Elle franchit les amas de décombres et plongea son regard dans l'obscurité.

Un fantôme se dressa devant elle.

« C'est vous qui m'avez parlé? demanda la sœur d'Antoine.

— C'est moi.

— Que pouvez-vous pour l'âme de mon frère?

— Lui rendre la paix.

— En quoi vous dois-je aider?

— Jurez d'abord d'accomplir tous les sacrifices pour le salut éternel d'Antoine.

— Je n'ai pas besoin de jurer, dit Marianic, ma vie de pénitence fait foi de mon bon vouloir... »

L'ombre reprit, satisfaite sans doute de la réponse de l'Innocente :

« Antoine fut un grand pécheur...

— Je sais ! je sais ! murmura Marianic.

— Il a fait mourir grand nombre d'hommes.

— Pitié pour lui, Jésus ! dit Marianic.

— Il a volé les églises et tué un prêtre consacré... »

On entendit les sanglots de l'Innocente.

« Antoine est mort sans confession, comme un réprouvé... il ne repose pas en terre sainte... et quels châtiments doivent être réservés à celui qui a entassé crimes sur crimes... !

— Vous me torturez, cria Marianic dont le front heurtait le sol, vous me torturez, et vous me promettiez le soulagement.

— Les prières et les jeûnes ne suffisent pas pour effacer les fautes, la mort ; tant que le prix du sang sera dans la famille, Antoine ne sera point sauvé...

— Le prix du sang ! dit Marianic, je mendie, et n'ai que des haillons...

— Et cependant vous êtes riche, Marianic !

— Riche !

— Oui, car le domaine de Kéroulas vous appartient !

— A moi !

— Votre frère l'avait acheté ; vous héritez de votre frère.

— Je refuse l'héritage, dit Marianic avec force... les ducats de Judas me brûleraient les mains... le champ d'Haceldama ne sera point mon champ... le domaine de Kéroulas appartient à Yvonne de Kéroulas ; que peut avoir de commun avec cette noble fille la pauvresse de la Grand'lande.

— Ce qui est vendu est vendu ! répliqua Noirot.

— Je le rendrai ! je le rendrai, ce domaine...
— Il faut aussi des messes pour le repos de l'âme d'Antoine.
— J'en ferai dire...
— N'exagérez-vous pas votre désintéressement, et vous sentez-vous prête à consommer le sacrifice?
— Il y a justice, et non point sacrifice, répliqua l'Innocente.
— Cette justice, voulez-vous la faire?
— Tout de suite! tout de suite! dit la pauvre créature.
— Vous aurez de l'or et pourrez le donner au prêtre, afin qu'il dise des offices pour l'âme d'Antoine...
— Antoine! Antoine! cria la pauvresse.
— Et cette terre maudite ne vous appartiendra plus.
— Des messes pour Antoine! des messes! » répéta Marianic.

Elle entendit un bruit sec dans les ruines, le briquet de fer battait le silex; une étincelle jaillit, et une minute après l'éclair, la lueur d'une chandelle de suif enfermée dans une lanterne de corne.

Ce fut alors que la pauvresse de la Grand'lande reconnut Noirot. Elle trembla, prise de frisson, et recula comme devant un reptile.

Noirot s'aperçut des sentiments de défiance de Marianic, et tirant de sa poche une dizaine de pièces d'or, il les posa sur une pierre.

« Voici l'argent des messes, » dit-il.

L'Innocente étendit la main.

Noirot arrêta le bras de Marianic, et lui présentant un parchemin :

« Par ce papier maudit, Antoine devint propriétaire du domaine de Kéroulas; reniez-vous ce marché...?

— Je le renie.

— Le marché fut signé, il faut signer que vous renoncez à la fortune qu'il vous assure.

— Je ne sais pas écrire, dit humblement Marianic.

— Il est un symbole que vous vénérez, symbole qui apparaîtra un jour au plus haut du ciel...

— La croix! fit Marianic en élevant les deux bras d'une façon solennelle.

— Eh bien! tracez votre croix au bas de ces lignes.

— Cela seulement...!

— Et dites en la traçant : Que mon âme soit exilée du paradis si j'essaye de revenir sur ce que j'accomplis à cette heure! »

Marianic répéta gravement la formule, prit la plume que lui tendait Noirot, mit une grande croix au bas du parchemin, et en traça une sur son cœur.

« C'est bien! » dit Noirot.

Il mit les pièces d'or dans la main de la pauvresse, serra le précieux parchemin qui dépossédait Marianic et la mettait dans l'impossibilité de jamais restituer aux héritiers de Kéroulas le domaine de la famille, et disparut par une des brèches de la muraille.

Longtemps Marianic regarda d'un œil fixe la petite clarté de la lanterne qui semblait sautiller dans la lande; puis elle s'endormit sur les marches disjointes de l'autel, en répétant :

« Des messes! des messes! »

A l'aube, un grand mouvement la réveilla.

Marianic ne comprit point d'abord ce qui se passait autour d'elle. Des hommes armés d'instruments divers attaquaient les grands amas de décombres et déblayaient le sol; d'autres portaient sur leur tête des auges pleines de plâtre; la chaux étendait sa nappe blanche, liquide, dans un large trou creusé à coups de bêche. La pauvresse se souvint des paroles de l'abbé Colomban, se dressa sur ses pieds, fit sa prière matinale comme si elle eût été seule, et regarda ensuite d'un air ravi les travailleurs attaquant la besogne avec une énergie sans exemple.

« Courage! courage! dit Marianic, c'est le Père de famille qui payera la journée... Jérusalem n'est pas morte... et le Christ sort du tombeau! On saluera encore les calvaires sur les grandes routes, et dans l'église s'offrira l'agneau sans tache pour les péchés du monde... Courage! vous qui portez le poids du jour, souvenez-vous de la vieille légende et des saints drames joués dans la basilique de Saint-Pol-de-Léon, et où il est dit que quand paraîtront au tribunal sacré les gens de Cornouailles, la Vierge dira à son doux Fils : « Par le sein qui vous a porté, par le lait qui vous a nourri, par les bras qui vous ont bercé, ouvrez-leur, je vous en conjure! Ce sont des hommes de la Basse-Bretagne, brisés par le travail; assez de sueurs ils ont répandues; assez de maux les ont accablés; assez de larmes ils ont versées : donnez-leur part aux joies du ciel! »

« Et le Seigneur Jésus répondra doucement à sa mère : « Qu'ils entrent! j'aime les Bretons! »

Les travailleurs, qui avaient suspendu leur travail pour écouter, applaudirent alors l'Innocente qui, souriante et calme, quitta l'enceinte de l'église et rentra paisiblement chez Anaïk.

Un grand changement venait de s'opérer en elle. Sa raison lui revint en grande partie. En cessant de trembler pour le salut d'Antoine, elle retrouva la sérénité de son cœur. Pendant des mois et des années, elle s'était crue obligée de satisfaire à Dieu pour les fautes d'un malheureux.

De l'heure où elle crut que l'âme coupable retrouvait son innocence et que le paradis s'ouvrait pour la recevoir, elle attendit tout de la bonté suprême, et cessa de creuser par la pensée les gouffres de l'éternité.

Elle ne jeûna plus que le vendredi en honneur de la douloureuse passion.

Ses longs cheveux se rangèrent sous sa coiffe de toile bise; elle porta des vêtements moins sordides, et un sourire si doux que l'on eût cru impossible de le voir fleurir sur ses lèvres pâles, trahit parfois les visions consolantes de sa prière.

Nul ne l'interrogea sur les causes du changement survenu en elle.

Marianic garda son secret.

Un jour elle prit une poignée de chanvre sur l'armoire d'Anaïk, coupa dans la haie une branche de sureau, tressa du jonc pour en former une *chambrière*, et s'en alla par les sentiers filant sa quenouille.

Peu à peu, à mesure que la restauration de l'église avançait, la pauvresse de la Grand'lande reprit goût au travail et aux habitudes de la vie régulière.

Quand on dressa la croix sur le petit clocher, elle demeura comme en extase, et les bégaiements de la cloche encore mal suspendue dans sa cage aérienne lui arrachèrent des larmes.

La veille du jour où l'abbé Colomban célébra pour la première fois la messe dans la chapelle, Marianic s'en alla au milieu d'une troupe d'enfants, à la tête desquels se trouvait Brin-d'Avoine, moissonner toutes les fleurs de la campagne, afin de les semer sur le pavé de l'église.

Ce fut une belle cérémonie que celle de la purification de ce temple profané.

L'abbé Colomban pleurait; autour de lui on n'entendait que des sanglots.

Les malheurs subits, les espérances reconquises troublaient, exaltaient à la fois les âmes. Le prêtre trouva des élans paternels, des cris émouvants; il releva les courages, il bénit les efforts, il encouragea les pécheurs et promit aux justes la protection divine; plus d'une fois, tandis qu'il parlait, il s'adressa par la pensée à l'humble mendiante qui l'écoutait du cœur et de l'esprit.

Quand la purification et la dédicace furent terminées, la foule recueillie s'écoula; les hommes s'entretenaient de la magnificence de la fête; les enfants s'extasiaient sur la richesse des ornements et des vases sacrés; les femmes marchaient recueillies, ne pouvant se résoudre à renoncer si vite aux joies de la prière.

Marianic demeura la dernière et leva sur le prêtre un regard suppliant.

L'abbé Colomban lui fit signe qu'il l'attendrait sous le porche; un moment après la sœur d'Antoine l'y rejoignit.

« Monsieur le curé, dit-elle, mon frère a commis de grandes fautes; tant que je n'ai pu faire mieux, je me suis contentée de prier; mais un jour il m'est devenu possible de réparer le mal, et je l'ai réparé...

— Qu'avez-vous fait pour cela, ma fille?

— J'ai refusé le domaine de Kéroulas qui me revenait par l'héritage de mon frère...

— Comment avez-vous pu rendre ou refuser ce domaine? Entre les mains de qui l'auriez-vous fait? Mlle Yvonne est à Vannes dans un monastère; Dieu sait ce qu'est devenu le vicomte Hector...

— Je n'ai plus Kéroulas, monsieur le curé... j'ai fait ma croix... en échange l'on m'a rendu les dix louis payés par le malheureux Antoine... Je vous les apporte, afin que vous ayez la charité de dire des messes pour le salut de son âme... »

L'abbé Colomban réfléchissait :

« Dans quel but avez-vous signé cette renonciation?

— Pour soulager l'âme de mon frère.

— Qui vous a enseigné ce moyen?

— Noirot.

— Le traître qui vendit et livra tous les Kéroulas...
— Il avait les papiers de mon frère...
— Vous êtes sûre d'avoir signé ?
— J'ai fait ma croix... J'ai juré sur ma part du paradis... hier soir dans les ruines mêmes de cette église... »

Le curé soupira.

« Tout est perdu ! » pensa-t-il.

Il vit que la pauvre Marianic le regardait interdite et tremblante.

« Vous êtes une âme bénie du Sauveur qui aime les doux et les humbles, » dit-il.

Marianic tendait toujours les pièces d'or.

« Des messes ! répétait-elle d'une voix suppliante, des messes ! »

L'abbé Colomban ne crut point devoir désabuser la mendiante. Il lui laissa la croyance que son désintéressement porterait ses fruits, et Marianic s'éloigna le cœur consolé.

Dans le cimetière elle rejoignit Anaïk.

La veuve était agenouillée devant une croix de pierre sur laquelle on avait gravé :

A LA MÉMOIRE DE GUILANEK, MOUSSE A BORD DE LA *Thémis*, MORT BRAVEMENT EN ENLEVANT UN PAVILLON A L'ENNEMI LORS DU COMBAT NAVAL QUI EUT LIEU ENTRE LA *Jenny* ET LA FRÉGATE FRANÇAISE.

Priez Dieu pour sa mère !

Marianic et Anaïk s'embrassèrent en face de cette croix, symbole unique et mystérieux de toutes les espérances.

XV

Le nouveau châtelain de Kéroulas.

Un changement lent, mais d'une progression facile à constater, s'opérait dans les champs voisins du domaine de Kéroulas. Peu à peu les haies folles qui laissaient croître au hasard leurs pousses printanières reprirent une apparence de régularité. Les échaliers rompus furent remplacés ; les rigoles, débarrassées de la terre et des cailloux qui les obstruaient, promenèrent dans les prairies une eau limpide. On sema du trèfle dans un champ, et le blé germa en avril, tandis que la récolte de pommes de terre se préparait et les grandes feuilles rougies de la betterave poussaient avec vigueur. Vraiment on aurait pu croire que cette œuvre de résurrection s'accomplissait par suite d'un sortilége : car nul ne voyait dans les terrains semeur, laboureur ou jardinier. Il est vrai que le domaine s'encadrait en partie dans des chênes et des futaies, et que du milieu de la lande ou du bord de la route, il devenait impossible de distinguer ce qui se faisait un peu plus loin. Les pasteurs contaient cependant que Noirot rôdait aux alentours ; et comme il semblait suspect à plus d'un titre, on joignait l'accusation de sorcellerie à des griefs plus sérieux, et on s'écartait d'autant plus de Kéroulas qu'une bande de poulpiquets s'y ébattait toutes les nuits.

Force fut pourtant aux gens de la côte de convenir que les champs ne s'ensemençaient point tout seuls. Ce n'étaient point les laboureurs connus, les braves ouvriers, les domestiques estimés qui cultivaient le domaine de la famille proscrite et décimée ; des vagabonds sans feu ni lieu, des hommes contre qui s'élevaient des préventions défavorables, des voleurs, et bon nombre d'incendiaires furent reconnus parmi les manieurs de bêches et les conducteurs de charrue. Aussi, cette troupe mal famée jetait une sorte de terreur dans les environs. La vérité est pourtant que nul dégât ne fut commis par les travailleurs enrégimentés sous les ordres de Noirot ; ils couchaient dans les remises, payaient ce qu'ils achetaient et ne montraient aucune insolence.

Au printemps, avant la récolte des foins, Noirot fit une absence de deux mois. A son retour les laboureurs ne firent plus seuls la besogne sur le domaine, et une bande de limousins, manieurs de truelles, emmenant avec eux les femmes qui faisaient la cuisine et les enfants qui gâchaient le plâtre et portaient l'*oiseau*, campa dans les communs à demi ruinés du château. Cette fois on s'inquiéta, on jasa, on demanda ce que cela voulait dire.

Les femmes du village entassaient suppositions sur suppositions ; Marianic seule souriait, elle voyait l'accomplissement de la parole donnée, et s'imaginait, la pauvre âme ! que Noirot relevait les murailles de Kéroulas, afin de faire entrer plus tard dans la cour d'honneur les derniers héritiers de la famille.

Depuis l'heure où elle s'était aperçue que l'on taillait les aubépines, elle trouvait un grand bonheur à courir dans les champs rajeunis. Chaque progrès amenait un sourire sur ses lèvres. Les travailleurs la connurent bientôt, et les enfants allaient d'instinct à elle. Un jour, la femme d'un maçon qui se sentait souffrante la pria de garder sa petite fille ; le lendemain, une autre, obligée de se rendre à la ville, lui confia les siens.

Marianic s'assit à l'ombre d'une haie touffue ; tant

que dura le jour, elle chanta de si beaux *sonnes*, des *guerz* si émouvants, elle narra de si beaux miracles, que les enfants ne voulurent point la quitter sans qu'elle leur fît promesse de revenir le lendemain. Elle revint proche de Kéroulas, et les trois enfants se jetèrent dans ses bras, tandis que leurs compagnons, honteux, curieux, effarouchés, s'approchaient à petits pas, puis se sauvaient en poussant des cris. On eût dit une troupe de passereaux qu'elle apprivoisait doucement. Le troisième jour, il ne restait pas un enfant de la colonie nomade de laboureurs et de maçons ; Marianic venait d'improviser une salle d'asile en plein air, au milieu des papillons blancs, des abeilles d'or, des sauterelles grises aux ailes doublées de rose et d'azur.

Les joyeux ébats sur l'herbe, les rondes folles, les jeux bizarres, les courses sans fin, les bons baisers sonnant sur les joues pâles de Marianic, et lui rappelant Antoine tout petit, quand elle avait, elle, la fleur de ses seize ans !

Marianic ne s'ennuya plus.

D'ailleurs, les travaux de Kéroulas avançaient. Une fois les décombres enlevés, et les murailles rebâties, on s'aperçut que le mal était moins grand qu'on ne l'aurait pu croire. Les portes de chêne remplacées, de même que les solives noircies et quelques plombs remis en ordre, donnèrent tout de suite une apparence plus honnête au château.

Un personnage que nul ne connaissait, qui logea au manoir et dîna dans l'auberge sans parler à personne, prit, à la prière de Noirot, la direction des dernières réparations.

Les meubles brisés, les vieilles tapisseries mises en lambeaux, les cristaux, les pâtes tendres, étaient regrettables ; mais le château, meublé des caves aux combles, gardait encore de véritables richesses.

Avec une intelligence vraiment artistique M. Jaquemin rétablit dans la salle à manger des buhuts de chêne, des crédences d'ébène et de superbes boiseries. L'ameublement du salon semblait presque intact. Deux chambres, dont les lits et les fauteuils dataient d'Henri II, purent être conservées. On meubla seulement à la moderne un appartement situé dans l'aile gauche, et que Noirot se réserva.

La chapelle fut réparée, et des vitraux arrivèrent de Paris, ainsi que deux tableaux et ses ornements.

L'écusson seul, ce bel écusson antique placé au-dessus de la grande porte, demeura mutilé, fendu, brisé, méconnaissable.

On n'osait guère interroger Noirot. Il se tenait à distance par son air réservé. L'opinion générale, corroborée par les douces confidences de Marianic et les réponses qu'elle faisait aux enfants, était que Noirot, investi de la confiance des héritiers de Kéroulas, mettait d'après leurs ordres le domaine en état de recevoir ses anciens maîtres.

Mais ces maîtres, quels étaient-ils !

Le capitaine était mort sur l'échafaud.

Le vicomte ne pouvait reparaître.

Mlle Yvonne était au couvent.

Existait-il un dernier rejeton de cette race ? Que voulait faire de cette seigneurie la modeste sœur de charité? Le curé du village avait fait deux fois le voyage de Vannes dans l'espace d'une année. A son retour, il était allé chez Anaïk, l'avait longtemps entretenue de la sainte jeune fille, et la sœur de Roscoff pleura pendant deux jours de ce qu'elle venait d'entendre.

Le mystère continuait à planer sur le domaine. Les réparations s'achevaient, il n'existait plus de terre en friche, et les champs donnaient une moisson abondante, tandis que de nombreux troupeaux, quittant au matin les étables, se répandaient dans les prairies roses de fleurs de sainfoin.

Noirot avait, il faut en convenir, agi avec une prudence bien rare chez les scélérats de son espèce.

Quand le traître fut en possession des titres d'Antoine, du contrat de vente qu'il avait frauduleusement fait signer à Marianic et des pierreries volées au vicomte Hector, il ne s'empressa point d'étaler ses richesses.

Comprenant l'animadversion dont il était l'objet, il reprit sa balle de colporteur, cachant dans le double fond des diamants pour cinq cent mille livres. Pendant six mois il exerça son ancien métier, par tous les temps, sur toutes les routes et dans toutes les foires.

Il revint ensuite à Kéroulas; et comme le beau temps s'annonçait, il commença seul et lentement, des travaux énormes. Peu à peu il ramassa quelques mendiants, qui pour un peu de pain l'aidèrent dans sa tâche. Une première récolte vendue, une seconde tournée avantageuse dans les départements voisins, lui permirent d'augmenter, sans devenir suspect, le chiffre de ses dépenses.

La hâte stupide avec laquelle un criminel cherche à jouir du fruit de ses rapines met presque toujours sur sa trace; il semble que le vol pousse au gaspillage; ou plutôt, la Providence permet l'égarement du coupable, afin que le châtiment l'atteigne plus vite. Noirot calcula mieux. Il voulait attendre les événements, et savoir ce qu'il adviendrait aux acquéreurs de *biens nationaux*.

La révolution était encore trop près pour qu'on les poursuivît.

La loi avait sanctionné les ventes illicites et dérisoires; la religion seule les déclara nulles et obligea à des restitutions. A l'heure de la mort, un grand nombre de révolutionnaires rendirent à leurs propriétaires légitimes les biens acquis d'une façon si peu légale; d'autres eurent réellement en les achetant l'intention de sauver les domaines de leurs maîtres, et ceux-ci en furent remis en possession au retour de l'exil.

Noirot, une fois convaincu que l'achat d'Antoine était valable, et que Marianic ne reviendrait jamais sur sa parole, hâta l'accomplissement de ses projets.

Quand il eut dépensé tout l'argent qu'il possédait, et les pièces d'or éparses retrouvées dans les salles et dans les meubles brisés de Kéroulas, il laissa les travailleurs chargés du labourage continuer leur besogne et se rendit à Paris.

L'intimité dans laquelle il avait vécu avec Antoine lui ayant appris le nom de plusieurs hommes avec lesquels l'ancien représentant du peuple se trouvait lié, Noirot en chercha quelques-uns, les trouva, fit de demi-confidences et demanda des conseils. Il conclut des avis reçus que la situation commerciale n'était point assez définie à Paris pour qu'il y pût vendre ses diamants avantageusement.

Au bout de quinze jours il quitta la capitale et partit pour la Hollande.

Quand il en revint, il n'avait plus des pierreries des dames de Kéroulas qu'un collier si beau qu'il ne put se résoudre à s'en défaire.

D'Amsterdam Noirot revint à Paris.

Il en partit, emmenant avec lui l'architecte chargé de veiller à ce que les réparateurs du domaine de Kéroulas n'en détruisissent pas le style.

C'était un homme intelligent que M. Jaquemin, amateur des choses antiques, amoureux de la ligne élégante, et qui professait pour le néo-grec une antipathie de bon goût. Grâce à lui, le manoir garda non-seulement son aspect simple et grandiose, mais encore une ornementation intérieure en rapport avec ce qu'il annonçait.

Noirot ne se montra ni prodigue comme un nouvel enrichi, ni avare comme un juif ; il rémunéra les soins de M. Jaquemin en lui laissant espérer, au travers de phrases rendues diffuses à dessein, que de nouveaux changements amèneraient pour lui une série de travaux plus dignement rétribués.

Noirot ne prit nullement vis-à-vis de lui l'allure d'un propriétaire, et M. Jaquemin traita le misérable avec les égards dus à l'un de ces hommes qui alors honoraient la domesticité par leur désintéressement et leurs humbles vertus.

Kéroulas achevé, les champs mis en rapport, les étables remplies, M. Jaquemin repartit pour Paris ; Noirot alla à la foire de Saint-Jean de Vannes et y loua un personnel de serviteurs assez nombreux pour exploiter le domaine.

Garçons et filles, alléchés par un chiffre de gages assez rond et la promesse de beaux bénéfices, suivirent Noirot jusqu'à Kéroulas.

Le nouveau maître leur fit une seule recommandation.

« Je hais les bavards, dit-il, et ne pense pas que mes affaires regardent les étrangers... Je vous paye plus grassement que n'importe quel noble du pays, et je ne vous demande point de m'appeler Monseigneur... Mais si l'un de vous cause avec les gens de la côte mal intentionnés à mon endroit, je le chasse le lendemain... Ceux qui voudront aller à l'office le dimanche seront libres ; seulement point de causerie sous le porche et dans le cimetière. Si vous avez envie de jouer aux boules, vous jouerez dans le parc, et je donnerai les enjeux ; si vous désirez danser, je payerai les violons ; si vous souhaitez boire, je ferai défoncer une futaille ; mais on boira, on jouera et on dansera à Kéroulas !

— C'est dit ! » répondirent les garçons.

Les filles sourirent en manière d'acquiescement.

En effet, quand vint le dimanche, laboureurs, domestiques, filles de basse-cour, bergères et pastours prirent le chemin de l'église.

Noirot marchait en arrière, les surveillant.

Les serviteurs entrèrent dans l'église; Noirot resta sous le porche.

Il vit passer Marianic; il reconnut Anaïk; l'abbé Colomban le regarda; tous les gens du village parlèrent bas en se le montrant: il ne s'émut point, et l'on ne put apercevoir de changement sur son pâle visage ombragé d'un grand chapeau.

A la fin des offices, les serviteurs de Kéroulas le rejoignirent.

Selon ses promesses, il donna un écu aux joueurs de boule et l'on but à volonté sans aller jusqu'à l'ivresse.

Noirot retourna à Paris et en ramena un jeune homme pâle et chétif, doux et bon, instruit et modeste, qui devait tenir la comptabilité du riche propriétaire et lui servir de secrétaire intime.

Noirot quitta son costume demi-paysan et s'habilla à la façon des gens de la ville. Il n'exagéra rien, et s'efforça de prendre simplement l'allure et l'apparence d'un intendant de bonne maison, à qui une suite d'honorables services constitue une situation indépendante.

Les fonds provenant de la vente des diamants furent employés, moitié à relever et réparer Kéroulas, moitié en placements sûrs et faciles à réaliser.

Les revenus des champs, des fermes et du bétail s'absorbèrent pendant trois ans dans les frais d'amélioration.

Après ce laps de temps, Noirot réalisa des économies.

Ordre était donné à Kéroulas de ne jamais refuser l'aumône.

L'occasion de la faire manquait. Les gens du pays ne s'adressaient point à Noirot, et seuls les étrangers se montraient à la grille du château.

Le suzerain de Kéroulas fit porter des secours chez des pauvres, organisa des distributions de pain, de beurre et de chanvre; on méprisa ses secours, ou du moins on les refusa.

Noirot ne comprit pas tout de suite que les pauvres gens du pays préféraient le pain noir de la ferme à la miche de pain blanc du manoir.

L'influence de Marianic se manifestait en cela.

Tant qu'elle attendit le retour des maîtres de Kéroulas et l'exécution des promesses de Noirot, elle ne craignit point de se montrer dans les environs du château et surveillait même avec plaisir l'avancement des travaux.

Mais un dimanche, l'ami du jacobin Brutus voulut frapper un coup de maître. Croyant que la population le fuyait parce qu'il affectait de ne pas se montrer aux offices, il entra un dimanche dans l'église du village.

Noirot avait contribué aux dépenses de sa restauration; le jour dont nous parlons il franchit hardiment le seuil sacré. Mais, au lieu de rester confondu dans la foule des fidèles, il monta jusqu'au banc réservé jadis à la famille de Kéroulas et y prit place avec une apparence de sang-froid.

Son cœur battait terriblement cependant, non point d'émotion en se retrouvant dans le sanctuaire qu'il avait d'abord aidé à détruire, mais d'orgueil satisfait et en même temps de crainte.

Il se demandait ce que penseraient, ce que diraient les gens du pays.

Pour la première fois il affichait ses prétentions et démasquait ses batteries. Il ne paraissait plus attendre les héritiers du domaine pour le leur restituer, et s'emparaît enfin de la place que lui assurait sa fortune.

Noirot osait dire qu'il était le maître de Kéroulas et s'en arrogeait les droits.

Il n'entendit point le sermon de l'abbé Colomban et demeura agenouillé, les coudes sur le prie-Dieu, la tête dans ses mains, étourdi de sa propre hardiesse.

La foule s'étant dispersée à la fin de l'office, il se leva, gagna le bas de la nef, la tête haute, les jambes tremblantes.

Le peuple l'attendait dans le cimetière.

Il surprit des regards hostiles, il entendit des paroles accusatrices ; Marianic le toucha du doigt et fit un geste de menace en montrant le ciel.

Elle comprenait qu'on l'avait jouée.

Noirot rejoignit en toute hâte ses domestiques.

Arrivé à Kéroulas, il s'enferma dans sa chambre et ne reparut plus de la journée.

Marianic lui avait fait peur.

La pauvresse de la grand'lande ne redevint pas folle et ne retomba point dans l'exaltation de son mysticisme religieux.

Elle ne parcourut plus les chemins, la triste flagellée, criant que l'on devait se convertir au Seigneur Jésus ; on eût dit que les petits enfants au milieu desquels elle vivait l'avaient domptée et changée. Elle pensa que sa vertu n'était point assez grande pour mériter un miracle, et cessa d'attendre le retour de ceux qu'elle regrettait.

Elle donna ses journées aux enfants du village et ses soirées à Anaïk.

La veuve s'éteignait lentement, comme une lampe où manque l'huile. En regardant le biniou muet de Guilanek, elle sentait sa vie se fondre, et voyait avec joie approcher le moment où son âme embrasserait l'âme du pauvre mousse.

Marianic la soignait avec zèle; l'abbé Colomban la

visitait ; tous les braves gens du pays s'efforçaient d'adoucir son agonie et apportaient à son chevet le tribut de leur amitié.

Elle ne se plaignait point ; mais de temps en temps un nom presque aussi cher que celui de Guilanek s'échappait de ses lèvres :

« Roscoff ! »

Elle demandait à Dieu de voir son frère avant de mourir. Roscoff donnait rarement de ses nouvelles.

La guerre continuait, et le capitaine *aux mains rouges* se battait en brave. Dans les lettres qu'il écrivait à sa sœur on sentait, en dépit de l'effort fait pour la masquer, percer une douleur intense, la plaie incurable saignait ; Anaïk pleurait en baisant ces pages, et l'abbé Colomban ne pouvait que dire :

« Espérez ! »

Tandis qu'une douleur plus morne et plus lourde s'abattait sur la chaumière, l'intérieur de Kéroulas changeait de face.

Par une journée glaciale, journée de décembre attristée par la neige, une famille de vagabonds heurta à la grille du château.

Le secrétaire de Noirot, M. Arsène, donna ordre d'ouvrir ; et un moment après les mendiants entraient dans une vaste cuisine chaude et gaie et voyaient à préparer pour eux un ample souper.

Noirot, passant dans ce corridor, entendit pousser des cris joyeux, de ces bons cris d'enfants qui font du bien au cœur ; et il pénétra à son tour dans la cuisine.

Les mendiants se levèrent, et une enfant qui d'abord s'était avancée vers lui, recula intimidée et alla cacher son visage dans le tablier d'une femme pâle, décharnée, affaiblie par toutes les misères.

« Je ne veux pas vous troubler, dit Noirot : le temps est mauvais, chauffez-vous, mangez : passez même la nuit dans la grange si vous voulez... Je te fais donc peur? demanda-t-il à la petite fille.

— Excusez-la, monsieur, dit la femme, elle est un brin sauvage.

— Combien avez-vous d'enfants? demanda Noirot.

— Trois, monsieur, les trois petits gars qui conduisent mon mari et ses frères... tous aveugles, monsieur, que c'est une grande épreuve.

— A qui appartient donc la petite fille?

— Sa mère est morte, et je l'ai prise comme on fait d'un oisillon tombé du nid.

— Comment t'appelles-tu? » demanda Noirot à l'enfant.

La femme enleva le pan de son tablier qui cachait la tête ébouriffée de l'enfant, et lui dit avec une gronderie douce :

« Allons, réponds au monsieur comment tu t'appelles.

— Madeleine, dit l'enfant en baissant la tête.

— C'est un joli nom, un doux nom, » répéta Noirot; lui aussi avait une sœur nommée Madeleine.

Elle était plus jeune que lui, et il ne la connut guère; car de l'heure où on dit dans le pays de Quimper que Noirot était devenu jacobin, révolutionnaire et impie, sa famille refusa de le voir.

« De quel pays es-tu? reprit Noirot, qu'attendrissait le souvenir de sa sœur.

— De l'évêché de Quimper, répondit l'enfant.

— Elle ne sait rien de rien, répliqua la mendiante. Je crois que la misère chassa sa mère de son village; la pauvre femme mourut dans une paroisse étrangère, et la petite mendiait sur une route quand je la rencontrai... Autant valait qu'elle mendiât avec nous, quelqu'un l'aimerait au moins... Mes petits gars la regardent comme leur sœur, et les frères de mon mari ne chériraient pas mieux leurs propres enfants. Quelquefois la route est longue dans la lande; les gars ne marchent plus, et la fillette se traîne... chacun des hommes prend un garçon à cheval sur son dos, et moi je porte Madeleine... une bergeronnette pour ce qu'elle pèse...

— Et vous ne savez rien de plus?

— Rien, monsieur. L'enfant ignore le nom de sa famille.

— Ma mère s'appelait aussi Madeleine, » dit la petite fille.

Noirot s'assit et attira l'enfant sur ses genoux.

« Voyons, Madeleine, dit-il, tu as vu dans tes courses de belles boutiques aux foires de village, et des choses magnifiques pendant les pardons! »

L'enfant joignit les mains, leva les yeux, et s'écria :

« Oh! oui, oh! oui!

— Eh bien! à la première foire, tu achèteras tout ce que tu voudras, si tu veux répondre à tout ce que je te demanderai.

— Tout?

— Je te le promets.

— Même une poupée?

— La plus belle de l'étalage.

— Même une belle ceinture?

— Toute lamée d'or.

— Et encore, encore...

— Eh bien!

— Je n'ose pas dire... Un grand parapluie de coton rouge, pour abriter la mère Marthon du soleil, quand elle chemine sur la neige ou qu'elle chante des complaintes au soleil?

— Un grand parapluie rouge pour elle et un autre plus petit pour toi. »

L'enfant prit à deux mains la figure de Noirot.

« Tu n'es donc pas méchant ! demanda l'enfant.

— On t'a dit du mal de moi !

— Beaucoup... Aussi, je me suis cachée quand je t'ai vu...

— Non, je ne suis pas méchant pour les petites filles qui s'appellent Madeleine.

— Alors tu verras mon reliquaire.

— Faut savoir, monsieur, qu'elle ne me l'a jamais montré, à moi... » dit la pauvresse.

L'enfant tira de son cou un cordon noir auquel pendait un petit reliquaire d'argent.

Elle l'ouvrit avec beaucoup de peine, et en tira une bague de cuivre et une médaille.

« Regarde ! » dit-elle à Noirot.

Noirot retourna la bague : c'était une alliance très-simple. Il aperçut un trou presque imperceptible, y plaça une pointe d'épingle, et la bague s'ouvrit en deux.

« Tu l'as cassée ! dit l'enfant en pleurant, tu l'as cassée ! »

Noirot n'entendit pas. Il frottait les deux moitiés de l'alliance que le vert de gris oxydait.

Quand il les eut nettoyées, il lut distinctement :

« Madeleine Noirot, Pierre Braizon. »

La médaille portait les mêmes noms, et une date, celle du mariage de Madeleine Noirot.

Le jacobin resta longtemps absorbé dans ses souvenirs, tenant dans ses doigts crispés la bague et la médaille.

L'enfant tenta d'ouvrir la main de Noirot ; ne pouvant y réussir, elle s'imagina qu'il voulait garder ses chères reliques et se mit à fondre en larmes.

« Ne pleure pas ! ne pleure pas ! s'écria Noirot avec une sorte d'emportement sauvage ; je ne veux pas que tu pleures, Madeleine... jamais ! jamais ! ni que tu aies faim, ni que tu sois malheureu e...

— Vous me rendrez donc ma bague ?
— Je veux seulement savoir qui te l'a donnée.
— Ma mère Madeleine...
— Quand ?
— Avant de s'endormir...
— Et que t'a-elle dit ?
— Elle a placé la bague et la médaille dans un reliquaire, en me disant : « Ne vends jamais cela, ni pour or ni pour argent : c'est la preuve de mon mariage et ton seul héritage au monde. »
— Et cet héritage suffit, » dit Noirot en se levant.

Comme il allait sortir de la salle, Madeleine lui demanda :

« Je ne t'ai pas fâché ?
— Non ; et tu pourrais me faire grand plaisir.
— Que faut-il pour cela ?
— M'embrasser. »

Madeleine lui sauta au cou.

Il la serra dans ses bras et quitta la salle.

Un moment après il faisait seller un cheval et partait pour Brest.

Il en revint à la nuit, muni d'un énorme paquet qu'il confia à M. Arsène avec de grandes précautions.

Sa première parole fut :

« Où est la petite fille ?
— Dans la grange avec sa famille. »

Noirot alla dans la grange ; et, à la lueur d'une lanterne accrochée au ratelier des chevaux, il vit des hommes dormant sur des bottes de paille, les trois petits garçons pelotonnés et enlacés sur un lit de foin et Madeleine assoupie dans les bras de la mendiante.

Noirot toucha l'épaule de celle-ci.

« Ne réveillez pas l'enfant, dit-il, levez-vous et suivez moi. »

La mendiante obéit.

Elle traversa la cour, tenant l'enfant sous sa mante, gagna le péristyle, traversa deux salons magnifiques, et, toujours à la suite de Noirot, arriva à une petite chambre brillante comme un reposoir.

Un lit se trouvait dans cette chambre.

« Couchez Madeleine ! » dit Noirot.

Quand l'enfant reposa dans le joli petit lit, Noirot commença à voix basse avec la mendiante une conversation qui se prolongea bien avant dans la nuit.

Plus d'une fois la pauvresse pleura ; plus d'une fois aussi elle sourit, la bonne âme !

Et pour ne point quitter la petite Madeleine, Marthon s'étendit dans un vaste fauteuil et retomba dans le sommeil.

Le châtelain de Kéroulas avait disparu.

Quand Marthon s'éveilla, le soleil de Noël, un soleil pâle brillait à travers les fenêtres.

Sous l'influence de ses rayons, Madeleine à son tour ouvrit les yeux.

« Suis-je dans le paradis avec les enfants sages ? demanda-t-elle.

— Tu es sur la terre, Madeleine, répondit Marthon ; mais le petit Jésus n'a pas manqué de t'apporter des choses magnifiques... vois cette poupée aux grands yeux... cette robe de laine bien chaude, ces bonbons, les parapluies, une croix d'or, et une bourse, une belle bourse où l'argent tinte. »

Madeleine touchait chacun de ces objets et croyait faire un rêve.

« C'est à moi tout ? dit-elle.

— Oui, répondit Marthon.

— Et la belle chambre ?

— Elle est aussi à toi.

— J'y pourrai toujours dormir.

— Si tu le veux.

— Que faut-il faire pour cela ?
— Seulement le désirer.
— Je suis encore chez le monsieur qui a regardé ma bague ?
— Oui, répondit Marthon qui soupira.
— Il m'aime donc, le monsieur ? »
Cette fois ce fut Noirot qui répondit :
« Oui, il t'aime ! il t'aime parce que tu es l'enfant de sa sœur.
— Vous mon oncle ! » murmura l'enfant.
Une impression vague dans laquelle il y avait de l'effroi passa sur son visage.
Noirot posa sa main sur sa poitrine pour comprimer les battements de son cœur.
« Est-ce que tu ne veux pas m'aimer, toi ? ajouta-t-il en tremblant.
— C'est que j'aime Marthon, et mes petits frères, et les oncles...
— Je les rendrai heureux !
— Alors tu es donc bon ! bon !
— Je le deviendrai... Restes-tu avec moi, Madeleine ?
— Pas sans Marthon, dit l'enfant d'un ton résolu.
— Marthon restera, » dit Noirot.
A cette promesse, l'enfant témoigna une joie folle ; elle embrassa Noirot, Marthon et la poupée ; elle chanta, elle rit, elle se roula sur les couvertures au milieu de ses jouets, et il fallut le bruit des cloches pour changer la direction de ses pensées.
Noirot l'enleva dans ses bras quand elle fut habillée, et prit avec M. Arsène le chemin de l'église.
On s'étonna grandement de voir une enfant dans le banc de Noirot ; mais elle était si mignonne et priait de si bon cœur que tous les regards la caressèrent.
Le jour même Noirot s'occupa de l'installation de la famille.

Les trois aveugles pouvaient s'occuper à tresser des paniers et à teiller du chanvre.

Les enfants mèneraient paître les oies, et la fille chargée de cette besogne passerait à la laiterie.

Quant à Marthon, elle ne devait songer qu'à Madeleine.

Le lendemain tous les gens de la maison apprenaient que leur maître venait de retrouver sa nièce, la fille de Madeleine Noirot et de Pierre Braizon.

Il n'y eut point alors seulement dans la maison une enfant de plus : tout se trouva changé pour le jacobin. Le grand désespoir de sa vie était de dire :

« J'ai conquis ce domaine avec des peines infinies ; je l'ai payé au prix de mon âme ; à qui le laisserai-je ? »

Noirot ne savait plus ce qu'étaient devenus les membres dispersés de sa famille. Quand il avait fait son dernier voyage à Quimper, il avait appris la mort de Pierre Braizon et le départ de sa femme. De quel côté dirigeait-elle ses pas, nul ne put le lui dire. Hélas ! elle était morte sur la grande route près d'un fossé, tandis que Noirot échafaudait sa fortune.

Comme il l'aimait à cette heure, l'enfant pour laquelle il multipliait les rêves !

Noirot n'avait jamais songé à se marier, mais la solitude lui paraissait lourde.

D'ailleurs, en admettant qu'il eût trouvé une jeune fille assez dépourvue des dons de la fortune pour consentir à l'épouser, cette femme ne l'aurait-elle pas méprisé malgré elle, et le souvenir de ses crimes ne l'eût-il pas poursuivie ?

Mais Madeleine grandirait en sachant seulement qu'il était son oncle, qu'il l'aimait bien, oh ! qu'il l'aimait bien !

Elle serait sa consolation et sa joie !

Et Noirot, qui avait démoli les églises et craché sur

le crucifix, trouva un mot de prière pour remercier Dieu de lui avoir envoyé Madeleine.

XVI

Rédemptions.

Anaïk était étendue sur son lit; la pâleur de la mort couvrait son visage ; ses yeux voilés déjà par des ombres semblaient voir au travers d'un brouillard la religieuse assise au pied de son lit, une femme agenouillée dans l'angle obscur de la chaumière, et le crucifix de bois noir étendant ses bras devant elle.

Le chagrin la tuait lentement, d'une main sûre; la mort de Guilanek, les atroces calomnies poursuivant son frère, l'avaient trouvée sans force. Elle mourait doucement, s'endormant dans le Seigneur, selon l'expression de l'Église, en attendant le suprême bonheur et la justice éclatante de Celui vers qui remontait son âme.

Cinq ans s'étaient passés depuis le dernier départ de Roscoff, et il en avait alors trente-six ; car les événements se succédèrent avec une rapidité telle que, si on en jugeait par les faits accomplis, Roscoff eût semblé un vieillard. Souvent il avait parlé de retour; mais au dernier moment la force lui manquait pour affronter l'insulte.

Cependant la dernière lettre envoyée par Anaïk témoignait une si grande douleur et peignait si bien son épuisement, que, s'il la recevait à temps, il n'était point douteux que le capitaine fît à sa sœur le sacrifice de rentrer en Bretagne.

Nous connaissons la religieuse qui assistait Anaïk pendant sa maladie.

Yvonne de Kéroulas, devenue sœur Marie-des-Anges, n'a point oublié que la pauvre veuve lui donna jadis une hospitalité qu'elle pouvait payer de sa vie. Sur un mot de l'abbé Colomban, elle est venue de Vannes à Brest soigner l'abandonnée. Elle panse les blessures de son âme, en même temps qu'elle prend soin de son corps épuisé. Elle lui parle de Dieu, de la Vierge, de Servan et de Guilanek qu'elle va rejoindre. Elle répète à la veuve qu'il ne faut point regretter la terre, parce que la terre ne peut rien nous donner, et que ces bonheurs d'un jour sont payés par des années de larmes...

Sœur Marie-des-Anges est toujours belle; mais cette beauté pure est devenue sainte; la paix est sur son front, la mansuétude règne dans ses yeux; seulement, à un pli de sa lèvre, à une profondeur mystérieuse de son regard, à l'accent brisé de sa voix, on comprend qu'elle a beaucoup souffert.

Une des premières, elle est entrée dans un couvent d'où la Révolution avait chassé les servantes du Seigneur. Avec une bonté touchante elle remplit son rôle de consolatrice. On la vénère et on l'aime...

« Mon Dieu! mon Dieu! murmura la malade, il ne viendra pas! »

Sœur Marie-des-Anges ne répond point; elle prie.

Si le voyageur attendu par Anaïk arrivait, ne faudrait-il point à la religieuse une force surhumaine pour demeurer sous le même toit?

Cependant elle a promis de ne plus quitter Anaïk.

La nuit est noire, le vent souffle, la mer bat la côte, les phares jettent une lumière affaiblie, les bâtiments qui rasent le goulet par un temps semblable courent de grands dangers.

A la chute du jour une frégate était en vue, et le canot conduisait jusque dans le port un marin soigneusement enveloppé d'un manteau.

Le chapeau rabattu sur son front projetait une grande ombre sur son visage. Il aborda, renvoya les matelots d'un geste, gagna le port, traversa Recouvrance, et prit par d'étroits chemins la route conduisant à la chaumière d'Anaïk. Il fallait qu'il connût parfaitement le pays pour s'avancer ainsi dans l'obscurité, sans se tromper de chemin, sans faire un faux pas. La pluie lui fouettait le visage; la bise s'engouffrait dans les plis de son manteau; le terrain devenait glissant; on ne pouvait rien deviner dans ce paysage lugubre : arbres, maisons, roches et sentiers disparaissaient dans une teinte opaque, uniforme. Cependant le voyageur allait, allait, et bientôt une lueur faible comme celle d'une lampe d'église se montra dans l'éloignement.

Il se dirigea vers cette clarté, traversant les flaques d'eau, les champs détrempés, les routes rocailleuses.

Un moment il s'arrêta.

La respiration lui manquait; le sang lui affluait au cœur, et un nuage passait sur ses yeux. Après avoir réalisé des prodiges pour arriver, s'il allait venir trop tard!

Cette pensée lui causa un étourdissement, et il pressa son front mouillé de sueur.

Enfin, prenant une résolution subite, il s'élança de toute sa vitesse vers la masure éclairée.

Une fois en face de la porte, il hésita encore.

L'oreille collée contre la serrure, il écoutait les bruits de l'intérieur.

Il lui sembla qu'on récitait le chapelet.

Une voix douce, timbrée, qu'il crut reconnaître, disait :

« Je vous salue, Marie, pleine de grâce; le Seigneur est avec vous, vous êtes bénie entre toutes les femmes, et Jésus, le fruit de vos entrailles, est béni. »

Et une autre voix, épuisée, haletante, répondait :

« *Sainte Marie, Mère de Dieu, priez pour nous maintenant...* »

L'accent brisé s'éteignit.

Le voyageur étouffa un sanglot.

La voix calme, la première qu'il eût distinguée, ajouta :

« *Et à l'heure de la mort...*

— Je ne l'ai pas dit, reprit le timbre douloureux, parce que l'heure de la mort... c'est... maintenant! »

Une seconde après, la voix mourante s'écria :

« Seigneur! c'est trop d'absinthe dans mon calice! Vous ne me l'enverrez donc pas, Seigneur Jésus...! »

L'étranger leva le pêne de la porte.

La malade se dressa au bruit, tendit les bras, puis retombant sur le lit épuisée :

« Roscoff! dit-elle, Roscoff! »

Puis elle s'évanouit.

La religieuse, qui s'était vivement rejetée dans l'ombre en voyant apparaître le capitaine plus tremblant et plus pâle que l'agonisante elle-même, courut au lit d'Anaïk, la souleva dans ses bras, mouilla son front d'eau pure et parvint à la ranimer.

Roscoff ne lui offrit point son aide; il l'avait reconnue.

Quand Anaïk ouvrit les yeux, sœur Marie-des-Anges lui dit d'une voix dont rien n'altérait la pureté :

« Je ne m'éloigne pas; au premier signe je viendrai.

— Je comprends, répondit Roscoff : Mlle de Kéroulas ne veut pas plus aujourd'hui qu'il y a cinq ans se trouver en face du capitaine *aux mains rouges*. »

Roscoff accentua ces mots avec amertume.

« Vous vous trompez, Monsieur, répondit la sœur de charité : sœur Marie-des-Anges ne se souvient de rien!

— Restez donc! s'écria Roscoff, ou je croirai que vous me soupçonnez encore...

— Ne vous ai-je point pardonné? demanda Mlle de Kéroulas.

— Croyez-vous que cela me puisse suffire?

— Je ne saurais pourtant faire davantage.

— Des preuves... murmura la mourante, n'as-tu pas trouvé de preuves?

— Pauvre femme! dit Roscoff, tu souffres la moitié de mon martyre. Des preuves!... je passe ma vie à en chercher...

— Penche-toi plus près, dit la malade, je vois mal, et je n'entends plus... »

Mlle de Kéroulas venait de disparaître sans bruit.

« Tu es heureuse de mourir... reprit le capitaine! Là-haut, Servan et Guilanek vont te recevoir; là-haut, tu sauras à n'en pouvoir douter la vérité de ma parole... Quelle vie que ma vie, Anaïk!... Depuis le jour où la cousine du vicomte Hector quitta cette maison, depuis l'heure où je compris que mon équipage me suspectait, mon existence est devenue un enfer... Je suis le juif errant de la mer; sans cesse je demande, j'interroge... Parfois je crois être sur la trace, et je perds un temps précieux à suivre des indications fausses. Cinq ans dépensés à cette poursuite faite sans espoir! Je suis maudit, Anaïk, maudit de Dieu et des hommes...

— Tais-toi! fit Anaïk, tais-toi!

— J'ai voulu t'obéir. En quittant Brest pour une nouvelle croisière, je parcourus le même chemin que suivait la *Thémis*, en mai de l'an II, quand j'avais à mon bord M. de Kéroulas. Je suivais exactement la même route, et le mois qui suivit mon départ, on me signala l'île que connaissaient Candale, Julien et Piérik.

« Je fis immédiatement mettre la chaloupe à la mer.

« Je ne voulus que deux hommes avec moi.

« Flambard et Faribole m'accompagnaient en qualité de rameurs.

« Moucheron veillait au gouvernail.

« Une demi-heure après environ, nous abordions dans une petite île.

« Elle offrait un accès facile et semblait agréable. Des bosquets d'arbustes odorants, des groupes de cocotiers l'égayaient. Le riz y croissait sans culture, et on y trouvait des fleurs variées.

« A peine eûmes-nous mis pied à terre que j'appelai les deux matelots et le mousse :

« Flambard, dis-je au maître d'équipage, et toi Moucheron, vous ignorez ce que vient faire dans cet îlot le capitaine *aux mains rouges?* »

« Tous trois baissèrent la tête, confus de savoir que je n'ignorais point ce sobriquet infâme; puis ils me regardèrent bien en face pour me demander une explication.

« Je viens, repris-je, chercher ici les traces du vicomte de Kéroulas.

« — Le passager! s'écria Flambard.

« — Le condamné! murmura Faribole.

« — Écoutez-moi tous deux, dis-je. Tu te souviens, Flambard, que le soir même du 17 juin, an. II, la terre fut signalée...?

« — Je me souviens.

« — Peu après, ordre fut donné de mettre en panne.

« — Oui, capitaine.

« — A minuit, la chaloupe attendait Piérik, Candale, Julien, Grenier et moi...

« — C'est exact.

« — Le passager prit place dans la chaloupe; j'y descendis à mon tour; puis les rames maniées vigoureusement nous éloignèrent vivement de la *Thémis*.

« — Et il faisait une nuit d'enfer, ajouta Faribole.

« — Tout l'équipage fut témoin que le passager ne revint pas à bord de la *Thémis*... Les officiers connurent et signèrent le procès-verbal; en même temps, je leur communiquai les ordres du représentant du peuple, Antoine, dit Brutus... J'avais obéi... devant la loi nul ne pouvait m'accuser ; personne ne put m'absoudre au tribunal de sa conscience... Alors commença un lent supplice... Le commandant du *Jupiter* mis en *quarantaine* vécut à son bord dans la solitude que lui fit le mépris général. On se montra plein de respect pour le maître du navire, et de dédain pour le servile exécuteur des ordres sanguinaires de la Terreur... Je dévorai tous ces affronts.. Peut-être ne sont-ils point tous subis... peut-être suis-je au terme de mon épreuve... Certes, le capitaine de la *Thémis* avait prêté loyalement serment à la République ! J'avais des illusions gouvernementales et politiques, comme j'ai eu des illusions de jeunesse, de gloire, d'amitié... J'ai vu ce que l'on devait attendre du peuple, et je l'ai pris en haine, en tant que demandeur de priviléges, défenseur de ses prétendus droits, fomentateur de troubles et fauteur de discordes... L'ordre de me défaire sans bruit et lâchement du vicomte de Kéroulas me révolta plus que l'exécution de son oncle... L'une s'était faite en plein jour, au moins, après une sorte de procès... Le capitaine, entraîné par ses sentiments de royaliste, insulta le pouvoir nouveau... Tout en déplorant de voir monter sur l'échafaud le plus brave officier que je connusse, je pouvais au moins constater qu'on suivait une apparence de procédure... Mais à l'égard de M. Hector de Kéroulas, quelle différence ! C'était sans procès, sans justice, sans accusation même, qu'il fallait non l'exécuter, mais l'assassiner... la nuit, presque de nos mains accoutumées à manier l'épée, mais non pas à se servir du couperet du bourreau... Je réunis Candale, Piérik et Julien... Nous tînmes conseil : l'avis fut unanime... Si le citoyen Brutus décidait le trépas du vicomte, nous lui fîmes grâce, nous !

« — Il ne revint pas, cependant... murmura Flambard.

« — Fallait-il donc nous compromettre tous ! Pour avoir laissé la vie à ce jeune homme, devions-nous passer au conseil de guerre ? devions-nous prévoir que la France aurait encore changé de gouvernement quand nous y rentrerions ! Le plus sage était de rendre la liberté à M. de Kéroulas, et de tout attendre de l'avenir... Voilà pourquoi, pendant que le vicomte jetait les cris de détresse que vous prîtes pour ses cris d'agonie, la chaloupe abordait dans l'anse même où la chaloupe du *Jupiter* est à l'ancrage.

« — Je comprends, je comprends, dit Flambard.

« — Après, capitaine, après ! s'écria Faribole.

« — Après ! c'est presque tout... Je remis un tout petit baril de biscuit à M. de Kéroulas, quelques vêtements, un fusil, de la poudre, une pioche, un flacon de rhum... Candale, Julien, Piérik et moi nous l'embrassâmes en pleurant... et... nous repartîmes... Depuis, vous savez quelle croisière nous fîmes ; elle dura trois ans... A mon retour en France, quand il fut question de la funèbre nuit du 17 juin, je ne pus invoquer aucun témoignage... mes amis étaient morts glorieusement sur le pont de la *Jenny*... Il faut chercher ici les preuves qui me manquent... il faut interroger cette île et lui arracher le secret du séjour de Kéroulas. »

« Les deux matelots se mirent à genoux.

« Pardon, capitaine ! dirent-ils.

« — Pourquoi ? leur demandai-je, vous avez cru aux apparences, voilà tout !

« — Nous devions les repousser et prendre votre honneur pour garant. Mais, quoi qu'il arrive, nous croyons, capitaine, ajouta Flambard, et nous soutiendrons notre conviction.

« — Cherchons, dis-je, cherchons avec persévérance et foi. »

« Nous nous mîmes en campagne.

« Les arbres, la terre, les rochers, nous interrogions tout.

« Au tronc de deux cocotiers, nous remarquâmes deux fortes entailles faites vis-à-vis l'une de l'autre; sans aucun doute celui qui les creusa y assujettit une traverse de bois; et notre supposition se trouva justifiée par la découverte de deux tronçons aiguisés chacun par un bout. Sans doute cette traverse s'était brisée sous un poids trop lourd. La trace de cailloux ronds amassés en ce même endroit nous persuada que le bosquet de cocotiers servit à la construction d'une cabane primitive; on avait pavé le sol, et si l'herbe poussait entre les interstices des galets, elle ne les masquait pas complétement.

« Un homme a vécu ici, dit Flambard.

« — Les singes sont si malins! dit Faribole, on ne peut pas répondre. »

« Non loin du bosquet de palmiers un carré presque régulier parut indiquer des traces de culture; l'orge y avait été semé, et une belle plante potagère formait la bordure de ce petit champ.

« Ces indices, si faibles qu'ils fussent, nous donnèrent cependant du courage. Le cours d'eau que nous suivîmes ne nous apprit rien; nous revînmes vers la côte. Sur le bord de la mer un arbre géant, et dont le bois d'une dureté incroyable sert aux sauvages pour la confection de leurs canots, nous attira. Il couvrait de ses racines une élévation presque rocheuse, minée en dessous par la mer. A l'une de ses branches flottait un haillon de toile. Nous le prîmes, et il fut facile de reconnaître à l'une de ses extrémités le chiffre P. R. (Pierre Roscoff).

« Le vicomte a fait du linge que je lui laissai des signaux de détresse, dis-je à Flambard.

« — On a écrit sur l'écorce de l'arbre! » ajouta Moucheron

« Je m'approchai vivement.

« L'écorce avait été gravée, il est vrai; la séve et des mousses microscopiques remplissaient un peu les entailles; cependant je pus lire assez facilement :

« LE VICOMTE HECTOR DE KÉROULAS A SÉJOURNÉ DEUX ANS DANS CETTE ÎLE; UN NAVIRE FRANÇAIS, LE XÉNOPHON, LE PREND A SON BORD. »

« Je poussai un cri de joie: « Sauvé! m'écriai-je sauvé!
« — Hélas ! » dit Flambard avec abattement.
« Et comme je le regardais avec stupeur :
« Oubliez-vous, capitaine, que le *Xénophon* a sombré lors d'une bourrasque, en vue des Antilles? »

« Flambard avait raison.

« Je ne devais jamais revoir Hector de Kéroulas; je ne pouvais plus être justifié!

« Je tombai sur le sol, accablé, brisé, et là, devant Dieu et en face de l'Océan, je pleurai.

« Quand je revins à moi, la nuit était venue.

« Je me levai ; j'appelai.

« Présent ! crièrent trois voix.

« — Partons, dis-je, nous n'avons plus rien à faire ici...

« — Prenez toujours cela, capitaine, » me dit Faribole.

« Je regardai ce qu'il me tendait : c'était l'écorce de l'arbre sur laquelle le vicomte avait écrit son nom et laissé une indication qui ne marquait que sa tombe...

« Je remontai en chaloupe, et une heure plus tard je gravissais l'échelle de corde du *Jupiter*.

« Je mettais le pied sur le pont quand j'entendis demander par une voix railleuse :

« Reviennent-ils tous, ce soir!
« — Bah! répondit-on, une fois n'est pas coutume. »
« Pauvre capitaine ! » murmura Moucheron.

« Flambard ne dit rien ; mais un poing s'abattit sur une tête, et je compris que Flambard employait les arguments compris du gaillard-d'arrière.

« Je m'enfermai dans ma cabine.

« Quand je pris terre au port voisin, je m'informai du *Xénophon;* la mémoire de Flambard ne le trompait pas, ce bâtiment avait péri...

« Tu le vois, Anaïk, je reviens sans espérance... Que dire à mes accusateurs ? que répondre à Mlle Yvonne ? rien encore... »

La malade se souleva sur son lit :

« Roscoff, dit-elle, mon Roscoff, crois-tu que le Seigneur Jésus refuse la première demande que je lui adresse en entrant dans son bienheureux paradis ?

— Non ! répondit Roscoff.

— Eh bien ! je vais lui demander un miracle... Il faut que ton innocence soit reconnue à la face de tous.

— Demande-le, oui, demande-le, dit Roscoff en baisant le front pâle de la mourante ; je ne crois plus qu'aux miracles. »

Roscoff et Anaïk s'entretinrent quelque temps encore ; puis la malade se sentit plus faible, et demanda à boire.

La plainte qu'elle poussa arriva jusqu'à la religieuse. Mlle de Kéroulas parut.

« J'ai bien soif, dit Anaïk, bien soif... »

Elle se tourna vers le Crucifix :

« Donnez-moi l'eau de la source de vie ! » dit-elle.

Marianic se montra derrière sœur Marie-des-Anges.

La mendiante se tenait dans l'ombre, humble et timide. Elle s'agenouilla au pied du lit.

L'agonie commençait.

Au matin, l'abbé Colomban apporta les sacrements à la mère de Guilanek ; il lui parla du ciel, de l'éternité heureuse ; il lui montra les anges venant l'accueillir et la fêter, elle humble chrétienne ; et tandis qu'il parlait,

Anaïk, suivant de l'esprit la vision évoquée, expira en voyant le paradis s'ouvrir...

Roscoff resta près de la morte.

La sœur de la miséricorde et Marianic prirent place à son chevet.

Le lendemain on ensevelit la veuve, et le corps fut porté dans l'église qu'elle avait tant aimée.

Après les prières, et tandis que le fossoyeur entassait les pelletées de terre sur la fosse, le capitaine vit une petite fille d'environ onze ans qui jetait dans le trou béant les fleurs effeuillées d'un bouquet magnifique.

Quand tous les pétales eurent disparu, l'enfant se leva et chercha du regard l'abbé Colomban dans le cimetière.

Elle le vit causant avec sœur Marie-des-Anges.

Roscoff, voyant que l'enfant allait s'éloigner, lui demanda :

« Comment vous nommez-vous? Je voudrais le savoir; il m'a été doux de vous voir jeter des fleurs sur la tombe d'Anaïk.

— Je suis la petite Madeleine, répondit l'enfant.

— Vous êtes une bonne enfant, ajouta Roscoff.

— Ma mère est morte sur le grand chemin... toute seule... et pour honorer sa mémoire, je vais prier sur les tombes des pauvres mères et y porter des fleurs... »

L'abbé Colomban et Mlle de Kéroulas s'approchaient.

« Que Dieu vous garde, petite Madeleine! dit Roscoff.

— Que Dieu vous console! » ajouta l'enfant.

Puis, voyant qu'on la cherchait, elle se leva du tertre sur lequel elle était agenouillée, et rejoignit le vieux prêtre.

« Mon enfant, dit le curé, je vous ai prévenue, et votre oncle vous a dit également que quelque chose de grave allait se passer dans votre vie.

— Oui, monsieur l'abbé, répondit Madeleine inquiète.

— Vous avez onze ans, mon enfant, et vous êtes bien ignorante.

— Je suis très-heureuse, dit Madeleine; mon oncle est bon, Marthon me gâte, je fais tout ce que je veux...

— Il faut maintenant vouloir ce qui est sage.

— Est-ce difficile?

— Un peu triste, seulement...

— Apprendre à lire? s'écria Madeleine épouvantée.

— Oui, d'abord.

— Il y a... ensuite?

— Oui, Madeleine... votre oncle veut que vous vous instruisiez.

— Je sais le catéchisme, monsieur le curé; Marthon me l'a enseigné.

— Or, pour apprendre tout ce que vous ignorez, il faut du temps, de la tranquillité, des maîtres... votre oncle vous confie à sœur Marie-des-Anges...

— Quel bonheur! dit Madeleine; vous viendrez au château, ma Sœur? »

Mlle de Kéroulas ne put réprimer un léger frisson.

« Non, ma fille, reprit l'abbé Colomban en s'adressant à la nièce de Noirot, c'est vous qui irez à Vannes.

— A Vannes! moi, quitter mon oncle, la Marthon, et les trois vieux aveugles, et les pastours mes frères...! Mais vous ne savez donc pas combien je les aime tous, et combien mon oncle est bon, monsieur le curé?

— Il prouve qu'il vous aime en faisant un nouveau sacrifice.

— Je ne veux pas de celui-là.

— Il est nécessaire. »

Sœur Marie-des-Anges se pencha vers l'enfant :

« Venez! dit-elle, je serai votre mère. »

Madeleine fut touchée de cette voix, de ce sourire, et elle mit ses deux petites mains dans la main de la religieuse.

Le soir même, Madeleine partait pour Vannes avec sœur Marie-des-Anges, et Noirot, tout seul dans le vaste château de Kéroulas, pleurait l'enfant qui lui prouvait l'existence de son cœur.

Anaïk venait de mourir et d'obtenir du Seigneur la fin du supplice d'un frère qu'elle aimait ; Madeleine, devenant plus sainte et plus parfaite, payerait peut-être à Dieu la rançon de Noirot! Il est des âmes rédemptrices nées pour le salut.

A la suite du divin Crucifié marchent des groupes silencieux dont la mission est de souffrir pour ceux qui jouissent de tous les biens de la vie, de pleurer pour ceux qui chantent dans les festins, de prier pour ceux qui n'ouvrent jamais leurs lèvres pour la prière.

Un grand nombre de ces fleurs mystérieuses qui parfument la *maison du Roi* ignorent même leur destinée. Elles la suivent sans se demander à quoi sert leur solitude et ce que deviennent leurs larmes...

Sœur Marie-des-Anges, Anaïk, Madeleine, Marianic étaient de ces rédemptrices d'âmes, et chacune devait remplir son mandat.

XVII

Le Sauveteur

Ni ciel ni terre, ni Océan ni rochers, on ne distingue rien dans l'opaque brouillard, sous la pluie sifflante.

Les éclairs pâles s'éteignent dans les nues sombres.

Les éléments déchaînés luttent au sein d'un horrible désordre. Des bruits étranges, effrayants, se succèdent, se mêlent dans un effroyable tumulte.

Malheur aux pauvres étrangers égarés sur les routes par cette nuit terrible! malheur aux paysans dont la bise ébranle la maison chétive. Les toits de genêts s'effondrent sous la pluie, et le vent disperse le chaume. Malheur surtout aux matelots perdus sur la mer immense, et qui tentent vainement de disputer à la tempête la frêle coque de leur navire!

Pourtant il paraît que l'ouragan doit être favorable à quelques êtres : car des hommes s'appellent sur la rive, dans l'obscurité, se renvoyant en guise de signaux les houhoulements sinistres du hibou et le cri strident de l'oiseau de proie.

De côtés opposés surgissent des individus couverts de vêtements de toile goudronnée; ils tiennent à la main une lanterne sourde, ils se cherchent et se comptent.

« Holà! Guémené, dit l'un d'eux, la moisson sera bonne cette nuit.

— A la condition qu'on trouve un *éclairoux*.

— Mais la vache de Niquet?

— A été prise d'une maladie subite, comme qui dirait un sort jeté; le petit Courtois est, à cette heure, rôdant autour de l'étable de la mère Hurotte pour lui prendre sa grise, quitte à la rendre demain si la vieille crie trop fort.

— La rendre! s'écria un homme de haute stature, à épaules carrées, à tête de bouledogue ; quand la bête de la Hurotte aura fini sa corvée, il ne manquera pas de hache pour l'abattre, aussi bien sur la grève qu'à l'abattoir. Nos femmes manquent assez souvent de pot-au-feu.

— Lucas a raison, répondit Guémené, la vache sera comptée comme épave.

— Et honnêtement partagée, » ajouta Lucas.

Un cri strident avertit les hommes groupés sur la grève de l'arrivée d'un nouveau complice.

En même temps un long beuglement se fit entendre.

« Le petit Courtois a pris la bête, » dit Guémené.

Un instant après l'enfant rejoignait ceux qui l'attendaient.

Il tenait par une longe une petite vache noire, maigre, qui soufflait bruyamment par ses naseaux et secouait la tête d'un air effaré.

« Ça t'a-t-il coûté de la peine ! demanda Lucas.

— De la peine, oui-dà ! et pour forcer la vieille à ne pas crier plus haut que la bête, dit Courtois, j'ai mis le feu à l'étable.

— Le feu ! répétèrent les rôdeurs de nuit.

— Voyez plutôt, » dit l'enfant.

En effet, des clartés rouges montaient vers le ciel, et la masure de paille et de bois flambait comme un fagot de bruyère.

« Faut qu'une pareille flambée nous serve ! » ajouta Guémené.

En un instant on fixa aux cornes de la vache des paquets de branches sèches mêlées de paille, on en approcha un tison, et cinq hommes armés de bâtons poussèrent l'animal dans la direction de la mer.

La vache criait, courait, tentait de se débarrasser de son fardeau enflammé, essayait de labourer le sol avec ses cornes, et sentait la chaleur des brandons lui brûler les paupières.

Tandis qu'à coups d'aiguillon on la forçait à mettre les pieds dans la vague menaçante, le bruit d'un coup de canon parvint aux oreilles des rôdeurs de la côte.

« Le poisson mord... » dit Guémené.

Chacun des hommes fouilla dans sa poitrine ou à sa ceinture, et un moment après tous tenaient en main de longs couteaux.

Tandis qu'ils achevaient ces préparatifs sinistres, un malheureux brick marchand, prenant pour la clarté d'un phare la lueur de l'incendie et la lumière errante que promenait la vache volée, multipliait les signaux de détresse et demandait un secours immédiat.

L'eau montait jusque sur le pont dépourvu de tous ses mâts; les matelots, désespérément accrochés aux bords du navire et à des tronçons de mâture, demandaient un miracle à la Providence. Ils venaient de tirer leur dernier coup de canon et attendaient à chaque instant l'échouage de leur navire.

Quelques-uns jugeant la côte très-rapprochée, en raison du peu de distance qui les séparait de la lumière, se jetèrent courageusement à la nage; d'autres tentèrent de se sauver sur des barques; la plupart attendaient le secours que semblaient promettre les veilleurs de nuit.

Ils ne se trompaient pas.

Un secours leur arrivait.

En même temps que s'allumait l'incendie de la chaumière, un homme quittait brusquement le lit cénobitique sur lequel il venait de prendre un moment de repos. Il ouvrit l'étroite fenêtre de sa cabane, aperçut les flammes qui faisaient un brasier de la maison de la Hurotte; puis, comme si cet incendie devait se rattacher forcément à un nouveau crime, ses regards interrogèrent la grève.

Son œil exercé distingua, malgré la brume, un groupe agissant, et des fantômes s'acharnant après un animal effrayé dont les cris indistincts parvinrent à son oreille.

Il poussa une exclamation énergique, et, bondissant hors de sa cabane, s'élança sur le chemin.

« Au plus pressé d'abord! » dit-il.

Quand il se trouva en face de la masure à laquelle l'enfant venait de mettre le feu, l'homme qui semblait s'être donné la tâche de sauver les créatures en péril, abattit d'un coup de la hache qu'il portait à sa ceinture la porte à demi consumée, et pénétra dans la salle basse, pleine de fumée suffoquante, et dont les murs de pisé se crevassaient sous l'action du feu.

La Hurotte était une femme de soixante-dix ans, boiteuse, malingre, dont la seule fortune consistait dans la vache qu'on lui avait dérobée. En sentant peser sur elle une atmosphère étouffante, elle s'était levée; mais la terreur fit trembler ses jambes déjà si faibles; elle tenta de se cramponner à un mur et le trouva brûlant.

Sa pauvre tête tourna, et la Hurotte tomba à la renverse sur le sol.

Ce fut alors que l'homme de la cabane survint, l'enleva dans ses bras, et, sans s'inquiéter de la chaumière qui flambait, courut avec son fardeau et regagna sa propre demeure.

Il touchait au seuil, quand une main glacée s'appuya sur son épaule :

« L'heure est bonne aux corbeaux de la mer, dit une voix âpre; le navire à la côte demande du secours. . Il ne faut point que la baie des Trépassés compte cette nuit de nouvelles victimes... Fais ton œuvre, toi qui es fort, toi qui es doux, toi qui es malheureux! Les amis du ciel te regardent...

— Et cette femme, Marianic! dit l'homme qui venait de reconnaître la mendiante.

— Sois tranquille, je veillerai sur elle. »

L'homme prêta l'oreille, puis se redressant :

« C'est un coup de canon! murmura-t-il.

— Le navire demande du secours dans son langage, » dit la pauvresse de la grand'lande, qui venait de raviver la lueur de la résine et tentait de ranimer la Hurotte.

L'homme saisit à une sorte de râtelier un câble énorme qu'il suspendit à sa ceinture, choisit un fort crampon de fer, le fit glisser dans le double anneau auquel se liait le câble, assujettit sa ceinture de cuir, remplaça son chapeau par un mouchoir de toile à grands carreaux qu'il noua solidement derrière sa tête, s'assura que sa hache était bien aiguisée, ajouta un long poignard à son équipement, et, légèrement vêtu pour le temps qu'il faisait et la saison avancée, il descendit du côté de la grève, non point par la route, mais en se laissant glisser le long de ces sentiers à demi impraticables que l'on appelle *valleuses* dans la Normandie. Tantôt il se cramponnait aux saillies des rochers, et tantôt descendait d'une façon aérienne un escalier dont l'aspect seul donnait le vertige.

Arrivé sur la grève, il marcha si doucement que les rôdeurs ne purent distinguer le bruit de ses pas.

Ils étaient d'ailleurs fort attentifs à ce qui se passait au loin, et suivaient le drame de l'agonie du brick avec une curiosité farouche.

La petite vache, à demi enfoncée dans le sable, râlait de douleur.

L'homme se glissa derrière le groupe des épaveurs; puis, au moment où nul ne pouvait le voir, il se jeta brusquement à la mer, disparut, nagea entre deux eaux, reparut ensuite, et ne prit une allure ordinaire que quand il fut à l'abri des flibustiers de la grève.

Une faible lumière brillait à bord du brik.

De grands cris de détresse s'élevaient par intervalle; puis un silence se faisait, comme si les naufragés attendaient une réponse à leur appel.

Une voix fut entendue à bord; elle disait: « Courage! »

En même temps les matelots du brik distinguèrent la tête d'un nageur qui s'élevait au-dessus des vagues.

L'homme qui venait si intrépidement au secours des malheureux étendit un de ses bras en avant, continuant à nager de l'autre. Trouvant enfin le bord du navire, il y fixa son grappin, et se hissa sur le pont.

Alors il respira vigoureusement, secoua sa tête assourdie des clameurs de l'eau, et compta du regard les mmes formant le reste de l'équipage.

« Avez-vous des armes ? leur demanda-t-il.

— Non ! dirent-ils ; elles sont dans la cale et la cale est submergée.

— Alors, reprit l'homme, je passe devant... le câble est bon, soyez tranquilles ! »

Personne ne parlait, on écoutait, on obéissait.

Huit hommes se suspendirent au câble, et l'homme de la cabane nageait en tête du groupe, plongeant devant lui des regards inquiets.

La lumière de l'incendie venait de s'éteindre.

Les rôdeurs de la côte aperçurent l'équipage du brik luttant contre les vagues...

« Ils sont à nous ! dit Guémené à voix basse.

— Eteins les fagots ! » ajouta l'Hercule en s'adressant à l'enfant.

La vache noire poussa un gémissement de joie et trempa à plusieurs reprises la tête dans les flots.

Les rôdeurs poussèrent alors un cri terrible, et au moment où les matelots prenaient terre sur la grève, ils s'élancèrent vers eux, les entourant d'un cercle menaçant et brandissant leurs couteaux dont le sang était mal essuyé.

« Trahison ! » s'écria l'équipage.

Mais l'homme de la cabane tendit son poignard à l'un des matelots, fit tournoyer sa hache au-dessus de sa tête, et d'un premier coup fendit le crâne de l'un des épaveurs.

Un hurlement de douleur retentit.

Le groupe des flibustiers enserra plus étroitement les neuf hommes dont sept étaient désarmés ; mais tandis qu'il blessait à la jambe gauche l'un des chercheurs d'épaves, le sauveteur relevait le couteau du mort et le tendait à un matelot du brik.

« Mort aux épaveurs ! » hurla l'équipage.

La mêlée fut affreuse ; au milieu de la nuit, près de

ces rocs que la marée montante escaladait, eut lieu un de ces combats mêlés de sanglants épisodes, d'héroïques détails, de duels glorieux. Les épaveurs luttaient à la fois pour défendre la proie convoitée, et pour éviter que leur défaite permît de reconnaître leurs visages.

L'homme de la côte s'attachait cependant à faire plutôt de graves blessures qu'à donner la mort. Il poursuivait une tâche sans se charger du rôle d'exécuteur. Déjà cinq épaveurs gisaient sur le sol, se tordant au sein des convulsions de l'agonie ; l'équipage, bien qu'affaibli par des privations de toutes sortes et brisé par les fatigues de deux nuits de tempête, se battait désespérément et avec un rare bonheur. Un seul homme se trouvait hors de combat. Le second du brik, car le capitaine était mort, se servait de son poignard avec une habileté de Malais, et l'homme de la cabane faisait avec sa hache des défenses si habiles, des attaques si imprévues, de si furieux tournoiements, et des feintes si rapidement suivies de coups imprévus, que cette hache paraissait multiple.

Les épaveurs faiblissaient.

Cette nuit horrible allait finir.

La tempête, lasse de ses fureurs, s'apaisait d'elle-même.

Il fallait pour cette fois abandonner le butin nocturne et regagner les cavernes de la côte.

Les épaveurs firent entendre un cri de ralliement, puis ils s'enfuirent le long de la grève. Deux des plus agiles jetèrent chacun un blessé sur son épaule, les morts demeurèrent sur le sable qui lava leurs figures ensanglantées et noircies.

L'homme de la cabane ne jugea ni prudent ni nécessaire de poursuivre les épaveurs.

Il s'estimait trop heureux de sa victoire pour tenter Dieu ; il se contenta d'étendre de leur côté un bras menaçant :

« Lutte sans trêve, dit-il, lutte mortelle ! »

La marée montait. Les naufragés, que le sentiment du danger avait soutenus pendant le combat, se trouvaient en ce moment doublement exténués de besoin et de fatigue. La rapidité du flux ne permettait pas de suivre la grève pour gagner le chemin et gravir la pente de la colline. Le sauveteur indiqua les valleuses, soutenant les plus faibles, tendant la main à l'un, présentant à l'autre son épaule, s'arc-boutant pour soutenir le dernier, jusqu'à ce que les sept malheureux fussent arrivés au sommet de la falaise.

Alors le courageux sauveteur redescendit, souleva dans ses bras le matelot blessé, et recommença son ascension.

Quand il parvint à la porte de sa demeure, lui-même défaillait.

Une femme était debout sur le seuil.

Elle ouvrit la porte toute grande ; les naufragés entrèrent.

« Et la Huchotte ! » demanda le sauveteur.

Marianic désigna la porte d'une petite chambre.

La table, sur laquelle s'étalait une nappe de toile bise, était couverte de brocs remplis de cidre et de vin : un pain de vingt livres s'offrait à l'appétit des malheureux, à côté de larges tranches de porc et d'une moitié de fromage de gruyère.

Au moment de commencer le repas, le sauveteur fit gravement le signe de la croix, et les marins l'imitèrent.

Il fallait voir ensuite la voracité avec laquelle ils se jetèrent sur les aliments qu'on leur offrait. Le pain de vingt livres volait en miettes ; et les regards affamés fouillaient la huche, quand l'hôte dit d'une voix pleine de bonté, mais dans laquelle on sentait pourtant l'habitude du commandement :

« Assez pour un déjeuner, mes amis ! dormez maintenant, et plus sûrement que sur le tillac; la mer est une marâtre qui se repent quelquefois de ses cruautés... elle poussera votre navire à la côte, et tout ne sera pas perdu ! Tenez, poursuivit-il en ouvrant une porte placée à gauche de la maison, vous allez vous reposer là mieux que dans des cabines... »

La salle qui s'offrit aux regards des naufragés leur fit pousser un cri d'étonnement.

Les murailles chaudement lambrissées de chêne étaient garnies de souvenirs de voyages, d'instruments de marine, de cartes et d'armes accrochés avec un goût ingénieux. Des poteaux solides, auxquels on avait suspendu des hamacs, transformaient en bizarre dortoir la moitié de cette vaste chambre. En face s'allongeait une table énorme; des outils, des voiles en miniature, des coques lilliputiennes attendaient que l'ouvrier achevât de confectionner des briks et des frégates.

Le sauveteur désigna les hamacs aux matelots, ferma la porte et rentra dans la première chambre.

Marianic balayait le plancher.

« Et vous, dit-elle, maître, ne vous reposez-vous point ?

— Tout à l'heure, répondit-il, songeons au plus pressé; va chez les Mâloin, le long de la côte, et dis à Rabot de se rendre auprès du monceau de cendres qui représente à cette heure la masure de la Huchotte. En deux journées on peut rebâtir le tout, si dix ouvriers s'en mêlent; il s'agit de prendre de la pierre dans la *grotte aux Fades*, de couper de la bruyère et du genêt dans la lande, d'abattre deux chênes dans le *clos des Chênaies*, tu sais, la Marianic ?

— Vous aimiez tant leur ombre à ces grands arbres, maître ! »

Le sauveteur sourit tristement.

« Va, dit-il, quand il fera trop de soleil et que je penserai à mes arbres, j'entrerai chez la Huchotte, je verrai qu'ils ont donné de bonnes solives pour son toit, et je ne regretterai rien. »

La vieille femme essuya une larme qui coulait sur sa joue ridée.

« Où est la justice ! dit-elle, Seigneur Jésus, où est la justice !

— Là où nous attendent Anaïk et Guilanek, » répondit le sauveteur avec une sainte assurance.

La mendiante sortit sans parler, et la porte se referma sur elle.

Roscoff, car c'était lui, tomba sur un banc, étendit ses deux bras sur la table et posa son front lourd dans ses mains.

Il était bien changé, bien vieilli, le robuste quartier-maître de la *Sainte-Anne*, le hardi capitaine de la *Thémis*, le commandant du *Jupiter*.

Dans ses cheveux noirs se voyaient des mèches argentées ; ses tempes se creusaient sous la pression d'une pensée amère ; son regard avait d'impénétrables mystères, et sa taille robuste se courbait : un soupçon avait broyé cet homme de fer, comme le ferait la roue d'un engrenage au malheureux qu'elle aurait saisi entre ses dents aiguës.

Quand Anaïk fut morte, Roscoff ne se sentit pas le courage de continuer la lutte sourde que soutenaient ses calomniateurs. Il se retira de l'arène, donna sa démission, acte que chacun regarda comme l'implicite aveu de son crime. Le bruit courait qu'on le destituait, comme ayant déshonoré la marine française ; pour éviter ce châtiment, il se rayait lui-même des cadres et se faisait justice.

Roscoff avait droit à une retraite ; ses nombreuses croisières faites et les vaisseaux capturés ramenés en

France lui constituaient une fortune de parts de prises. Nul ne pouvait cependant deviner, à voir son existence, que le commandant Roscoff pût disposer chaque mois d'une somme relativement élevée.

Il fit nettoyer et aménager la maisonnette d'Anaïk. Les changements qu'il opéra se bornèrent à peu de chose ; le principal fut l'addition de l'espèce de dortoir dans lequel nous l'avons vu introduire les naufragés.

Il fit planchéier la chambre d'Anaïk, mais elle ne reçut aucun objet de luxe. Le biniou de Guilanek demeura accroché à la muraille, et le rouet de la fileuse resta dans l'embrasure de la fenêtre.

La petite cellule que Mlle de Kéroulas avait longtemps habitée fut respectée également.

Roscoff acheta quelques morceaux de terre, afin de récolter lui-même le blé nécessaire pour son pain.

Il joignit à ses champs le *clos de la Chênaie*; et de temps en temps, quand un incendie survenait dans le pays ou qu'un pêcheur perdait son bateau, Roscoff abattait quelques-uns des arbres, et la famille ruinée rebâtissait sa maison ou mettait à flot une autre barque.

Mais Roscoff n'offrait point ces dons lui-même : il se cachait pour les faire, dans la crainte de se voir refusé. Les pauvres trouvaient à leur porte le bois fraîchement abattu, tout saignant encore de séve; ils l'employaient sans se demander d'où il leur venait, et tentaient de se persuader qu'ils le devaient à quelque ami touché de leur détresse.

Pendant que l'on chevillait la barque ou que le charpentier suspendait les poutrelles, plus d'une fois la voix suave d'un ouvrier entonna une complainte bizarre, commençant ainsi :

> Enfants des tristes landes
> Où fleurit le genêt;

> Ramasseurs des guirlandes
> Du gui de la forêt;
> Chanteurs, faiseurs de sonnes,
> Et sonneurs de binious,
> Dans les plaines bretonnes
> Vite rassemblez-vous!
> Gare à toi, taureau si tu bouges,
> Pasteurs, sifflez les chiens là-bas!
> Car je vais vous parler, mes gas,
> Du capitaine aux mains rouges.

Alors le malheureux Roscoff s'enfuyait comme s'il eût été poursuivi par une malédiction.

Ne pouvant arracher de la pensée des gens du pays qu'il était l'assassin du vicomte de Kéroulas, il agit comme s'il tentait au moins d'expier son crime. On ne lui tint compte ni de ce que l'on prit pour la preuve de ses remords, ni de son dévouement. A toute heure on le trouva prêt pour combattre un sinistre et sauver des infortunés, mais nul ne lui tendait la main quand il venait d'accomplir sa tâche généreuse; et quand ceux qui lui devaient la vie demandaient son nom, il se trouvait toujours dans la foule un homme prêt à raconter l'histoire du passager de la *Thémis*; plus d'une fois le noyé qui s'était cramponné au bras robuste de Roscoff, une fois hors de danger refusa de serrer sa main vaillante.

Rien ne découragea le rude lutteur, qui arrachait chaque jour à la mer une proie nouvelle.

Ce n'était pas sa seule ennemie, il le savait!

Les épaveurs ne lui pardonnaient point ses sauvetages.

Plus d'une fois il trouva un assassin sur sa route; quand il l'avait désarmé, il se contentait de le garrotter, de laver le visage noirci, rendu méconnaissable, et d'exposer en face du ciel cette face de Caïn.

Pendant une partie du jour, Roscoff restait debout sur la côte, comme une sentinelle attentive.

Quand l'orage menaçait, il ne se couchait pas et attendait l'heure de se jeter dans le péril.

Il ne parlait à personne, hors à Marianic, qui se chargeait des soins indispensables du ménage, pétrissait le pain et s'occupait de faire labourer le champ.

Ces deux êtres n'avaient pas besoin de se parler pour se comprendre ; de temps en temps un mot dit par la fileuse, une exclamation arrachée au marin, indiquaient la direction suivie par leur esprit. Ils s'entretenaient alors d'Anaïk, de Guilanek ; parfois même la pauvresse se hasardait jusqu'à prononcer le nom du vicomte de Kéroulas. Le commandant du *Jupiter* portait la main à sa poitrine, comme s'il recevait une blessure, mais il ne s'emportait point.

« Deux choses arriveront, maître, disait sentencieusement la pauvresse : le vicomte de Kéroulas reparaîtra, et le domaine redeviendra la propriété de ses vrais héritiers. »

Roscoff secouait la tête.

« Vous ne croyez pas ! murmurait la fileuse, vous ne pouvez pas croire la parole d'une simple d'esprit comme moi... mais le Seigneur Jésus donne sa lumière aux petits, et je vois bien des choses dans mes visions... Il y a des âmes qui prient, et le Seigneur écoute les âmes... Mlle de Kéroulas, Anaïk, Guilanek avancent l'œuvre sainte... et une autre âme, plus jeune, toute innocence et bonté... celle-là doit attendrir l'âme du renégat, l'âme de l'homme qui vola Kéroulas... »

A force d'entendre répéter ces paroles à la mendiante, Roscoff avait fini par les graver dans sa mémoire et par y attacher une vague croyance. Si léger que fût cet espoir, il s'efforçait de s'y cramponner ; et cependant aucune nouvelle ne lui était parvenue du *Xénophon*, pas un matelot ne lui donna un renseignement de nature à faire espérer qu'un passager ou un marin eût échappé à ce sinistre.

Dans l'immense abandon qui déchirait le cœur de Roscoff, un seul homme versa l'huile et le vin sur la blessure saignante et parvint parfois à en calmer la douleur.

L'abbé Colomban croyait à l'innocence du capitaine.

Il avait écouté le récit de Roscoff avec l'attention d'un juge, et, convaincu que le commandant était victime d'une méprise, il mettait tout en œuvre pour soulager ce frère abandonné, outragé, conspué.

Quand la mer était belle, et que nul accident ne paraissait à craindre, la nuit venue, Roscoff se rendait au presbytère, choisissant les sentiers sombres, se glissant le long des haies et des murs.

La vieille Gotte lui ouvrait la porte et l'accueillait avec un tremblement dont elle n'était pas maîtresse.

En été, le prêtre et le marin se rendaient dans le jardinet, s'asseyaient sur un banc, et, de quelque façon qu'il commençât, l'entretien revenait toujours sur les êtres que l'on avait aimés, sur la révolution traversée, sur le néant caché au fond du mot bonheur... Puis le capitaine s'enquérait des malheureux et se faisait le distributeur mystérieux de la Providence.

Si le courage de Roscoff faiblissait, l'abbé Colomban le relevait par quelque bonne parole; il lui citait les prophètes, et trouvait dans leurs plaintes douloureuses des passages qui paraissaient avoir été composés pour rassurer et consoler le triste éprouvé. Roscoff finissait toujours par presser affectueusement la main de l'abbé Colomban et par lui dire :

« Que la volonté suprême s'accomplisse en moi ! »

Ils se quittaient tard.

Si la nuit devait être rude, surtout si quelque bâtiment se trouvait en vue, c'était au tour du prêtre de se rendre chez le sauveteur.

Ils s'accoudaient tous les deux sur l'appui de la fenêtre, regardant la mer courroucée et le ciel noir; si un signal de détresse se faisait entendre, tous deux descendaient, le vieux prêtre s'appuyant sur le bras robuste du matelot. Quand ils se trouvaient sur la grève, Roscoff renouvelait quelques-uns de ses exploits de sauveteur, soit en montant une barque, soit en portant un câble de salut. Plus d'une fois l'abbé Colomban l'accompagna; quand il ne le pouvait pas, il s'agenouillait, priant comme Moïse les bras étendus vers le ciel, ou donnant l'absolution suprême à ceux qui allaient mourir... Une fois les naufragés sauvés, le prêtre et le marin soignaient les blessés, leur procuraient un asile, et le lendemain Roscoff se mettait à la tête des travailleurs pour désensabler le navire échoué.

Il se trouvait en face d'une grande difficulté.

Depuis plusieurs siècles une sorte de tribu à demi sauvage s'était approprié un *droit au naufrage*, et regardait comme lui appartenant les épaves rejetées par la mer.

Les pilleurs de la côte finirent même par ne plus se contenter des débris de navire que le flot leur amenait et des cadavres qu'ils dépouillaient : ils placèrent de perfides signaux le long de la côte, afin d'attirer les malheureux dans un piège; les feux suspendus aux cornes des bœufs du pays étaient pris pour la lumière d'un phare; les naufragés se hâtaient de nager vers ces fanaux perfides, et tombaient sous les coups des épaveurs, qui dépouillaient les cadavres et sauvaient les restes de la cargaison.

Ces voleurs de grève, que nul ne poursuivait, dont chacun redoutait la vengeance, haïssaient de toutes leurs forces ce veilleur infatigable, ce sauveteur des désespérés. Plus d'une fois ils lui tendirent des piéges. Roscoff tomba dans des embuscades où il faillit périr; mais il trouvait alors un courage surhumain dans la pensée de sa mission; il se souvenait des luttes sur les arènes des pardons de Bretagne, et, son pen-bas à la main, il ne redoutait guère les couteaux des pillards. Sa vie était périlleuse de toutes les façons, soit qu'il s'abandonnât à son généreux héroïsme et disputât les naufragés à la mer, soit qu'il s'aventurât seul sur les grèves par les nuits solitaires et sombres.

Roscoff ne redoutait point la mort, il ne la cherchait pas.

Sa conscience lui rendait un bon témoignage; le court sommeil qu'il prenait après ses labeurs lui était bon et ne se troublait pas de mauvais songes. Il revoyait alors les bien-aimés perdus : Anaïk, dont la grande coiffure bretonne s'allongeant en grand voile, lui souriait avec une tendresse sereine; Guilanek, mêlé à un groupe de jeunes héros, agitait au-dessus de sa tête un triomphant labarum qui rappelait au capitaine le pavillon de la *Jenny* si bravement enlevé par le mousse. La mère et le fils lui tendaient les bras sans impatience, avec des gestes doux et pleins de lenteur. Ils paraissaient lui prédire une meilleure destinée, et quand Roscoff faisait un de ces rêves, il gardait de la joie pour un jour.

Tandis que, dans sa cabane hospitalière, il prêtait l'oreille au moindre bruit, la pauvre Huchotte reposait, et les naufragés dormaient. Jusqu'au soir ils reposèrent; quand ils sortirent de leur repos, le capitaine les attendait près d'une table que Marianic avait de nouveau servie.

Ils allaient prendre part à ce repas quand la porte s'ouvrit.

L'abbé Colomban parut sur le seuil.

Roscoff courut à lui ; tous les marins s'empressèrent autour du vénérable prêtre.

« Monsieur le curé, dit le second, nous comptions vous demander une messe à la chapelle : car si notre sauvetage tient du miracle, nous avons été en surplus sauvés des couteaux affilés des voleurs de grève.

— Demain, mes enfants, dit le prêtre, demain. »

Le prêtre bénit la table frugale, chacun y prit place ; et vers la fin du repas, le second du navire, Jules Hélouan, se leva, et tenant son verre :

« A notre sauveur ! dit-il, à l'homme héroïque dont nous ignorons encore le nom et dont le souvenir ne nous quittera jamais.

— Son nom ! son nom ! » répétèrent les matelots.

Roscoff sentit une vive joie à cette manifestation cordiale de la reconnaissance ; il choqua son verre contre celui du marin, et allait les remercier, quand une voix d'enfant chanta dans le chemin creux :

> Gare à toi ! taureau, si tu bouges !
> Pastours, sifflez les chiens là-bas...

Roscoff étreignit le bord de la table de ses doigts crispés.

« Vous demandiez mon nom, dit-il avec une amertume douloureuse : écoutez ! écoutez ! le premier berger venu vous l'apprendra. »

En effet le pâtre qui ramenait ses moutons poursuivit :

> Car je vais vous parler, mes gas,
> Du *capitaine aux mains rouges*.

Roscoff jeta loin de lui son verre, qui se brisa.

« Oui, le capitaine a les mains rouges! s'écria l'abbé Colomban atteint jusqu'au cœur par le désespoir de Roscoff, mais de son sang versé pour défendre d'autres vies. Vous souhaitez apprendre son nom, messieurs; la complainte vous l'a dit : c'est le légendaire capitaine aux mains rouges ! Si vous demandez aux Anglais qui a fait sauter la *Jenny*, qui captura *the King George*, qui coula bas *Jane* et *Fidelity*, ils répondront avec une haine justifiée par trop de défaites : C'est Pierre Roscoff! Et si vous m'interrogez, moi, pauvre prêtre, je vous dirai en lui tendant les bras : C'est un martyr! »

XVIII

Madeleine.

Le jardin du couvent était plein d'arbres et de fleurs. Distant de la ville d'une demi-lieue à peine, et se rapprochant du petit bras de mer qui apporte à Vannes un mouvement sensible de flux et de reflux, il renfermait plus d'oiseaux qu'une volière, autant d'ombre qu'un bois druidique. On ne le peignait pas, on ne le taillait pas à la façon trop vantée de Le Nôtre ; les arbres y croissaient dans une sorte de liberté ; des plantes légères vêtissaient leurs troncs sombres ; dans certains côtés surtout, on pouvait se figurer une de ces forêts vierges d'Amérique où les lianes forment des hamacs suspendus pour les écureuils et les oiseaux ruisselants de pierreries.

Pendant une grande partie du jour, le jardin demeurait silencieux ; des ombres légères marchaient isolément dans les allées : quelques-unes tenaient un livre de méditation, d'autres récitaient le chapelet ; le plus petit nombre cherchait dans la vue des merveilles dont le Seigneur enrichit la terre, le sujet des méditations de son esprit et des extases de son cœur ; les plus jeunes, vêtues de blanc, cueillaient des bouquets blancs comme elles ; l'autel attendait ces offrandes, et une mystique poésie présidait à l'arrangement de ces fleurs.

Ces ombres sereines, recueillies, étaient des religieuses à qui venait d'être rendu le droit de prier dans la solitude.

Mais si, durant leurs heures de repos, elles se promenaient sans bruit dans les vastes allées, sitôt que la cloche annonçait la récréation des élèves confiées à leurs soins, on entendait pousser des cris de joie mal comprimés par les recommandations des maîtresses, et les jeunes filles se précipitaient dans le jardin avec de grands éclats de rire, se poursuivant, courant, lançant des ballons, des cordes, des cerceaux, et se dédommageant d'une immobilité à laquelle s'accoutume mal l'enfance.

Quelques-unes se confiaient de grands secrets, d'autres s'entretenaient des vacances ; on discutait la science d'une compagne, on s'inquiétait de la famille. Mille nuances se remarquaient dans ces jeunes filles. Il était facile de prévoir la destinée de la plupart. Dans ces yeux noirs ou bleus se lisait souvent un avenir ; et les religieuses, accoutumées à vivre au milieu des enfants, fondaient plus ou moins d'espérances sur le caractère de leurs élèves. Sur l'un de ces jeunes fronts se lisait un indomptable orgueil ; ce regard voilé paraissait prédire que la jeune fille aux yeux bleus passerait du dortoir commun dans une pauvre cellule. On pouvait à coup sûr prédire à un petit nombre des succès d'ambition ;

mais à nulle, hélas ! on ne pouvait promettre le heur...

Si, on le pouvait : mais à celles qui restaient.

A celles-là seulement.

Au nombre des élèves du monastère, il en était une qui, sans qu'on se l'expliquât, ne paraissait point faire réellement partie de cette famille d'enfants.

Ses compagnes lui témoignaient une politesse froide, les plus fières l'exagéraient pour augmenter la distance entre elles et cette jeune fille.

C'était une enfant de seize ans, aux yeux bleus, caressants et doux, à la chevelure blonde, à la taille frêle. Son sourire indiquait plus de résignation que de joie ; sa timidité était excessive, bien qu'au premier regard rien ne la justifiât. Sa beauté primait celle de ses compagnes ; la richesse de sa toilette, car la supérieure du couvent n'obligeait point les élèves à revêtir un costume, la libéralité de ses aumônes, le luxe des mille objets à son usage, tout annonçait que sa famille jouissait d'une grande fortune. Cependant, quand il s'agissait de secourir une grande misère, elle paraissait regarder comme une faveur qu'on voulût bien accepter ses dons. Ses bienfaits se voilaient de mystère ; elle enrichissait en secret la chapelle du couvent, et faisait chaque hiver habiller un certain nombre de pauvres enfants demi-nus. Le bonheur qu'elle lisait sur leurs visages avait alors le pouvoir d'amener dans ses yeux un rayonnement plus vif ; elle ne souffrait point qu'on la remerciât, mais elle ne manquait jamais de dire :

« Priez pour une âme en détresse. »

Les religieuses du couvent redoublaient pour l'enfant de tendresse maternelle ; tous leurs efforts tendaient à l'empêcher de comprendre de quel ostracisme elle demeurait victime. Quand elle surprenait quelqu'un de leurs ruses pieuses, qu'elle devinait l'exquise délicatesse de ces cœurs d'élite, il y avait des larmes dans ses grands yeux bleus; mais son attendrissement même était triste à voir ; et plus elle se trouvait entourée de soins, plus elle comprenait quel malheur mystérieux pesait sur sa vie. Quand elle entendait ses compagnes échafauder des projets d'avenir, elle se demandait ce qui l'attendait, elle ! et ne voyant que hontes nouvelles et plus profondes douleurs, elle se repliait sur elle-même et pleurait.

Tous les mois elle recevait une visite.

Ce jour-là, sœur Marie-des-Anges paraissait plus pâle que les autres jours, et son affection pour l'enfant s'augmentait de pitié.

A peine l'*Angelus* finissait-il de tinter, que la tourière entrait dans la salle où les élèves se trouvaient encore réunies : elle s'approchait de la jeune fille, lui parlait bas, et celle-ci la suivait docilement.

Le parloir, grande pièce carrée percée de hautes fenêtres, meublée de siéges de paille, ornée de figures d'anges et de martyrs, s'ouvrait sur le jardin. Le visiteur qui venait chaque mois visiter la pensionnaire s'approchait impatiemment de cette porte, et guettait l'enfant, qu'il pouvait apercevoir traversant les allées d'un pas lent ; dès qu'il la voyait, le sang affluait à son visage, son œil gris s'emplissait de lueurs ; il se frottait les mains avec une visible expression de joie ; puis, sitôt que l'enfant était entrée dans la salle, il la prenait dans ses bras, embrassant ses cheveux blonds et son front pur, et répétant d'une voix vibrante de tendresse :

« Madeleine ! ma petite Madeleine ! »

La jeune fille ne se refusait point à ces caresses ; elle les recevait avec plus de docilité que d'élan, ou plutôt on comprenait qu'il y avait entre elle et cet homme, ce vieillard dont elle restait l'idole et la joie, un secret, un mystère, quelque chose de lugubre qui la glaçait et retenait l'entraînement de son affection. Elle s'y abandonnait quelquefois cependant, car c'était une âme douce, compatissante, aimante au plus haut degré que celle de Madeleine ; son cœur gonflé se dilatait aux effluves d'un amour attentif, complet, ingénieux, mais il pouvait arriver qu'à l'instant où elle cédait à sa nature enfantine, confiante et tendre, un mot, une allusion la glaçât au fond de l'âme.

Du reste si le visiteur de Madeleine, qui n'était autre que Noirot, la gâtait outre mesure et eût voulu réaliser pour elle des folies véritables, il avait aussi des exigences entêtées, et des volontés contre lesquelles échouaient toutes les tentatives de naïve séduction de Madeleine.

Nous avons dit que la pensionnaire du couvent dont sœur Marie-des-Anges se trouvait supérieure, portait des vêtements d'un grand luxe ; ce n'était point par goût, mais par devoir qu'elle le faisait.

Un jour elle tenta une réforme violente, et parut au parloir avec une robe de guingamp.

L'oncle Noirot regarda fixement Madeleine.

« Qu'est-ce que cela signifie ? » lui demanda-t-il.

L'enfant baissa les yeux et ne répondit pas.

« Je t'ai apporté à mon dernier voyage une robe de soie grise, pourquoi n'est-elle pas faite ?

— Je n'en ai pas besoin, dit doucement Madeleine ; vous me comblez de tant de présents que je n'ai le temps de rien désirer, et que je ne saurais même user ces robes magnifiques.

— Qui parle de les user ? porte-les, donne-les le lendemain si tu le désires, mais n'aie point l'air de dédaigner mes cadeaux. Il ne doit pas manquer de filles pauvres ici.

— Cela est vrai, mon oncle, mais ce sont des filles de gentilshommes... et...

— Prends une femme de chambre, alors ; avant la révolution, les filles de grande maison se pouvaient faire servir au couvent...

— Je suis une bourgeoise, moi... murmura Madeleine.

— Eh bien ! après ! fit Noirot ; crois-tu que quelqu'un s'avisera de demander jamais si tu as perdu ta mère dans un grand chemin et si tu as mendié ta vie ! Tu es la nièce de Noirot, le propriétaire le plus riche du pays, et ta dot surpassera de beaucoup celle de ces orgueilleuses péronnelles, qui ne doivent pas manquer de t'humilier, n'est-ce pas ! »

Madeleine pencha son front sur sa poitrine.

« Tu es malheureuse ! poursuivit Noirot.

— Je souffre parfois, mais je me résigne.

— Pourquoi souffres-tu !

— Je ne me rends pas absolument compte de la répulsion que j'inspire, mais elle est cruelle. On ne me dit rien, on ne me fait rien ; je ne pourrais reprocher le moindre manque d'égards à mes compagnes... mais je ne suis point leur égale ; elles ne me mêlent point à leurs groupes ; dans ce bercail, il me semble que je suis une brebis galeuse... »

Le visage de Noirot s'empourpra.

« Si sœur Marie-des-Anges ne se montrait point si bonne, je ne supporterais point cette vie... mais je le dois, je le veux... pour vous, surtout pour vous... Quand mon éducation sera finie, je rentrerai avec bonheur dans votre maison... là je ne verrai que des gens qui m'aiment... et j'ai besoin d'être aimée.., »

Noirot mumura en tenant les mains de l'enfant :

« Pauvre petite ! »

Puis il ajouta :

« Tu prendras ta revanche. Ces demoiselles de Kéroulas, de Coëtdihuel, de Léon, te font sentir l'infériorité de ta naissance... aie patience, avec ta dot on épouse qui on veut, et plus d'un gentilhomme demandera en mariage la nièce de Noirot... En attendant jouis de l'argent que j'ai amassé et que mes spéculations augmentent chaque année ; gaspille-le, si cela te plaît, jette-le par les fenêtres, double tes charités, tu ne me ruineras jamais.

— Vous êtes bon ! vous êtes bon ! dit Madeleine.

— Je le deviendrai peut-être... mais tu entends, des robes, de la dépense... je ne te recommande pas de t'instruire, on dit que tu es la plus habile du pensionnat. »

Madeleine promit, et dut tenir sa promesse.

Elle aimait les étoffes simples : on l'obligeait à mettre des toilettes trop luxueuses et qui nuisaient à sa beauté plutôt que d'y ajouter ; elle obéit, car elle savait obéir, mais elle en souffrit. Sœur Marie-des-Anges parut la plaindre beaucoup d'avoir échoué dans sa tentative de réforme. La religieuse s'était vivement attachée à l'enfant. D'abord elle en prit soin par devoir, nous devrions dire par raffinement de mortification et de pénitence. La présence de Madeleine obligeait sans cesse sœur Marie-des-Anges à immoler les souvenirs, les antipathies, les rancunes de Mlle Yvonne de Kéroulas. La nièce du révolutionnaire empêchait la sœur de la miséricorde de voir se fermer les blessures de son cœur. L'innocente Madeleine rouvrait à toute heure la plaie sans le savoir. Sa vue évoquait une suite de visions douloureuses, et plus le cœur de chair d'Yvonne se sentait ému, troublé, défaillant, presque révolté, plus grand se trouvait le triomphe du cœur de la chrétienne.

Quand les souvenirs de la prison de Brest, de la mort du comte de Kéroulas, de l'assassinat d'Hector, se présentaient à sa mémoire, brusquement la religieuse attirait l'orpheline dans ses bras, comme pour la remercier de lui fournir l'occasion d'un pareil triomphe sur elle-même. Madeleine ne comprenait point toute la pensée de la religieuse, mais elle avait trop de délicatesse pour ne point éprouver l'intuition que sœur Marie-des-Anges l'aimait comme on aime le martyre. Il est vrai qu'avec le temps la sainte et dévouée fille du Christ obtint en récompense de sa vertu de chérir cette enfant pour elle-même.

« Vous ne m'aimez point comme vous aimez mes compagnes, lui dit un jour Madeleine.

— Je vous aime bien davantage, répondit sœur Marie-des-Anges avec un accent profond.

— C'est une grâce que Dieu vous a faite, reprit doucement et presque à voix basse l'enfant, qui venait de saisir le chapelet de la religieuse et en regardait les médailles pour se donner une contenance.

— Que voulez-vous dire, mon enfant ?

— Oh ! vous me comprenez bien, ma Mère... Quand je vois des malades et des pauvres, je les plains, je leur fais l'aumône ; vous éprouvez de la compassion pour moi, et vous me faites la charité d'un peu d'affection.

— Vous méritez celle que je vous porte, à tous les titres.

— Voyons, dit Madeleine, en regardant cette fois la religieuse, vous me trouvez docile ?

— Fort docile.

— J'apprends avec zèle ce que vous voulez bien m'enseigner ?

— Vous dépassez vos compagnes, Madeleine.

— Je ne définis pas bien peut-être le mot piété, mais j'aime Dieu de toute mon âme.

— Dieu et les pauvres, ma fille.

— Je me suis toujours montrée douce, affectueuse ; je

ne demandais qu'à chérir mes compagnes : toutes se retirent de moi... vous-même, oh! vous-même, sœur Marie-des-Anges, vous avez fait effort pour m'aimer... Quelle réprobation pèse donc sur moi !

— Un malheur peut-être, murmura sœur Marie-des-Anges...

— L'obscurité de ma naissance !

— Non, ma fille...

— Quoi alors ?

— Je ne saurais vous le dire, Madeleine...

— C'est donc bien grave ? Oh! je cherche ce que ce malheur peut être ; je trouverai ; je veux savoir... et puis, on me mettra bien sur la voie. L'autre jour on parlait devant moi de la révolution... Mlle de Kéroulas prononça le mot «régicide!» et alors la belle et hautaine Emiliane de Coëtdihuel me regarda... Hélas! ma mère, quand ont été commis les crimes de la révolution, je marchais à peine... Mon père a été tué obscurément par un forcené, partisan, disait-il, de la liberté ; ma mère, fuyant notre grange inondée, est morte de fatigue et de besoin... La république a donc pris tout ce que j'aimais ; pourquoi me regarde-t-on, chaque fois que le mot *révolution* vient sur les lèvres ?

— Ma fille, dit sœur Marie-des-Anges, il vaudrait mieux ne point chercher le mot de cette énigme.

— Je veux le savoir pourtant, s'écria la jeune fille. Il est trop cruel de se voir persécutée, méprisée, sans en connaître la cause... J'ai quinze ans, et la souffrance quotidienne m'a vieillie ; avant une année je rentrerai chez mon oncle... tout deviendra pour moi inquiétude et douleur, tout ! car sans doute, ajouta plus lentement Madeleine, la persécution ne cessera pas et les haines sourdes ne seront point apaisées...

— Non ! dit sœur Marie-des-Anges d'une voix désolée.

Madeleine posa sa main sur le bras de Marie-des-Anges et demanda brièvement :

« Quelle est l'origine de la fortune de mon oncle ?»

La religieuse ne répondit pas.

« Je comprends, s'écria Madeleine, je comprends ! Il doit y avoir une honte ou du sang sur cet or...

— N'exagérez rien encore, ma fille ; attendez pour juger ; vous êtes bien jeune, pauvre chère enfant ! Vous comprendrez plus tard que, si certaines fautes ne peuvent s'absoudre, on leur trouve parfois au moins une excuse.

— Je la chercherai moi-même, cette excuse, ma Mère ; auparavant, répondez-moi et calmez mon angoisse. S'il y eut erreur, cette erreur sera déplorée ; s'il y eut injustice, on la réparera ; s'il exista un crime, ce crime sera expié...

— Il y eut un crime de commis, Madeleine, mais votre oncle n'en est pas responsable directement.

— Il en profita !

— Oui.

— Quel fut ce crime ?

— Vous me demandez ma lamentable histoire, Madeleine... Il y a dans tout ce qui s'est passé à cette époque une confusion bizarre en même temps qu'horrible... Le mal enfantait le mal, comme un arbre vénéneux donne des fruits empoisonnés... Votre oncle embrassa les doctrines révolutionnaires en aveugle... il eut soif des biens dont il était privé... Il haïssait les riches sans définir sa haine, et un homme dont le nom glace d'effroi la Bretagne entière, un misérable connu sous le nom de Brutus, l'entraîna dans l'abîme. Dieu seul connaît quelle part de responsabilité doit être attribuée à votre oncle, et ce n'est pas moi, chère et malheureuse enfant, qui vous rendrai responsable de ses fautes. Malheureusement le monde manque souvent de justice et poursuit le crime dans la génération du criminel. Ne vous désespérez cependant pas : si quelqu'un peut sauver ce malheureux, ce sera vous.

— Ah! s'écria Madeleine, ma vie tout entière, je la donnerai avec joie pour réparer ses erreurs... Je m'ensevelirai dans le cloître avec vous, je passerai mes jours dans la prière et les larmes, et le Seigneur ne me refusera pas son salut.

— Ce n'est point ainsi que je comprends votre mission, ma fille, répondit sœur Marie-des-Anges ; celle que vous choisissez est sainte ; celle que je vous imposerai sera méritoire... Ici vous braveriez l'orage, et il vous faut l'affronter... C'est près de votre oncle que vous accomplirez votre œuvre, et s'il y a autour de lui un cercle de réprobation, vous vous y enfermerez. Dans cette âme sombre est resté un point lumineux ; il faut que ce point grandisse et devienne une étoile de salut. L'affection que vous porte cet homme est profonde, réelle ; amenez-le par la tendresse au repentir...

— Mais, reprit la jeune fille, de ce repentir quelle sera la preuve ? Où sont maintenant ceux qu'il a spoliés ? quels sont les héritiers d'une fortune que sa conscience l'obligerait à rendre ?

— Ces biens appartiendraient aux pauvres, s'il consentait à en faire le sacrifice.

— Il ne reste plus aucun membre de cette famille ?

— Ils sont morts, ma fille, morts pour revivre en Dieu... Si pourtant un Lazare sortait de sa tombe, ce serait à lui que devrait être remise la fortune des Kéroulas...

— Les Kéroulas ! s'écria Madeleine, c'est la famille de Kéroulas que Brutus a vendue... et mon oncle participa au profit honteux de cette trahison ?

— Je vous l'ai dit, ma fille, la France entière était alors en délire ; d'ailleurs bien des gens exagérèrent leur

jacobinisme pour éviter d'être arrêtés comme suspects..
La nation vendait le bien des émigrés : les patriotes
l'achetaient, quelques-uns sans scrupules et croyant
que le mot *révolution* couvrait et absolvait tout... Mais
la question grave, ma fille, n'est pas autant la restitution de Kéroulas que le changement intime du cœur de
votre oncle... Il faut que votre douceur l'adoucisse, que
votre grâce le charme, que votre piété l'enveloppe...
Vous ne prêcherez pas, vous ne menacerez même pas
au nom de Dieu ; mais si la goutte d'eau finit par creuser
la roche, la vertu ne manque jamais de changer ceux
qu'elle couvre de ses ailes divines. Vous serez un
apôtre inconnu et caché... il vous est donné de racheter une âme, vous viendrez me dire un jour que
vous l'avez conquise...

— Je viendrai vous le dire, ma Mère! s'écria Madeleine avec enthousiasme ; mon oncle m'aime tant qu'il
ne saurait résister à mes prières. Quand il verra que la
plus grande joie pour moi serait de redevenir pauvre
avec lui, il cédera, j'en suis sûre, pour me voir heureuse sans arrière-pensée. Maintenant je comprends
pourquoi mes compagnes me regardent avec dédain et
s'éloignent de moi : elles croient que je tiens à cette
fortune et que j'en dois tirer profit ; peut-être un jour
me rendront-elles justice, mais il suffit que Dieu me la
fasse. »

Les sons de la cloche interrompirent l'entretien de
sœur Marie-des-Anges et de Madeleine. La religieuse
traça une croix sur le front de l'enfant, et toutes deux se
séparèrent, l'une pour se rendre au chœur, l'autre pour
rentrer dans la classe. A partir du jour où elle reçut
cette révélation, Madeleine devint plus triste encore,
plus sensible et plus douce. Elle s'efforçait tellement de
s'effacer que l'on ne comprenait plus la cruauté de certains mots envoyés à son adresse. Elle les sentait

comme autant d'épines, mais elle ne se plaignait pas et souffrait avec une patience de martyre.

Les mois se passaient, Noirot continuait ses visites, et à chacune d'elles il comptait le nombre de semaines devant encore s'écouler avant le retour de Madeleine. La jeune fille essaya d'obtenir de passer une année de plus au couvent; mais au premier mot qu'elle insinua à ce sujet, le regard de Noirot prit une telle expression de douleur que Madeleine n'insista pas et se jeta dans les bras du vieillard.

« Si tu savais quel paradis je t'ai arrangé là-bas! disait-il : ta chambre a l'air d'une petite chapelle; j'ai fait venir des oiseaux des îles, et des jardiniers de Paris m'ont envoyé des plantes et des fleurs. La Marthon prépare ton appartement, et l'architecte de Paris a choisi pour toi là-bas des choses si fines, si jolies en porcelaine, en cristal, en bois rares, que je n'ose les toucher de crainte de les casser avec mes grosses mains... Tu verras que tu ne regretteras plus ta cellule du couvent; et puis le pauvre vieil homme qui a consenti à ce qu'on te gardât dans cette maison pour t'instruire comme une duchesse, s'ennuie trop dans le château. J'ai beau faire venir la Marthon pour qu'elle me parle de toi, ça ne me suffit pas : c'est ma Madeleine que je veux, c'est la fille de ma pauvre sœur! »

Cette tendresse, ce dévouement touchaient Madeleine; elle prenait les mains du vieillard, levait sur lui ses grands yeux bleus et lui adressait quelques douces paroles. Et il partait consolé, rêvant à Kéroulas un changement nouveau dont elle pût être émerveillée.

Enfin l'heure du retour de Madeleine à Kéroulas arriva.

Huit jours à l'avance Noirot se promenait sur la route, comme s'il lui eût été déjà possible d'apercevoir sa nièce.

Le jardinier râtissait les allées avec acharnement et renouvelait tous les matins les fleurs des jardinières.

Marthon bourdonnait comme une abeille, courant du jardin aux chambres du premier étage, de la grille à la chapelle. Les serviteurs se réjouissaient.

Tout le monde était heureux de revoir la jeune Madeleine.

On se rappelait la gentillesse de l'enfant, on décrivait la gracieuse beauté de la jeune fille : avec elle rentrerait à Kéroulas un peu de cette joie et de cette vie que la jeunesse porte au front et au cœur.

Noirot, vêtu de son habit de fête, semblait ragaillardi; il fredonnait un refrain bizarre appris sur les grandes routes dans ses jeunes années, et restait de longues minutes apppuyé contre la grille, attendant, cherchant, demandant sa chère orpheline.

Enfin, un claquement de fouet se fit entendre, puis un bruit de grelots, et une voiture parut sur la route.

En un instant Noirot fut à la portière.

Il se précipite, il l'ouvre : personne!

« Malheureux! s'écrie-t-il en s'adressant au postillon, où est ma nièce?

— Par ma foi, monsieur, répondit le brave homme ahuri de la fureur avec laquelle Noirot le secouait, la demoiselle a voulu descendre sur la grève; elle s'en vient à pied du côté de la mer... je ne pouvais engager la voiture et les chevaux le long d'un chemin pareil, et me voilà...

— Du côté de la mer? dit Noirot; mais la route va être impraticable avant une heure... la marée monte et va couper toute communication.

— Je ne suis pas de l'endroit, monsieur, répondit le postillon désolé; cette demoiselle m'a exprimé le désir de quitter la berline, elle semblait connaître le pays; d'ailleurs, elle n'était seule : une vieille dame portant un costume à demi religieux l'accompagnait... J'étais donc sans crainte...

— Il arrivera un malheur! dit Noirot. Dieu ne veut pas me rendre Madeleine. »

En un instant le maître de Kéroulas donne des ordres; les serviteurs se dispersent de tous côtés. Noirot descend une rampe rapide, appelant Madeleine, fou de terreur et de désespoir.

Il ne se trompait pas en affirmant que la jeune fille courait un grand danger.

Madeleine, arrivée à une lieue environ de Kéroulas, voyant se déployer l'immensité bleue devant elle, avait été prise d'un besoin ardent, soudain, de revoir cet océan qui l'avait bercée et dont la vue ravivait en elle l'ardent amour du pays breton.

Elle ne put résister au désir de faire à pied le reste du trajet. Elle voulut avoir l'azur de la mer en face d'elle, sentir sur son front les brises salines, gravir les roches abruptes, et se dédommager d'avoir pendant plusieurs années vécu dans l'enceinte d'un couvent. La vieille fille qui l'accompagnait, honnête créature faisant partie d'un tiers ordre, et qui l'aimait trop pour savoir lui refuser quelque chose, trouva très-naturel que la belle enfant souhaitât courir sur la grève. Elle envoya la voiture par le chemin frayé, et les deux femmes prirent un sentier descendant vers la mer.

Madeleine poussait des cris de joie et faisait des bonds de chèvre; elle chantait, cherchant des coquilles dans le sable, reconnaissant les groupes de rochers et leur donnant leur nom dont elle se souvenait. Quand elle avait laissé loin derrière elle la pauvre Huberte indulgente et placide, elle revenait, le sourire dans les yeux, une excuse aux lèvres, marchait pendant quelques secondes paisiblement à ses côtés, puis reprenait sa course folle, course de Chaperon-Rouge, qui ne l'avançait guère et ne la rapprochait du but que lentement.

Pendant ce temps le jour déclinait, lentement montait la marée.

Les mouettes volaient, les lames pleuraient sur le sable, les rocs étouffaient des clameurs.

Madeleine riait; oh! comme elle riait, la jolie Madeleine!

Huberte récitait son office de mémoire.

Tout à coup la nièce de Noirot s'arrête. Un vague soupçon de la vérité lui traverse l'esprit, la frange d'écume de la mer se rapproche d'une façon sensible.

Cette fois ce n'est pas Madeleine qui court à la vague, mais la vague qui poursuit Madeleine.

Le flux arrive rapide, persistant dans son ascension, gagnant les premières roches sur lesquelles les deux femmes sont montées.

Cependant le danger n'existe pas encore; mais la marche devient pénible, les pierres laissent entre elles des espaces difficiles à franchir, et Madeleine est obligée de rassembler toutes ses forces pour aider à Huberte à traverser des flaques d'eau ou à escalader des roches glissantes.

Les voyageuses avancent; mais le flot les gagne, le chemin devient abrupte, malaisé, effrayant. L'ombre se fait ténèbres, le bruit les assourdit, les vagues les menacent, l'eau mouille et alourdit leurs vêtements.

Malgré son courage, Madeleine s'arrête : elle étouffe, ses doigts crispés étreignent la main d'Huberte.

« Nous sommes perdues! » murmura-t-elle.

Huberte la regarde avec un indicible sentiment de pitié.

« Vous ne pouvez pas mourir si jeune! dit-elle.

— Que faire! demanda Madeleine en se tordant les

bras; nous ne saurions avancer un pas de plus; la mer en montant a formé des lacs et isolé cet amas de roches comme une île; dans quelques minutes nous serons submergées. Si près de Kéroulas, allons-nous être ensevelies dans les flots?

— Appelons au secours, » dit Huberte.

Madeleine pousse un cri lamentable; sa voix se perd dans un tourbillon de bruits.

Huberte, glacée de terreur, répète :

« Au secours! au secours! »

Soudain, Madeleine se cramponne plus fort à la roche; elle croit qu'on a répondu.

« Au secours! répètent les deux voix.

— Courage! courage! » dit un accent affaibli par une grande distance.

Les deux femmes se dressent enlacées sur l'îlot, et distinguent au loin un homme marchant, ou plutôt courant sur le flanc de la falaise. Avec une agilité de montagnard, il saute d'une roche sur une autre; quelquefois il se suspend à une grande hauteur et se laisse tomber d'aplomb sur un espace étroit; son long bâton ferré l'aide à franchir en passant par-dessus les lacs formés par la marée et qui s'agrandissent d'une façon sensible.

Il a vu les deux femmes; il les exhorte à la patience, il leur promet le salut; elles lui tendent les bras; il voit que le danger augmente, redouble d'efforts et d'audace, et atteint après mille efforts les crêtes de granit sur lesquels Huberte et Madeleine ne parviennent plus à se soutenir.

Huberte pousse Madeleine dans les bras de l'inconnu.

« Sauvez-la d'abord, » dit-elle.

Mais la jeune fille s'adressant à l'homme qui vient à leur aide, lui dit avec une généreuse énergie :

« C'est ma faute si je suis en danger, monsieur.

Dieu, j'espère, m'accordera la vie sauve ; mais je vous le jure, je ne vous suivrai point avant qu'Huberte soit en sûreté ! »

Le sauveteur comprend que la résolution de la jeune fille est inébranlable, et, soulevant Huberte, il descend l'îlot presque submergé, nage quelque temps, reprend pied, gravit la falaise, traîne après lui la vieille femme, reconnaît une anfractuosité qui rend l'ascension plus rapide, et laisse Huberte au fond d'une sorte de grotte. Il ne descend plus, il se précipite. Comment il ne se brise pas le front et ne tombe pas broyé, nul ne saurait le comprendre... La marée monte encore ; elle gagne les genoux de Madeleine. Vingt fois une lame la pousse et menace de lui faire perdre pied ; elle résiste, elle s'attache au roc, s'y implante, s'y incruste, jusqu'à ce qu'une vague mugissante, blanche d'écume, se creusant, se recourbant, arrive sur elle, la couvre, l'entoure et l'engloutisse...

Du fracas, une montagne d'eau soulevée, des gerbes de gouttes d'eau, des blancheurs écumeuses, un tourbillon, un gouffre, puis rien.

Le remous plus lent succède à ce gonflement de l'Océan, et alors apparaît une forme frêle qui se débat encore et tend instinctivement les bras...

Sauvée ! Madeleine est sauvée !

L'homme de la côte a saisi la jeune fille, l'enlève évanouie dans ses bras, gagne la grotte, ranime Madeleine à l'aide d'un cordial ; il la voit ouvrir lentement les yeux.

Le premier regard de l'enfant interroge les demi-ténèbres qui l'entourent... Elle se presse contre dame Huberte ; puis, fixant ses yeux bleus sur son sauveur, elle semble chercher un nom dans sa mémoire.

« Le capitaine Roscoff ! » dit-elle subitement.

Le sauveteur se lève comme pris en faute ; cet homme

si courageux, si fier, tremble et se recule contre les parois de la grotte.

« Vous me reconnaissez? murmura-t-il.

— Et vous, ne vous souvenez-vous pas de moi? Cela ne m'étonne pas : j'étais une enfant, une pauvre petite enfant, et cependant vous m'avez dit : Je ne vous oublierai pas, petite Madeleine.

— Quoi! demanda Roscoff : l'enfant qui jeta des fleurs sur la tombe d'Anaïk...?

— C'était moi!

— Je ne vous reconnaissais pas, cela est vrai, Mademoiselle, répondit Roscoff d'une voix profondément triste... Vous étiez toute petite, toute frêle, et maintenant je vous retrouve grandie... Mais je n'ai point oublié la compassion de l'enfant, et plus d'une fois je me suis souvenu que la Madeleine avait pleuré sur la fosse de ma sœur. »

Madeleine se leva.

« Votre main, dit-elle, votre vaillante main, capitaine : je me sens très-faible ; cependant je veux partir, j'ai donc encore besoin de vous. »

Huberte se dressa lentement sur ses pieds.

Roscoff aida aux deux femmes à quitter la grotte; puis, passant le premier et leur indiquant les marches d'un escalier naturel, il les fit en quelques minutes gravir jusqu'au sommet de la côte. Alors tous trois aperçurent les torches que portaient les domestiques de Noirot, et Madeleine distingua la voix de son oncle, et, s'élançant en avant, elle appela avec une joie réelle :

« Mon oncle! mon bon oncle! »

Noirot la serra dans ses bras avec un irrésistible élan.

« Méchante fille! dit-il, tu as failli me faire mourir d'inquiétude! »

Ce n'était ni l'heure ni le lieu d'adresser des reproches : Madeleine tremblait de froid, Huberte frissonnait ; la voiture emporta en un instant vers Kéroulas les maîtres du château.

Madeleine se pencha vivement à la portière :

« Capitaine Roscoff ! dit-elle, capitaine Roscoff ! »

Mais Roscoff avait déjà disparu.

« Comme vous l'aimerez, n'est-ce pas ? demanda la jeune fille à son oncle : il m'a si généreusement sauvé la vie !

— L'aimer ! répondit Noirot : il mépriserait notre reconnaissance ! »

Ce mot frappa Madeleine au cœur et lui remit en mémoire les souffrances morales précédemment endurées. Elle sentit en même temps retomber sur elle le rocher de Sisyphe qui l'écrasait au couvent, et, fermant les yeux comme celui qui voit un abîme, elle s'y laissa mentalement rouler.

XIX

Madeleine.

Madeleine, soignée pendant toute la nuit par Marthon, était le lendemain en proie à une fièvre violente. Elle croyait sans cesse voir monter autour d'elle les vagues menaçantes, elle appelait à son secours sœur Marie-des-Anges et le capitaine Roscoff ; les bras tendus par l'angoisse, les cheveux épars, la gorge brûlante, elle exhalait des plaintes tantôt douces et monotones comme celles des petits enfants, tantôt aiguës comme celles qu'arrache une blessure. A son chevet se tenait Noirot, stupide de douleur, ne sachant que promettre des sommes folles à celui qui sauverait sa nièce, et suppliant le médecin d'apaiser les douleurs de la pauvre enfant.

Le second jour fut plus calme.

Vers le soir Marthon entra dans la chambre.

« Ce bracelet vous appartient-il, mademoiselle? demanda-t-elle.

— Oui, répondit la jeune fille.

— On vient de le rapporter.

— Qui?

— Le capitaine Roscoff; il a en même temps demandé de vos nouvelles. »

Noirot fit un signe, Marthon sortit.

Madeleine rattacha le bracelet à son bras et demeu pensive le reste du jour.

Le lendemain elle se leva.

Elle visita les jardins, la volière, s'étonnant et s'attendrissant à chaque surprise ménagée par Noirot.

Elle ne pouvait comprendre les tendresses de chaque heure, les attentions soutenues, les délicatesses infinies de cet homme montré du doigt par la foule et signalé comme un buveur de sang.

Quand elle songeait au passé et qu'elle étudiait le présent, elle attendait quelque chose de l'avenir.

Sœur Marie-des-Anges ne pouvait l'avoir trompée; au fond de l'âme de Noirot devaient s'éveiller des sentiments honnêtes; pour les faire germer il suffisait peut-être d'y croire.

Au bout de trois jours Madeleine ne ressentait plus aucune souffrance physique; les couleurs revenaient à ses joues. Tantôt avec Marthon, tantôt avec Huberte qui ne pouvait se décider à la quitter, elle parcourait les alentours. Voyait-elle une maison de pauvre apparence, elle y entrait; avec une délicatesse infinie, elle s'informait des besoins de chacun, et tentait ensuite de les soulager; mais, hélas! la chère créature ne faisait aux malheureux que l'aumône de sa pitié et voyait son or refusé, comme s'il eût porté une rouille indélébile. C'est elle alors qui rougissait de sa richesse, et, le front courbé, elle rentrait à Kéroulas.

Les pauvres gens l'aimèrent cependant. Ils regrettaient de lui faire subir une humiliation imméritée, mais aucune ne consentait à recevoir une parcelle des revenus de Noirot.

Le dimanche suivant Madeleine, Noirot et Huberte occupèrent à l'église le banc seigneurial placé dans le chœur.

Inclinée sur l'accoudoir, Madeleine se perdait dans la pensée de Dieu et ne daignait plus s'occuper des choses de la terre.

A la fin de l'office elle laissa sortir les gens du village, gagna le cimetière, reprit à un domestique la corbeille dont elle l'avait chargé, et chercha la tombe d'Anaïk.

Un bouquet de bruyère y venait d'être déposé par une main pieuse.

La jeune fille passa une couronne dans chacun des bras de la croix, pria un moment; puis, se relevant, elle allait quitter le champ du repos quand la pauvresse de la grand'lande la saisit par sa robe.

« L'agneau transformera le loup, murmura la vieille femme; dans le nid des tourterelles reviendront les oiseaux, et le jour où tu épouseras la pauvreté, tu acquerras un trésor.

— Merci, dit Madeleine, merci, Marianic, quand j'étais petite fille, vous m'aimiez, et maintenant...

— Le jour n'est pas venu que je te le répète... Il te

reste une tâche à faire; si tu l'accomplis, tu seras bénie!.. J'ai eu, moi qui te parle le cœur broyé comme sous une meule, et, si mon agonie s'achève, ce sera grâce à toi... »

Marianic disparut, et Madeleine n'essaya pas de la retenir : elle se souvenait des bizarreries de la pauvresse.

Marthon et Noirot l'attendaient près de la porte du cimetière. Comme elle la franchissait, elle aperçut la grande taille du capitaine Roscoff. Le sauveteur ne pouvait la voir: tourné du côté de la mer il suivait du regard une voile voyageuse.

Madeleine s'éloigna lentement en poussant un soupir.

Les mois qui suivirent ne présentèrent rien de remarquable.

Madeleine constata seulement que Noirot faisait de fréquentes courses à la ville et qu'il recevait un grand nombre de lettres.

La vérité est que Noirot se préoccupait de l'établissement de sa nièce.

Comprenant qu'il ne pouvait rallier à lui les habitants des châteaux voisins, il songea que quelque famille de Brest oublierait peut-être la bassesse de son extraction. Il avait gardé quelques relations parmi des hommes d'affaires chargés de placer l'excédant de ses revenus; grâce à eux, il lui fut possible d'attirer à Kéroulas, vers l'époque de la chasse, des hommes peu scrupuleux sur le choix de leurs amis, des femmes dont la révolution venait de faire des esprits forts. Parmi celles-ci se trouvèrent des veuves qui se consolaient trop vite, des femmes dont les maris étaient à l'armée, des gentilshommes venus de provinces éloignées, qui déploraient les malheurs de la révolution, la perte de leurs parchemins et la démolition de châteaux perchés pour la plupart sur les eaux de la Gironde ou placés en sentinelle près du golfe de Gascogne.

Ceux-là se montraient fort empressés auprès de Madeleine et brûlaient pour elle un encens grossier dont sa délicatesse se trouvait révoltée.

Un de ces prétendus gentilshommes, le comte de Perdillac, l'accablait de ses louanges, la poursuivait de ses hommages, déclarait brûler pour elle de la flamme la plus vive, et tourmentait Noirot pour obtenir une promesse formelle. Un homme rempli de véritables aptitudes commerciales, estimant l'argent le premier des biens, se mettait aussi au rang des adorateurs de l'héritière. Un fournisseur, un colonel de promotion récente, attendaient que l'oncle aux millions se prononçât, mais Noirot conservait une idée fixe. Il voulait pour gendre un gentilhomme de vraie souche, et multipliait d'inutiles efforts pour découvrir un homme titré et pauvre qui demandât la main de Mlle Noirot.

Les amis de Brest, l'architecte de Paris, échouèrent dans leurs tentatives.

La vie de Madeleine devenait un véritable supplice. Elle comprenait à quelle humiliation permanente la condamnait l'ambition obstinée de son oncle; elle devinait certains refus; les préférences la froissaient autant que les marques de dédain. Oppressée par mille sentiments contraires, elle poursuivait sa tâche en silence, faisant les honneurs de la maison de son oncle avec une grâce parfaite, s'attachant à se rendre indispensable, et s'efforçant de gagner l'âme en commençant par faire la conquête du cœur.

Noirot, malgré son épaisse enveloppe, comprenait une partie de l'héroïsme de la jeune fille. Il tâchait de la dédommager des privations, des épreuves, des souffrances subies, par des présents nouveaux, par des cadeaux d'une richesse qui la désespéraient.

A quoi bon des diamants à cette fille qui ne pouvait faire l'aumône?

Ah! qu'elle eût payé cher le droit de donner aux infortunés le superflu de sa vie! Méritait-elle ce châtiment terrible? Non : elle continuait son rôle de rédemptrice; chaque larme versée lavait une des fautes de Noirot. Dans les lettres qu'elle échangeait avec sœur Marie-des-Anges, Madeleine puisait une force nouvelle. Plus d'une fois, si de loin elle n'eût entendu la voix consolante de la religieuse, la jeune fille aurait demandé grâce à Dieu, et s'enfuyant du manoir maudit, elle eût couru cacher sa vie au fond d'un cloître. Mais cette vie, elle la devait au monde comme un exemple; elle la lui sacrifiait en expiation d'une autre.

Quelquefois Madeleine, suivie par un domestique, sortait à cheval, parcourant les landes ou courant sur la grève.

Elle rencontrait souvent dans ses promenades matinales le vicomte de Kermosaël. Le jeune homme ignorait le nom de Madeleine, mais elle lui paraissait douce et il la trouvait belle. Madeleine s'aperçut que M. de Kermosaël se trouvait souvent par hasard dans le bois ou dans la lande en même temps qu'elle. La curiosité la porta à interroger un jour son oncle. Elle fit du gentilhomme un portrait assez ressemblant pour que Noirot le reconnût tout de suite.

« C'est le vicomte de Kermosaël, répondit-il; il demeure à trois lieues d'ici... »

L'abbé Colomban reçut un jour la visite du vicomte. M. de Kermosaël ne cacha point la vive sympathie qu'il éprouvait pour Mlle Madeleine, et il s'enquit de sa famille.

Le curé ne put cacher la vérité.

Quand M. de Kermosaël quitta le prêtre, il lui dit d'une voix étouffée :

« Je serai peut-être longtemps avant de me consoler.

— N'exagérez-vous point un noble sentiment? demanda le curé.

— Monsieur l'abbé, répondit le vicomte, je suis pauvre, et Mlle Madeleine est riche; si j'eusse encore possédé la fortune que m'ont ravie les événements, peut-être aurais-je pu l'enlever à cet abominable Noirot. Ses millions sont entre nous plus encore qu'une faute dont je suis trop juste pour la rendre responsable. »

A partir de ce jour M. de Kermosaël s'enferma chez lui, et Madeleine ne le rencontra ni dans les landes ni sous les grands chênes.

Aucune des personnes qui fréquentaient Kéroulas et acceptaient l'hospitalité de Noirot n'inspirait de sympathie à la jeune fille. Elle n'estimait que ceux qui la fuyaient; et la pauvre enfant éprouvait, comme toutes les grandes âmes, le besoin d'estimer les gens qu'elle voyait.

Un seul homme attirait sa pensée. Quand elle le voyait le dimanche sous les ifs du cimetière, quand elle l'apercevait les jours d'orage debout sur la falaise, attendant l'heure du péril pour recommencer sa lutte héroïque, elle sentait battre son cœur remué par l'angoisse. Elle souffrait de voir avec quelle obstination le capitaine Roscoff la fuyait.

Noirot s'était présenté chez le frère d'Anaïk; celui-ci l'avait reçu avec une contrainte visible, et telle fut la roideur des façons de Roscoff que Noirot n'osa pas prolonger sa visite.

Il semblait au premier abord que ces deux parias fussent destinés à se lier d'une façon intime. Cependant il n'en était rien. Roscoff fier et sombre vivait dans sa chaumière avec la vieille Marianic, tandis que Noirot multipliait les soumissions et descendait presque jusqu'aux bassesses pour remplir de parasites le manoir de Kéroulas.

Comme un aigle blessé, Roscoff restait dans son aire, et une nuée de corbeaux voraces s'abattait sur les tourelles du manoir.

L'esprit public était défavorable à Noirot comme à Roscoff.

Cependant on faisait entre eux une grande différence.

Le capitaine aux mains rouges, coupable d'avoir versé le sang, inspirait la répulsion de Caïn; mais Noirot dégoûtait à l'égal de Judas.

On blâmait Roscoff de s'être fait l'exécuteur des décrets sanguinaires de la Terreur; on lapidait Noirot pour ne pas avoir rougi de dénoncer des hommes inoffensifs, et s'être enrichi de leurs dépouilles.

Roscoff n'était point pardonné encore, Noirot ne pouvait jamais l'être; une seule chose lui eût mérité l'absolution, un complet abandon de sa fortune aux héritiers de Kéroulas, et par une coïncidence étrange, c'était le capitaine aux mains rouges qui avait juridiquement assassiné le dernier de cette vaillante race des Kéroulas.

Roscoff méprisait Noirot; mais Noirot, jacobin fanatique, ne pouvait pas même blâmer le commandant de la *Thémis*.

Il eût volontiers sacrifié une partie de sa fortune pour s'attacher l'homme étrange dont la destinée avait fatalement quelque rapport avec la sienne. Noirot le millionnaire menait une triste existence dans le château payé quelques louis à la pauvresse de la grand'-lande.

Il sentait souvent un brasier s'allumer dans sa poitrine, et voyait d'étranges apparitions flotter devant son regard.

Ses rêves lui montraient les fantastiques et sanglantes figures entrevues par Dante.

Devant ses yeux passaient des files d'hommes décapités : les uns tenant leur tête suspendue devant eux comme s'ils pouvaient la regarder et en fixer les yeux morts; les autres, les doigts crispés dans les cheveux de leur crâne, laissant pendre au bout de leur bras cette chose inerte dont le cerveau ne pensait plus. Quelques-uns lançaient une boule devenue informe, la rattrappant à la façon des jongleurs indiens. Il y en avait qui la portaient sous le bras comme un bouquiniste un vieux livre. Chaque fois qu'un guillotiné passait devant lui, il s'arrêtait, faisait le geste horrible d'abaisser un couperet sur son cou de cadavre. Noirot comprenait ce reproche et tâchait de fermer les yeux, mais la vision était au plus profond de sa conscience, et sans trêve il l'y retrouvait.

Les années en s'écoulant n'apportèrent aucun changement à la situation de son esprit. Il eut comme les fous et comme les malades des instants de lucidité et de repos, puis à ces intermittences de calme succédaient des crises épouvantables qui le brisaient, lui si robuste sous une frêle apparence. Le lendemain de ses veilles, quand chaque guillotiné semblait lui avoir enfoncé dans le cœur le couteau qui servit à lui donner la mort, Noirot tremblait, atteint de vertige, il chancelait en marchant; ses yeux voyaient au travers d'un brouillard; la décrépitude prenait en lui des proportions de sénilité complète. Madeleine ne comprenait pas complétement le supplice enduré par le malheureux, mais elle en devinait une partie, et jamais elle ne se montrait plus douce et plus tendre que les jours où il s'abandonnait au désespoir.

Oh! combien le misérable aimait cette adorable enfant pour la pitié céleste dont elle multipliait les preuves! Avec quelle générosité folle il lui offrait, hélas! des choses auxquelles les femmes attachent d'ordinaire un prix immense et qu'elle méprisait et haïssait. Il la bénissait, il s'humiliait devant elle, sur un mot il lui eût sacrifié sa vie.

Elle voulait plus, elle demandait son âme !

Le chirurgien expérimenté attend souvent que le mal ait grandi pour faire une amputation jugée nécessaire, et Madeleine croyait que Dieu lui révélerait l'heure à laquelle elle devrait dire à Noirot :

« Cette fortune volée, il faut la rendre ! »

Un jour Madeleine voulut revoir seule les grandes roches battues par la mer, ces roches qui lui rappelaient de terribles souvenirs, mêlés d'un charme mélancolique. Si elle était morte dans cette nuit de tempête, avant de franchir le seuil de Kéroulas; s'il avait plu à Dieu de la rappeler quand elle gardait quelques illusions encore, ou plutôt avant qu'elle connût la profondeur du mal dont elle subissait le contre-coup !

Elle descendit par les endroits escarpés qu'elle connaissait, qui en plein jour perdaient un peu de leur abrupte sauvagerie.

On était en automne ; le ciel lumineux encore jetait moins de rayonnements ; les ondes prenaient de riches teintes, la mer fonçait le bronze de ses eaux.

Madeleine se posait la grande énigme de l'avenir ; et, tout en marchant, elle cherchait dans sa tête trop tôt pensive le mot qui en pourrait donner la solution.

A mesure qu'elle s'éloignait de Kéroulas, elle retrouvait un peu de calme. Les pauvres, qui refusaient son argent, acceptaient ses bonnes paroles, et les enfants accouraient au-devant de ses caresses.

Elle fut saluée par quelques vieux paysans, et ce témoignage de respect la toucha.

Quand elle se trouva sur les rochers, elle s'assit.

Le coude appuyé sur son genou, elle regardait devant

elle et se laissait bercer par les plaintes de l'eau et les murmures du vent.

Tout à coup elle entendit du bruit au-dessous d'elle, dans la grotte que surplombait le rocher sur lequel elle était assise.

Un homme sortit de cette grotte.

Il tenait un livre à la main, un de ces gros livres qui ne peuvent être que des livres de prière.

En levant les yeux il aperçut Madeleine.

Alors il ôta respectueusement son chapeau, et fit deux pas en avant.

« Monsieur Roscoff! » dit la voix harmonieuse de la jeune fille.

Le capitaine se retourna et attendit.

« J'irai donc à vous, reprit Madeleine, car il faut que je vous parle...

— A moi! s'écria Roscoff avec terreur.

— A vous, Monsieur.

— Je m'attendais un jour ou l'autre à subir cette épreuve, murmura le capitaine; autant vaut tout de suite présenter sa poitrine à la blessure. »

Roscoff escalada deux roches plates, et se trouva sur l'étroit plateau qu'avait choisi pour siége la nièce de Noirot.

« Reconnaissez-vous ce lieu? demanda doucement Madeleine.

— On l'appelle la Grotte-aux-Mauves, Mademoiselle.

— Je l'ai nommé l'*Ilot du salut* dans mon souvenir. »

Le capitaine s'inclina sans parler.

Madeleine poursuivit :

« Mon oncle est allé vous remercier de m'avoir rendue à sa tendresse; je n'ai jamais eu l'occasion de vous rencontrer, vous fuyez notre maison... Est-il généreux, Monsieur, de garder l'existence de pauvres êtres qui ne se seraient pas plaints de mourir, et de ne pas daigner les regarder vivre ? Cependant, poursuivit-elle, pour un homme de votre caractère il y avait à opérer un grand sauvetage, et si je m'étais appelée le capitaine Roscoff, j'eusse réconcilié avec lui-même le citoyen Noirot !

— Mademoiselle... dit le frère d'Anaïk avec prière.

— Daignez m'écouter, poursuivit Madeleine; c'est sans doute la première et la dernière fois que je puis vous demander un avis et vous adresser une requête... Je ne me fais aucune illusion sur la réprobation dont, mon oncle et moi, nous sommes l'objet... Si on lisait au fond de mon cœur, on m'absoudrait sans doute de jouir d'une fortune à laquelle je n'attache aucun prix ; mais on me juge sur les apparences et vous croyez comme les autres que Madeleine Noirot compte à l'aide de sa dot payer le blason d'un mari... Je suis une pauvre fille condamnée à bien des douleurs, je les accepte en chrétienne, et c'est la chrétienne impatiente de réparer le mal commis qui s'adresse à vous... »

Roscoff leva la tête, et son visage s'éclaira vaguement, comme l'aube transperce sans les dissiper encore les ténèbres de la nuit.

« Que sont devenus les héritiers légitimes de Kéroulas? poursuivit Madeleine.

— Mademoiselle, répondit Roscoff, ne connaissez-vous point la complainte du *Capitaine aux mains rouges?* »

Madeleine secoua la tête.

« Je la connais, Monsieur, mais l'homme connu sous le nom glorieux de Sauveteur Breton, l'homme qui m'a disputée à la mort ne saurait être un assassin... »

Roscoff leva au ciel des yeux brillants de reconnaissance.

« J'en atteste le regard que je viens de surprendre, s'écria la jeune fille, j'en atteste surtout ma conscience et mon cœur, non ! vous ne pouvez avoir commis un meurtre, et Dieu seul sait un secret dont je vous demande le partage.

— Pourquoi ? demanda Roscoff d'une voix altérée.

— Vous me demandez pourquoi, à moi, la nièce de l'homme qui garde entre ses mains les biens de la famille de Kéroulas !

— Vous voudriez...

— Les rendre à qui de droit, Monsieur ! et le vieillard qui m'adopta m'aimerait assez pour préférer son ancienne misère à une opulence dont j'ai horreur.

— Vous êtes une sainte, Mademoiselle ! mais le Ciel seul tiendra compte de vos intentions.

— Le vicomte Hector de Kéroulas est bien mort, capitaine Roscoff ? mort sous... vos yeux...

— Non ! dit le commandant de la *Thémis*, mais il a péri dans un sinistre aux Antilles...

— Je savais bien ! dit Madeleine avec une explosion de joie, je savais bien... Mais qui vous affirme, qui vous prouve sa mort ?

— Rien ! quand je quittai M. de Kéroulas, ce fut la nuit, sur une île inconnue... je l'abandonnai à la Providence en lui remettant de la poudre et quelques vivres... Lorsque, plus tard, je cherchai dans l'immensité de l'Océan cette pointe de terre au nom ignoré, je trouvai le nom de M. Hector écrit sur les arbres, mais le vicomte était monté à bord d'un navire dont j'appris également la destination... Supposant que je m'informerais de sa destinée, il grava sur l'écorce d'un arbre sa courte histoire... Le *Xénophon* sombra en vue des Antilles... J'ai cherché vainement, partout ! vain espoir, poursuites inutiles : le vicomte de Kéroulas ne reviendra jamais, car s'il ne fût pas mort depuis de longues années, il serait en France, et sa cousine fût devenue sa femme...

— Sa cousine !

— La fille du comte de Kéroulas, mon ancien capitaine.

— Il existe encore quelqu'un portant le nom de Kéroulas !

— Celle qui le portait l'a changé pour un nom céleste... mais est-il possible, Mademoiselle, que vous ignoriez ce que chacun sait dans le pays !...

— Les gens du pays ne parlent pas à la nièce du citoyen Noirot, capitaine... Vous disiez que Mlle de Kéroulas...

— Est aujourd'hui Sœur Marie-des-Anges...

— Elle ! » fit Madeleine avec stupeur.

Après un moment de silence elle ajouta :

« Je comprends l'espèce de contrainte dans laquelle parfois la jetait ma présence... Elle ne pouvait s'empêcher de songer en me voyant à la mort de son père... et quand elle me dit que les pauvres seuls étaient les héritiers des biens de Kéroulas, elle faisait allusion à son vœu de pauvreté... Sœur Marie-des-Anges a pu voir élever, aimer la nièce du citoyen Noirot !... Ah ! vous avez bien fait, Monsieur, de me révéler ce mystère ! Je vous devais seulement la vie physique, vous me rendez la possibilité de reconquérir ma vie morale, et dès demain je mettrai mon oncle entre l'obligation de restituer à Mlle de Kéroulas, en religion Sœur Marie-des-Anges, le domaine paternel, ou la crainte de me voir le quitter... Le cloître qui abrite cette sainte et noble fille aurait sans doute une place pour moi...

— Et vous redeviendriez pauvre sans regret !

— Avec joie !

— Vous méritiez d'être heureuse, Mademoiselle !

— Je le serai, dit Madeleine, s'il suffit d'avoir une bonne conscience. Maintenant que j'ai, par un acte de ma volonté, renoncé à un sanglant héritage, ne voulez-vous pas me donner la main, capitaine ? »

Roscoff regarda Madeleine.

Ému, tremblant, il mit sa main robuste dans la petite main de la jeune fille.

« Quelque chose me dit, monsieur Roscoff, que le jour où je restituerai aux Kéroulas l'héritage que je refuse, votre honneur vous sera rendu.

— Dieu doit exaucer les prières des anges, Mademoiselle... Que vous réussissiez ou non dans vos projets, je vous suivrai par la pensée comme on fait des saintes visions entrevues... Je crois que votre propre générosité vous abuse, mais il est beau de se tromper ainsi... Noirot n'a pas acheté les terres de Kéroulas, il n'a point relevé les murs du château, pour opérer une restitution, facultative au gré de bien des gens...Votre oncle veut vous marier dans le pays à un gentilhomme ruiné, et s'abriter sous la considération de votre époux.

— L'homme qui m'épouserait riche se déshonorerait ! dit résolûment Madeleine.

— Mais si vous deveniez pauvre !... répondit lentement Roscoff.

— Alors personne ne songerait à moi !

— Personne ! quand vous auriez accompli un acte héroïque, quand vous auriez tout jeté en pâture à votre honneur ! Ah ! jugez mieux les hommes, Mademoiselle ! et sachez qu'il en est encore dont le plus grand, l'unique orgueil serait non pas de vous mériter, qui oserait le croire ? mais de vous obtenir... »

Pendant que Roscoff adressait ces mots à la jeune fille, tous deux se trouvaient debout, la main dans la main...

Madeleine leva sur Roscoff un limpide regard qui troubla le marin; il aida la jeune fille à quitter sa place, descendit avec elle sur la grève, lui indiqua le chemin de la falaise, puis, tandis qu'elle la montait, il contemplait sa forme gracieuse s'esquissant dans la splendeur d'une belle journée d'automne.

Elle disparut, cette ombre aérienne, et Roscoff demeura immobile à la même place, se demandant s'il ne rêvait pas et si sa vie n'était point subitement changée.

XX

L'héritage maudit

Le lendemain de ce jour, Madeleine envoya Marthon à la recherche de son oncle qui soignait ses rosiers dans le jardin ; Noirot répondit qu'il attendait sa nièce dans le bosquet. Quand Marthon transmit ces paroles à Madeleine, la jeune fille parut contrariée, comme une personne qui heurte au premier obstacle. Elle commanda cependant doucement à Marthon de retourner au jardin, et de prier son oncle de la venir trouver aussitôt qu'il aurait fini.

A partir de ce moment elle l'attendit.

Madeleine se trouvait alors dans une pièce tendue de sombres étoffes ; elle-même était vêtue de deuil, et tout dans sa démarche et dans son visage indiquait une vive préoccupation.

Elle n'attendit pas son oncle longtemps.

Un quart d'heure après, Noirot entrait dans le petit salon.

Il s'arrêta surpris en face de Madeleine, puis il lui dit d'une voix un peu grondeuse :

« Je n'aime pas le noir, et tu m'avais promis de n'en plus porter.

— En effet, mon oncle, répondit Madeleine, et ce soir même, si vous le voulez, j'aurai repris une robe aussi modeste, mais plus gaie... j'ai tâché de me rapprocher autant que possible de ce que j'étais quand Marthon heurta à votre seuil, je mendiais... et la robe que je porte à cette heure est loin encore de mes haillons... J'avais pour tout bien l'anneau de mariage de ma mère et une médaille bénite... ma famille, je croyais l'avoir perdue... Dieu est bon, il me gardait un second père... vous vous attachâtes à moi avec une tendresse subite, profonde; je vis dès le lendemain que vous m'adoptiez, que vous m'aimiez... Vous avez satisfait à tous mes caprices d'enfant; plus tard, rêvant pour moi un sort inespéré, vous m'éloignâtes de ce pays, et je reçus dans un couvent le bienfait de l'éducation... J'ai répondu de mon mieux à votre tendresse... au bout de cinq ans, rentrée dans ce château je l'ai trouvé embelli par vos soins, embelli pour me plaire. Vous qui refusez de prier et de croire, vous avez voulu que je puisse prier à toute heure et vous avez songé à me rendre la chapelle... Ah! j'ai bien raison de dire que vous m'avez aimée.

— Oui, répéta Noirot, aimée plus que tout au monde!

— Seulement, reprit Madeleine, si vous m'avez beaucoup, aimée vous m'avez mal aimée.

— Eh que fallait-il faire, mon enfant?

— Il fallait vous demander si la façon dont vous m'éleviez était salutaire, et si je pouvais dans le milieu où je vis être heureuse comme les autres jeunes filles.

— Je comprends, dit Noirot, tu t'ennuies encore; eh bien! nous irons à Paris.

— A Paris ou à Kéroulas je souffrirai, mon oncle.

— Quelque chose te manque donc?

— Oui, mon oncle.

— Quoi?

— Le droit de lever la tête.

— Ah! fit Noirot, on t'a dit...
— Tout!
— Je devais bien prévoir que Mlle de Kéroulas...
— Sœur Marie-des-Anges a gardé un silence héroïque.
— Tu sais, tu sais... après! quoi! que je suis jacobin?
— Je sais cela...
— Que j'ai voté... tout ce qu'on votait alors! que j'ai laissé les nobles monter sur l'échafaud... c'était mon idée, à moi roturier... ce n'est pas un crime, après tout
— Et le domaine de Kéroulas, mon oncle?
— Je l'ai payé.
— Une somme dérisoire.
— Plus cher que Jean-Louis n'acheta les terres des Bénédictins.
— Ce n'est pas une raison, reprit Madeleine; mais il ne m'appartient pas de vous juger... Cette fortune, je la regarde comme un dépôt entre vos mains... pouvez-vous me jurer que si par un miracle du Ciel un Kéroulas venait à reparaître, il rentrerait dans ses biens...
— Tu me tends un piége, dit Noirot; il ne faut pas un miracle pour trouver un Kéroulas au monde, puisque Mlle Yvonne existe.
— Je vous parlerai d'elle tout à l'heure...
— A qui fais-tu allusion?
— Au vicomte Hector.
— Si ce n'est que lui qui me gêne...
— Enfin, me donnez-vous votre parole?
— De restituer Kéroulas?
— Oui, mon oncle.
— Moi, jamais! ce domaine, ces terres, je les aime, je dépense ma vie à les entretenir, à les fumer, à les améliorer... leur valeur est doublée... Je ne sais point ce que la Sœur Marie ou l'abbé Colomban t'ont mis

en tête, mais on a surpris ta conscience, on t'a fait jurer de faire tous tes efforts pour obtenir que je renonce à Kéroulas en faveur du monastère, et toi, simple et naïve, tu as consenti... mais heureusement que l'oncle Noirot ne se laisse point conduire par des lisières...

— Vous me refusez, mon oncle ?
— Sans nul doute.
— Positivement ?
— Très-positivement.
— Vous reviendrez sur cette parole, mon oncle, je vous en laisserai le temps... Si au bout de six mois vous ne m'avez pas juré sur ma propre vie de rendre au vicomte de Kéroulas, s'il est encore de ce monde, ou à Mlle Yvonne, sa sœur, des biens qui vous ont déjà amplement récompensé de vos peines, je jure, moi, de quitter votre maison et de n'y jamais revenir...
— Tu me quitterais, Madeleine !
— Avec la certitude que vous ne m'aimez pas !
— Moi, ne plus t'aimer !
— Sans doute, vous me préféreriez votre fortune.
— Que t'a-t-elle fait pour que tu la haïsses ?
— Elle me condamne à d'éternelles humiliations.
— Elle paya l'instruction que tu as reçue.
— Je ne récuse pas ce bienfait, il m'aidera à gagner ma vie plus tard.
— Voyons, petite folle, avoue que quelqu'un t'a arraché la promesse de faire la demande que tu viens de tenter.
— Personne ne me l'a conseillée.
— Seule tu as résolu de redevenir pauvre ?
— Pour cesser d'être méprisable.
— Madeleine !
— Pardon ! mon oncle ! pardon !
— Je ne t'en veux pas, répondit brusquement Noirot;

je devais m'y attendre. Après avoir longtemps vécu en égoïste, n'aimant que l'or amassé à grand'peine et les terres conquises avec danger, je me suis pris à aimer une petite créature perdue par les grands chemins... elle me montra l'anneau de mariage de sa mère, elle m'ensorcela avec ses grands yeux, et quand une fois je l'eus prise sur mes genoux, il me devint impossible de la quitter... Je commis une faute ce jour-là ! L'enfant devient aujourd'hui mon bourreau; l'enfant gâtée, élevée grâce à ma fortune, en demande aujourd'hui l'origine... elle ne se contente pas de m'accuser, elle me méprise! Madeleine, retiens ceci, quand on a fait ce que j'ai fait pour être riche, on reste riche!

— Mais il est d'autres richesses que l'argent, mon oncle ! L'amitié de quelques-uns, le respect de tous, l'amour que l'on inspire et que l'on ressent, ne sont-ce pas là des trésors?

— Qu'achète-t-on avec ceux-là ?

— On acquiert du moins ce que rien ne saurait payer !

— Écoute, dit Noirot, ne dérange pas mes plans... Je t'aime, et je suis capable de sacrifier bien des choses pour ton bonheur... ce bonheur, il faut me le laisser faire...

— Vous voulez me marier?

— J'ai presque réussi.

— Avec un prétendu gentilhomme de Gascogne, un M. de Cordorilac, criblé de dettes, ou bien un soldat de fortune... Vous m'offrez trop, mon oncle, je voudrais choisir...

— Décide-toi et je te jure qu'à partir du jour de ton mariage, je prendrai des arrangements, soit avec Mlle Yvonne, soit dans l'hypothèse du retour du vicomte de Kéroulas. Je puis être à mon aise, même en rendant les terres. On me doit pour le moins des honoraires d'intendant : acceptes-tu ?

— Je refuse toute idée de mariage.

— Et tu attendras avant de prendre une résolution définitive...?

— Six mois, je vous l'ai dit.

Noirot embrassa Madeleine au front.

« Je mets dans mes conditions, dit-il, que tu prendras des toilettes en rapport avec mes espérances.

— J'obéirai. »

A l'heure du dîner, en effet, Madeleine était éblouissante.

Le château regorgeait d'invités, et la jeune fille se sentait mal à l'aise au milieu de cette foule d'hommes plus ou moins tarés, de ces femmes à réputation entamée. A peine le repas fut-il terminé, qu'échappant aux hommages de ceux qui se disputaient sa main, elle monta dans sa chambre et s'y enferma.

Bien que Madeleine eût conclu une trêve avec son oncle, elle ne cessait point de songer à ses projets; elle respecta le silence de son oncle, sans croire fermement à son intention de restituer dans un temps plus ou moins éloigné le domaine de Kéroulas. Elle écrivit à Sœur Marie-des-Anges une longue lettre dans laquelle elle l'instruisait de son immuable résolution; elle parlait de son départ de Kéroulas comme d'une chose probable, sans demander cependant à entrer au couvent.

La religieuse lui répondit pour la tranquilliser qu'elle ne devait point considérer une religieuse, servante des pauvres comme prétendant avoir part à une restitution obligatoire devant Dieu, mais nullement exigible aux yeux des hommes.

Elle comprenait les souffrances intimes et les répugnances de Madeleine, l'encourageait à les vaincre, mais en même temps la suppliait de ne pas accepter une union en désaccord avec son cœur. Madeleine n'avait pas besoin qu'on lui recommandât ce dernier point.

Le Gascon ne gardait aucune espérance, le colonel repoussé avec perte s'apprêtait au départ. Chacun des prétendants, évincé avec de bonnes paroles dites par Madeleine d'une voix douce, demeura convaincu que la jeune fille était dans l'intention de prendre le voile.

Sans doute la première pensée de Madeleine avait été de chercher un refuge dans la sainte demeure qui abritait Yvonne de Kéroulas; mais un jour, en sondant son cœur, Madeleine reconnut avec un secret effroi qu'il n'était plus libre!

Le Seigneur est jaloux! dit l'Écriture; or un nom se présentait trop souvent au souvenir de la jeune fille, pour qu'elle pût jurer d'être à Dieu et de n'appartenir qu'à lui. Le sentiment qui faisait invasion dans son âme lui devenait à la fois un tourment et une joie. Ce sentiment absorbait les autres douleurs. Noirot ne comprit rien de ce qui se passait en elle; mais il n'avait point oublié qu'on avait un jour prononcé le nom du vicomte de Kermosaël et que ce nom l'avait émue.

Noirot, devenu timide en face de sa nièce, alla chez l'abbé Colomban.

Il supplia le prêtre de négocier cette alliance; il offrit sa fortune presque tout entière, ne se réservant qu'une petite rente, et jurant que M. de Kermosaël ne serait jamais gêné par sa présence; qu'il se cacherait à Kéroulas et se contenterait du bonheur de voir Madeleine. Le curé fit comprendre à Noirot l'impossibilité de ce mariage, et le jacobin recommença la poursuite de plans nouveaux qui ne donnèrent aucune solution.

Cinq mois se passèrent.

Noirot voyait avec terreur approcher le moment où une dernière explication serait indispensable. Il cherchait à concilier deux choses invraisemblables : au prix d'un sacrifice partiel, il eût voulu garder la confiance et l'affection de Madeleine, mais il ne pouvait pas plus se résigner à perdre la totalité de sa fortune qu'à se séparer de sa nièce.

Puisque Mlle de Kéroulas refusait de reprendre les terres achetées primitivement par Brutus, pourquoi Madeleine se montrait-elle plus exigeante que l'héritière du domaine? c'est que Madeleine craignait que la fortune de Noirot ne fût un obstacle au bonheur qu'elle rêvait. Sans oser y prétendre, Madeleine aimait; mais pour elle ce sentiment confondait la pitié, la reconnaissance, le respect. Dût-elle ne jamais revoir celui qu'elle se savait incapable d'oublier, il fallait qu'elle se montrât digne de lui. Elle ne le deviendrait qu'en s'appauvrissant. Elle ne comptait point cesser de remplir ses devoirs envers son oncle ; pauvre, elle lui vouait son existence; riche, elle le fuyait. De terribles combats se livraient dans ce pauvre jeune cœur. Mais Madeleine n'en était plus à compter ses souffrances.

Une explication nouvelle était peu nécessaire, Noirot devait aller au-devant des questions de Madeleine.

Rien n'indiquait pourtant que le vieillard consentît à l'abandon de ses richesses.

Madeleine, elle, n'hésita plus. Sans doute elle s'était attachée à Noirot; il l'avait aimée, après tout, cet homme dur et si égoïste. Elle le regrettait; elle ne pourrait jamais s'empêcher de songer à lui avec une inquiète sollicitude. Mais elle croyait se devoir, et devoir aussi à un autre, de ne point continuer à habiter Kéroulas.

Un seul jour encore, et Madeleine allait partir!

On était en avril, la nature ranimée prodiguait les bourgeons, les boutons, les feuilles, l'herbe nouvelle.

Cette pauvre Bretagne si exaltée par les uns, si méconnue par les autres, paraissait alors à Madeleine la plus belle contrée de la terre. Elle l'aimait avec un profond sentiment de nationalité, elle aussi, avec son cœur.

Tout le jour elle erra sur la côte; quand sonna l'*Angelus*, elle entra dans l'église, s'y attarda, en sortit pour s'agenouiller sur la tombe d'Anaïk, et ne quitta qu'à la nuit ce champ des morts et l'asile de la prière.

Le temps avait brusquement changé.

La mer, moutonneuse d'abord, souleva bientôt de grosses vagues.

Les pêcheurs se hâtaient de regagner la rive; et au moment où Madeleine traversait le chemin qui devait la ramener à Kéroulas, elle reconnut l'abbé Colomban. Le prêtre se dirigea vers la partie haute des roches, d'où il devenait facile de surveiller la grève.

Le prêtre paraissait vivement préoccupé.

Madeleine n'osa lui adresser la parole; mais un sentiment d'angoisse profonde s'ajouta à la tristesse qui l'oppressait. Elle aussi resta un moment debout sur la falaise, cherchant de l'œil la pointe de l'îlot sur lequel elle avait failli périr.

« Mademoiselle, dit une voix saccadée auprès d'elle, la soirée sera rude pour l'ennemi des épaveurs; si on verse des larmes à Kéroulas, il pourrait bien arriver qu'ici l'on versât du sang.

— Que voulez-vous dire? demanda Madeleine.

— Roscoff ne joue-t-il pas sa vie chaque nuit de tempête...? Je suis comme les mouettes, je pressens l'orage et je crie... vous, vous priez, vous souffrez et vous avez raison de souffrir, parce que c'est la preuve que vous possédez une grande âme, et de prier parce que la prière console de tout...

— De tout! vous avez raison, Marianic.

— On me regarde dans le pays comme une folle, n'est-il pas vrai? On raille mes guenilles, et on trouve à redire à ma vie... J'ai été tout à fait insensée;

ma raison par lambeaux m'est rendue... A cette heure je pense, je comprends et je sais... vous voulez quitter Kéroulas parce que le domaine appartient au vicomte qu'on dit enseveli sous les flots, et à Mlle Yvonne qui s'est ensevelie sous des voiles... Vous avez tort de partir demain, parce que demain il y aura dans le pays des signes de la Providence... D'ailleurs, poursuivit Marianic, ce n'est pas vous qui spoliez, ce n'est pas vous qui trompez... Le domaine m'appartenait, on me l'a extorqué et je ne me suis pas plainte... Tout s'arrangera... et avant le lever du soleil bien des choses se seront passées dans le village.

— Les morts ne seront pas ressuscités ! murmura Madeleine.

— Et les vivants seront quasi morts...

— Les vivants ! qui donc, Marianic ?

— Pourquoi rougissez-vous ? demanda la pauvresse.

— Je ne sais, ou plutôt, si je me trouble, cela est bien naturel... vous parlez de danger.

— Rien ne vous menace, ma fille.

— Moi ! qu'importe moi ! » dit Madeleine.

Elle ajouta en prenant le bras de la mendiante :

« Roscoff court un danger... un grand danger... Et c'est pour cela que je ne dois pas quitter Kéroulas !

— Pour cela ! »

Madeleine n'ajouta rien.

Elle regardait s'enfler les vagues ; elle regardait Marianic qui, le bras étendu vers la mer, paraissait conjurer les flots.

La pauvresse de la grand'lande reprit après un long silence :

« Voyez-vous cette barque ?... un point noir... comme elle lutte... vainement ; l'océan est trop furieux, le vent trop mauvais... C'est le canot des Gardien, je le connais bien... une femme, six enfants! Ses camarades sont là, hochant la tête, et se répétant l'un à l'autre : Il n'y a rien à faire, rien !...

« Eux aussi sont pères de famille...

— Quelqu'un va secourir Gardien et son matelot... ne le reconnaissez-vous pas, Marianic? »

La pauvresse fit le signe de la croix.

« C'est Roscoff! » dit-elle.

En effet, le capitaine aux mains rouges n'avait pas tardé à rejoindre l'abbé Colomban afin de bien examiner la mer, puis à descendre sur la grève afin de se trouver prêt comme toujours pour entrer en lutte avec le péril. Les pauvres gens montant la barque pouvaient formuler leur dernière prière; il n'y avait de chance de les sauver que le courage de Roscoff, et encore fallait-il que ce courage fût couronné de succès.

Le capitaine aux mains rouges, voyant le péril couru par les braves gens, venait de sauter dans un canot et manœuvrait avec autant d'habileté que de courage. Les deux Gardien luttaient héroïquement de leur côté; mais la mer passait sur leur barque, l'emplissant d'eau, menaçant de la couler bas. L'écope ne cessait pas sa besogne, mais à peine avait-on allégé la frêle embarcation, qu'une vague nouvelle la couvrait. Les planches disjointes présentaient des voies nombreuses; en vain les pêcheurs calfeutraient-ils le canot avec leurs habits, il faisait eau de toutes parts, et une vague plus haute, pareille à une montagne, l'ayant brusquement enveloppé, il ne reparut plus.

Un grand cri s'éleva sur la grève.

Les Gardien étaient perdus.

Mais le canot de Roscoff tenait encore la mer, et tant que le capitaine aux mains rouges n'abandonnait pas l'espoir de les sauver, on pouvait attendre quelque chose encore.

Roscoff, en les voyant disparaître, ne songe plus que, s'il se précipite dans les flots, il court un péril imminent. Ne voyant pas les pêcheurs reparaître, il s'élance brusquement de la barque, tombe dans la mer, et cherche les victimes qu'elle vient d'engloutir.

Le père Gardien sentait s'épuiser ses forces quand Roscoff l'empoigna par les cheveux, et le ramena vivement à la surface. Nageant d'un bras, il parvint en dépit de difficultés inouïes à saisir le bord de son canot; quand le pêcheur l'eut sous les doigts, il s'y cramponna avec une énergie de noyé, et Roscoff plongea de nouveau afin de retrouver son beau-frère; celui-ci venait de reparaître. Jetant presque au hasard ses bras défaillants, il s'attacha à Roscoff, et, loin de profiter des secours que lui offrait le capitaine, il l'entraîna dans sa perte... Le capitaine aux mains rouges, épuisé de fatigue, attiré vers le fond de l'abîme par un poids énorme, remonte encore, mais privé de la liberté de ses mouvements, il ne peut calculer ses forces et la distance qui le séparait de la barque... Il heurta du front contre la quille... on vit par deux fois se dresser au-dessus des vagues une tête sanglante, puis Roscoff et le noyé disparurent au moment où s'élevait sur la grève une clameur désespérée.

XXI

Un fantôme.

Tandis que Madeleine, agitée d'une fiévreuse angoisse, suivait du regard les péripéties du drame émouvant qui se passait à ses pieds ; tandis que l'abbé Colomban portait une aide efficace aux hommes de la côte, et que Roscoff, victime de son héroïsme, disparaissait sous la quille du canot, une chaise de poste lancée à fond de train courait sur la route de Brest. Elle était occupée par un voyageur dont la jeunesse approchait de la maturité. Son teint d'une mate pâleur, ses yeux profonds, les deux rides de son front attestaient une souffrance latente. Il se trouvait dans la force de l'âge, et l'on eût dit que la fatigue l'accablait! D'immenses douleurs planaient sans doute sur le passé, et les plaies vives manquaient encore du baume qui les pouvait guérir. Tandis que les chevaux volaient sur la route, il ne paraissait point se replier sur lui-même : une préoccupation unique remplissait sa pensée. Il consultait sa montre, passait sa tête à la portière et activait le zèle du postillon. Cette route lui paraissait interminable.

Enfin il aperçut la ville noire dans la nuit profonde à peine dissipée par les lueurs rouges des fanaux, des phares et des lanternes. La voiture s'arrêta à la porte d'un hôtel dont le propriétaire, attiré par le bruit des grelots de poste, vint immédiatement et d'une façon obséquieuse faire ses offres de service. Le voyageur demanda un appartement, ordonna d'y monter ses malles, puis, s'enveloppant dans son manteau, il laissa l'hôtellerie à sa gauche, et suivit rapidement une rue qui le devait conduire du côté de la mer.

De temps en temps il s'arrêtait, s'orientait, rappelait ses souvenirs, puis d'un pas délibéré se remettait en route, jusqu'à ce que de nouveau il hésitât entre deux chemins.

Malgré la sauvage beauté du spectacle qu'il avait sous les yeux, il paraissait insensible à tout ce qui l'environnait. Il marchait, non pas en promeneur, mais en homme pressé d'atteindre un but désigné, et d'y arriver au plus vite.

Évidemment cet homme jeune encore connaissait le pays, car il ne craignit pas de choisir un sentier abrupte menant de la grève à la hauteur, et il gravit avec une gra... de sûreté les marches naturelles disposées dans le roc.

Arrivé au sommet, il vit quelques maisons éparses, désertes pour la plupart. Il ne voulut frapper à aucune pour demander un renseignement. De loin une lumière très pâle, émergeant du brouillard par des fenêtres plus larges et plus élevées que celles des cabanes de la côte, lui fit penser qu'il entrevoyait la lueur de la lampe brûlant dans l'église du village.

Il s'arrêta un moment, respira avec bonheur l'air de la grève, salua de cœur cette étoile chrétienne allumée par une main pieuse, et se dirigea de ce côté.

Cependant, rendu en face du portail fermé à cette heure avancée, il ne frappa point et chercha encore.

Une maison cachée sous les arbres, envahie par les fleurs et pour ainsi dire placée sous la protection du clocher, attira son attention; il traversa une cour sans grille, heurta à la porte de cette modeste demeure, et attendit.

Une lumière passa devant deux croisées, un pas lourd résonna dans le couloir, et une vieille femme ouvrit la porte.

« Cette maison est le presbytère? demanda le voyageur.

— Oui, Monsieur, répondit la servante.

— Je désirerais voir le curé du village. »

La vieille Perrine poussa un profond soupir.

« Il est sorti, Monsieur.

— Doit-il bientôt rentrer?

— Qui peut le savoir, quand la mer est si mauvaise!

— Il est sur la côte!

— Oui, Monsieur; et m'est avis que la nuit ne s'écoulera point sans qu'il arrive un malheur... Vous avez quelque chose de pressé à dire à M. le curé!

— Très-important et très-pressé... »

Le voyageur hésita à faire une question nouvelle; il redoutait l'annonce d'un malheur. Enfin il demanda d'une voix altérée :

« C'est toujours l'abbé Colomban qui gouverne cette paroisse!

— Toujours, Monsieur! Vous le connaissez?

— Oui.

— Si vous connaissez M. le curé, reprit la servante, et si vous avez à lui dire une chose importante, le plus simple serait de l'attendre... la soirée est fraîche, je jetterai un fagot dans le foyer; vous ne pouvez rentrer à Brest au milieu de la nuit...

— Je vous remercie, répondit le voyageur, et j'accepte. »

En un instant, Perrine ranima le foyer, débarrassa le voyageur de son manteau, plaça une lampe sur la table, prit un livre dans la bibliothèque, le mit près de la lampe, revint une minute après avec un plateau sur lequel se trouvait un petit pain entouré de fruits et de fromage, puis elle quitta la salle, laissant le voyageur absorbé dans ses pensées. Elle comprenait qu'il souffrait; elle devinait qu'il éprouvait le besoin de faire des confidences ou d'adresser des questions; mais elle n'était ni curieuse ni bavarde, et se regardait comme si peu capable d'intéresser par ses récits qu'elle se retira discrètement. Certes, Perrine n'était guère semblable au type de la servante du presbytère. Perrine maigre, pâle, silencieuse, aimée pour sa bonté, déroutait toutes les commères de l'endroit par la continuité de son silence. Elle pensait beaucoup et parlait peu. La révolution lui enleva son mari et ses fils; elle s'absorba dans ses regrets, et, ne se trouvant point le courage d'aller travailler chez des gens qui, en plus de son travail, lui demandaient de la bonne humeur, elle était allée offrir ses services à l'abbé Colomban.

« Je ne demande point de gages, lui dit-elle, mais du pain, et l'honneur de servir un homme d'église; vous avez vos pauvres à qui doit revenir votre argent; je n'ai besoin de rien que du peu qui empêche de mourir; en vivant au presbytère, je serai plus près de la maison de Dieu, c'est tout ce qu'il me faut! »

L'abbé Colomban garda Perrine.

Cette triste veuve, vêtue de deuil et portant la coiffe longue des paysannes de Vannes, ne manquait ni de dignité ni de beauté. Son abord était austère sans dureté. Elle s'entretenait trop avec les morts qu'elle avait perdus pour aimer les causeries des oisifs. Quand un malheureux se présentait au presbytère, elle le soulageait avec empressement, mais elle ne l'interrogeait pas. On l'estimait plus qu'on ne l'aimait; deux personnes seulement lui étaient chères : Marianic la pauvresse de la grand'lande, et Madeleine. Les épreuves subies par ces femmes lui semblaient égaler les siennes. Elle plaignait la nièce de Noirot à l'égal de la mendiante, et si son cœur battait encore à l'approche des vivants, c'était pour ces deux éprouvées.

Quand elle eut laissé seul le jeune voyageur, elle rentra dans sa cuisine et reprit la quenouille chargée de filasse.

On entendait un murmure monotone sortir de ses lèvres; et les douces paroles de l'*Ave Maria* s'unissaient au sifflement du fuseau roulant entre ses doigts. Quand Perrine remontait le fuseau ou le changeait de fil, qu'elle nouait avec prestesse à son extrémité aiguë, elle écoutait les bruits du dehors, cherchant vainement à distinguer le pas lourd de l'abbé Colomban.

La nuit s'avançait.

Perrine devenait inquiète.

Protégeant d'une main sa résine fumeuse, elle alla plus d'une fois à la porte du presbytère, mais elle ne put rien voir, et rentra le cœur oppressé par un pressentiment sinistre.

Enfin elle entendit sur les pavés de la cour un bruit de pas qu'elle reconnaît. Elle se lève, elle court au-devant du curé, lui ouvre la porte toute grande, et avant qu'elle ait eu le temps de le prévenir de la présence de l'étranger, le curé est déjà dans la salle.

A la vue du prêtre, le voyageur se lève; il ôte son chapeau, et prenant avec un geste plein de respect les mains du vieillard, il lui demande :

« Ne me reconnaissez-vous pas? »

Le vieillard regarde le jeune homme, hésite, puis brusquement lui tend les bras.

« Vous! vous! » répétait-il.

Perrine venait de les laisser seuls.

« Oui, moi, répondit le jeune homme, moi qui ai couru tant de périls, moi que la mort a si souvent menacé, moi, véritable Lazare sortant de la tombe!

— Ah! s'écria l'abbé Colomban, pourquoi revenez-vous si tard?

— Ainsi, tout est vrai! demanda le jeune homme.

— Tout!

— Yvonne de Kéroulas est religieuse!

— Oui.

— Et mon noble sauveur!

— Est regardé comme un vil assassin!

— Cela est horrible! horrible! murmura le jeune homme... Et tout s'est conjuré pour empêcher mon retour... Roscoff méprisé de tous, Roscoff martyr de sa générosité... Mon Dieu! mon Dieu! que ferai-je jamais pour cet homme?

— Vous lui rendrez son honneur, il ne demande que cela.

— Eh bien! dit le voyageur, partons tout de suite : le vicomte de Kéroulas est pressé d'acquitter sa dette.

— Attendez! dit le prêtre, hélas! attendez! La joie de vous revoir et d'entrer en possession du plus précieux des biens serait à cette heure fatale à Roscoff; avant qu'il nous soit possible de franchir le seuil de sa demeure, nous avons le temps, moi de vous raconter sa vie, et vous de me dire ce qui s'est passé...

— Roscoff est malade, blessé, mourant!...

— Roscoff ne mourra pas, je l'espère, mais en sauvant cette nuit deux hommes d'un trépas certain, il a été lui-même grièvement atteint... J'ai laissé près de lui le docteur Melrant, et une garde-malade... on m'a interdit la chambre du malade jusqu'à demain, nous avons donc le temps d'échanger nos confidences.

— Et j'ai hâte de tout vous dire, comme vous devez éprouver le désir de tout entendre...

— Parlez! parlez! s'écria l'abbé Colomban.

— Je ne vous rappellerai point ce qui se passa à Brest, vous le savez trop... Brutus me trahit indignement, s'empara des diamants qui constituaient seuls ma fortune; et sous prétexte de me sauver me fit prendre passage à bord de la *Thémis*... Roscoff avait des ordres, des ordres précis, sanguinaires; à une date fixée d'avance, il devait se débarrasser du ci-devant vicomte de Kéroulas... Au nombre des officiers d'état-major de la *Thémis*, se trouvaient de braves gens, amis d'une liberté sage, défenseurs d'idées républicaines, repoussant toutes les cruautés et comprenant tous les sacrifices. Si quelques-uns s'abandonnaient trop facilement à des utopies gouvernementales, s'ils se reportaient trop vers les souvenirs de Rome et de la Grèce, oubliant que la France n'a point les mêmes tendances et les mêmes destinées, ils avaient au moins horreur du crime, repoussaient l'assassinat, et reculaient épouvantés devant une lâche trahison. Les meurtres juridiques ne soulevaient pas leur indignation, ils les regardaient comme une nécessité fatale; mais le meurtre isolé, l'assassinat enveloppé d'ombres, accompli sans l'apparence d'un jugement, soulevait leurs sentiments, révoltait leurs instincts, et réveillait en eux la conscience troublée, obscurcie, mais vivante encore. Quand Pierik, Candale et Grenier apprirent de Roscoff que Brutus m'avait condamné et qu'on leur confiait l'exécution de l'arrêt, ils répondirent généreusement par un refus d'obéir. Ce refus pouvait les perdre. Mon salut devenait leur condamnation. Il restait un moyen de concilier l'humanité et leur intérêt, ils l'employèrent. Une nuit, on me fit descendre dans un canot monté par quatre hommes, Grenier, Pierik, Candale et Roscoff. Nous gagnâmes le large. Une île avait été signalée par la vigie; quand nous nous trouvâmes à distance de quelques longueurs de rames, je poussai un cri, que de la *Thémis* on dut prendre pour un cri de détresse... Une minute après je mettais pied à terre. On déposait en toute hâte sur le rivage des vivres, quelques munitions et des habits. Je me jetai dans les bras de mes sauveurs; Roscoff m'embrassa d'une tendresse émue; puis tous quatre remontèrent dans la chaloupe, les rames frappèrent l'eau, le bruit diminua, s'éteignit, je cessai enfin de l'entendre et je me trouvai seul, tout seul dans cette île déserte... J'avoue que le premier sentiment auquel je cédai fut celui du découragement : cette obscurité complète, la longueur illimitée de mon exil comprimèrent mon âme. Je regrettai que l'échafaud ne m'eût pas pris comme il avait fait de mon oncle ; et là, en face de la mer, sous le ciel sombre, en présence d'une destinée brisée, lamentable, j'éclatai en sanglots...

« Je m'endormis pourtant...

« Quand je m'éveillai, je crus être sous l'empire d'un rêve. Le ciel d'un bleu pur se mirait dans les vagues d'azur déferlant sur la rive. Des palmiers et des cocotiers mêlaient leurs verdures, des cactus rouges éclataient au soleil ; partout des fleurs frappaient mes regards ; l'air embaumait ; la jeunesse coulait en flots de sève dans les veines de la nature ; et l'espoir me revint en même temps que la douce sensation de l'existence.

« Je parcours mon royaume : royaume étroit, empire d'une lieue ! mais faut-il tant d'espace pour vivre quand il en faut si peu pour dormir son sommeil éternel ?

« Les souvenirs de la patrie, l'image de ma cousine rendaient à ma pensée une énergie nouvelle. Je me promis de subir l'épreuve avec courage ; je calculai la durée probable de mon séjour dans l'île inconnue. Elle se trouvait trop à la portée des navigateurs pour qu'avant peu de temps l'un d'eux, voyant flotter un signal à la cime d'un arbre, n'envoyât point opérer une reconnaissance. Il s'agissait de quelques semaines, quelques mois au plus. L'été rayonnait et répandait ses richesses d'une façon prodigue. J'avais des armes et de la poudre. Je pouvais me regarder comme un colon séparé momentanément des siens, ou un chasseur qui veut se livrer sans témoin à sa passion favorite. L'orgueil se mêla bientôt à mes premières pensées. Je voulus triompher de l'acharnement que le sort mettait à me poursuivre. Il me parut digne de moi de me résigner même à une vie que tant d'esprits plus puissants que le mien avaient choisie et que je devais accepter. Je passai dans une sorte de joie la première journée de mon séjour dans une île que, par un pieux souvenir, je nommai l'île de Saint-Cadoc. Les fleurs merveilleuses étendues en tapis sous mes pieds, disposées en guirlandes et tendant leurs cordages de lianes d'un arbre à l'autre, massées en buissons, groupées en bouquets, me charmèrent et m'attirèrent; je remarquai mille oiseaux inconnus; je distinguai dans les branchages des arbres des écureuils alertes et des singes aux mines étonnées. Quand vint le soir, je me couchai à l'ombre d'un buisson, et à force de regarder les étoiles, je crus voir leurs flammes descendre vers moi... L'activité de ma nature prit vite le dessus et l'emporta sur le découragement. Je songeai qu'il pouvait survenir des orages, et l'idée de me construire une cabane germa dans mon esprit. Il n'était point difficile de la mettre à exécution : quatre arbres gigantesques et plantés avec une régularité géométrique se trouvaient à quatre cents pas de la rive. Quelques plantes et des arbustes les reliaient entre eux. Mon premier soin fut d'aplanir l'espace qu'ils laissaient libre. Je me servais des branchages d'arbustes pour commencer les claies à l'aide desquelles je formais les cloisons et les murs de ma demeure. Des entailles ménagées dans les trous me permirent d'y suspendre des branches plus fortes. Le toit légèrement incliné devait favoriser l'écoulement des pluies. Je m'absorbai si complétement dans ce labeur que la nuit me surprit avant que je pusse me rendre compte des heures de la journée. Le lendemain, je continuai mon travail. En peu de jours la cabane se trouva d'autant plus solidement établie qu'elle avait pour premiers soutiens des arbres, puissantes colonnes de la forêt, et que leur feuillage presque imperméable protégeait une toiture encore insuffisante. Le premier jour où, au lieu de dormir sur la grève, je m'étendis dans cette cabane sur un lit d'herbes, fut pour moi un jour de fête. Si peu que fût mon œuvre, elle me coûtait des sueurs, et j'y attachai plus de prix que je ne l'aurais fait à un splendide hôtel, bâti à grands frais.

« Le travail diminuant la longueur des jours, je passai un mois dans l'île sans éprouver ni ennui, ni fatigue. Les provisions de Roscoff s'épuisant peu à peu, je songeai à cueillir des fruits et à les faire sécher; je découvris des plants de riz près d'un ruisseau, et, après avoir fait ma récolte et songé au moyen d'amener le cours d'eau proche de ma maison de feuillage, je pris la résolution de cultiver une terre si productive qu'elle donnait son grain comme une lande fournit l'herbe courte et sauvage. Je ne vous entretiendrai point de mes efforts successifs, de mes lents progrès, de mes chasses plus agréables que dangereuses, de mes espérances souvent détruites. Je ne compterai point les navires qui passèrent en vue de mon île et qui n'aperçurent pas le drapeau arboré au sommet d'un cocotier majestueux... trois ans se passèrent... Je m'accoutumais à la pensée de ne plus quitter cette île... mon cœur s'apaisait dans le silence. Je me considérais comme le prisonnier de Dieu... c'est de lui seulement que j'attendais la liberté! La chasse variait mes aliments; grâce au riz récolté, je confectionnai des galettes passables; mes habits pouvaient durer longtemps encore... d'ailleurs j'attendais! et pourtant que de voiles entrevues, que de vaisseaux disparus!..

« Un jour enfin, un jour le signal arboré est découvert par un navire. On met un canot à la mer. On vient au-devant de moi... L'hospitalité la plus généreuse m'est offerte à bord du *Xénophon*... Avant de quitter l'île de Saint-Cadoc, je grave sur l'écorce d'un arbre mon nom, la date de mon départ, et j'indique la destination du bâtiment sur lequel j'allais prendre passage...,

— Roscoff a vu cet arbre! dit l'abbé Colomban en interrompant Hector, et dans sa maison de la côte se trouve le morceau d'écorce sur lequel vous gravâtes tout cela.

— Et Roscoff ne fut pas sauvé de la calomnie par cette preuve?..

— On crut qu'il l'avait faite pour les besoins de sa cause!

— Mon Dieu! mon Dieu! quelle dette! répéta M. de Kéroulas.

— De grâce, achevez votre récit, dit l'abbé Colomban.

— Le vaisseau que je montais se rendait aux Antilles; il portait un chargement de soie... En vue du port, en face de la terre, quand une demi-heure devait suffire pour nous mettre à l'abri, nous subîmes une de ces bourrasques qui sont des fléaux. Le navire lutta courageusement, chacun fit son devoir. On réalisa des prodiges... Mais de la jetée une foule énorme assista à un terrible spectacle : le vaisseau battu par les vents et les vagues, broyé par le choc des navires voisins, s'ouvrit et sombra...

« Je tombai à la mer... je nageai... un espars, m'étant tombé sous la main, m'aida à me soutenir...

« Je perdis le sentiment de l'existence au moment où des mains généreuses m'étaient tendues... Huit jours après, guéri et impatient de rentrer en France, je montais sur la *Justice*. Le capitaine m'apprit la fin de la Révolution. Je pouvais retrouver tout ce que j'aimais, rentrer dans mes biens peut-être; je me figurais que ma cousine m'attendait; M. de Vallon, le capitaine, était un soldat dont l'Anglais connaissait la bravoure. Plus d'une fois son brik marchand avait lutté contre de gros navires. Il avait en lui de ce courage qui fait les Jean Bart, les Duquesne, les Duguay-Trouin, les Surcouff, les Roscoff; la série de ses campagnes formait de véritables états de services militaires. Je m'informai auprès de lui de Roscoff : mais de Vallon conduisait son navire en rade de Nantes et ne connaissait guère Brest. Le renom du capitaine de la *Thémis* lui était bien connu, et il me raconta même certains épisodes de la vie de Roscoff qui contribuaient à mettre davantage en relief cette mâle figure. Il était dans les décrets du ciel, mon cher abbé, que je souffrirais longtemps encore... Une corvette anglaise vient à nous, des coups de canons s'échangent ; la *Justice* succombe, son brave capitaine meurt en faisant une trouée parmi les matelots anglais ; les quelques hommes qui restent sur la *Justice*, marins ou passagers, sont faits prisonniers, et, dix mois plus tard, je me trouvais sur les pontons... Oh! les pontons anglais, enfer de ce monde ! J'y ai passé cinq ans... Une nuit je me suis évadé à l'aide du secours généreux de trois compatriotes. Pendant quatre heures nous avons nagé... puis un canot nous a pris... nous avons abordé à Calais... Je me trouvais sans ressources, sans moyens aucuns d'arriver à Paris, où seulement je pouvais avoir les détails nécessaires sur tout ce qui était survenu, et prendre des moyens prompts pour retrouver ceux que j'aimais. Je m'informe du nom de quelques-uns des émigrés qui sont revenus dans cette ville. On prononce le nom du marquis de Valette : je me présente chez lui. Dans le prisonnier des pontons anglais, il reconnaît le fils d'un homme qui avait été son ami. Sa bourse est à ma disposition. Je m'habille d'une façon convenable à mon rang, je me retrouve moi-même, et me voilà sur la route de Paris, où j'allais demander Roscoff et rechercher les restes de ma fortune.

« Cette fortune était engloutie ; sa perte ne m'arracha pas un regret.

« Mais quand je m'informai auprès des hauts fonctionnaires de ce qu'était devenu le capitaine de la *Thémis*, on évita d'abord de me répondre, comme si on avait hâte d'éloigner un souvenir importun, et quand j'insistai, il me fut répondu d'un ton qui marquait le mépris :

« Le capitaine Roscoff a donné sa démission.

— Sa démission ! m'écriai-je, quelle raison a-t-il fait valoir ?

— Il s'est plaint de l'état de sa santé, mais il se trouvait en réalité contraint de quitter le service.

— Je ne comprends pas, Monsieur, dis-je au fonctionnaire qui me répondait à regret.

— Monsieur, poursuivit-il, ne mettez pas d'insistance à m'interroger, si, comme je le crois, vous portez intérêt au capitaine Roscoff.

— Oui, je lui porte un vif et profond intérêt, et je veux tout savoir, tout : car s'il est malheureux...

— Il est coupable !

— Lui ! le meilleur officier de l'armée navale !

— Ne connaissez-vous pas ses opinions politiques ?

— Il prêta serment à la République, je le sais ; mais il n'a jamais séjourné en France pendant la Terreur.

— La Terreur ! il la fit à son bord... Une nuit, après avoir pris lecture d'un ordre émanant d'un représentant du peuple, Roscoff et trois de ses dignes officiers remplirent l'office de bourreau...

— Assez ! Monsieur, m'écriai-je, assez !

— Je dis la vérité, rien que la vérité... vous insistez pour la connaître, sachez-la tout entière... Roscoff assassina le vicomte Hector de Kéroulas, pour obéir aux ordres du citoyen Brutus...

— Mon Dieu ! mon Dieu ! balbutiai-je.

— De sorte que, reprit le fonctionnaire, quand on apprit à Brest cette exécution monstrueuse, personne ne voulut reconnaître la valeur de l'ordre donné, et Roscoff, regardé comme un bourreau, se trouva mis en quarantaine par les officiers de son navire. Il dut pendant trois années de solitude absolue et de constants mépris endurés avec une sombre patience, éprouver toutes les angoisses du remords, toutes les souffrances de la conscience enfin éclairée... Le supplice dépassa les forces de cet homme de fer : ce qu'aucune loi martiale n'aurait obtenu fut réalisé promptement. Au bout de trois ans le commandant Roscoff, rayé sur sa demande des cadres de la marine, se retirait dans une misérable cabane au bord de la mer...

« — Où, monsieur ? près de quelle ville... ?

« — Non loin de Brest. Là, éprouvant sans doute le besoin d'expier et de payer à l'humanité et à Dieu vingt vies pour une seule, il devint, on doit en convenir, une sorte de héros demi-sauvage et quasi-légendaire. Pendant les tempêtes, il veillait... Quand un navire demandait du secours, il se dévouait sans calcul et sans crainte... Luttant contre les épaveurs de la côte, contre les éléments déchaînés, il arrachait à la mort des malheureux que tous croyaient perdus... Depuis longtemps il poursuit son œuvre, attendant le pardon pour prix de cette expiation persévérante et courageuse... mais l'oubli du monde ne couvre pas son crime, et quand même la miséricorde divine répandrait sur lui ses immenses trésors, il n'en resterait pas moins pour le peuple des côtes bretonnes un ignoble assassin, connu seulement sous ce nom terrible : le *Capitaine aux mains rouges !*

« — Ah ! c'en est trop ! m'écriai-je avec un accès de désespoir ; se peut-il que l'homme le plus généreux reste soumis à une pareille épreuve ? O justice ! où te caches-tu, et que feras-tu pour Roscoff ? »

« Puis m'avançant de deux pas vers l'employé du ministère :

« Devinez-vous qui je suis, monsieur ?...

« — Un parent, un ami du capitaine ?...

« — Je suis le vicomte de Kéroulas, qu'on l'accuse d'avoir assassiné. »

« Le regard de cet homme exprima une stupeur profonde.

« En quelques mots je fis le récit de ce qui s'était passé; je lui demandai ce que je devais faire. Il m'adressa au ministre lui-même. Le lendemain je prenais une chaise de poste et je revenais à Brest... et tout est vrai, tout !...

— Oui, monsieur le vicomte, répondit l'abbé Colomban; le noble et malheureux Roscoff s'est vu obligé de quitter le service; et sa vie, qu'il a offerte à tous ceux que menaçait le naufrage, va peut-être s'éteindre demain... Dieu soit loué deux fois ! d'abord parce que vous revenez, ensuite parce que vous rendrez au moins l'honneur à cette chère mémoire.

— Dieu ne permettra pas la mort de Roscoff ! s'écria le jeune homme.

— Il est, je vous l'avoue, blessé dangereusement... la quille du canot lui a fait au front une entaille profonde... la grande quantité de sang qu'il a perdu le laisse dans un affaissement tel qu'il ne saurait reconnaître personne... Des hommes de la côte l'ont porté chez lui, un médecin est venu, et Mlle Madeleine s'est installée à son chevet.

— Qui est cette jeune fille ? demanda Hector.

— La nièce de Noirot.

— Noirot, l'ami de Brutus...?

— Et son héritier : Noirot possède à cette heure le domaine de Kéroulas.

— Ah ! dit le vicomte, en rentrant en France, je ne m'attendais pas à trouver mes biens... J'espérais seulement que ma cousine...

— Quand elle vous a cru mort, elle s'est donnée à Dieu ! »

Hector n'ajouta rien; la lampe pâlissait; les clartés

de l'aube montaient dans le ciel ; les étoiles endormies paraissaient fermer les yeux... la rosée montait en brouillard, et sur les ruisseaux paraissaient errer des formes blanches. Le prêtre comprit que le vicomte de Kéroulas éprouvait le besoin de se renfermer dans une méditation profonde ; il prit son bréviaire et commença la lecture des psaumes.

Les chants du coq saluèrent le jour, la cloche tinta la messe : le curé quitta la salle du presbytère et passa dans l'église.

Peu après Hector l'y suivit. Agenouillée contre un pilier, il aperçut alors une jeune femme qui semblait courbée sous le poids d'une profonde douleur. Ses joues ruisselaient de larmes ; elle n'avait pas pris le temps de rassembler ses cheveux blonds, dont quelques mèches mal tordues tombaient sur son cou. Sa mante de soie ne permettait point de reconnaître sa taille. Affaissée sur les talons, dans l'attitude de la Madeleine de Canova, elle levait vers l'autel des yeux brûlés de fièvre et noyés de pleurs.

Le vicomte regarda cette jeune fille avec intérêt.

En même temps qu'elle il sortit de l'église.

Il arrivait sous le porche, quand une vieille femme, l'apercevant, s'éloigna de deux pas, joignant les mains, les lèvres frémissantes, l'œil agrandi, puis tombant à ses pieds :

« Si vous n'êtes point le fantôme du vicomte de Kéroulas, accordez merci à Brutus mon frère ! »

Cette scène fut touchante et rapide.

La pauvresse de la grand'lande mouillait de larmes la main du jeune homme. Hector consolait et relevait la pauvre créature.

Le curé parut alors.

« Marianic, dit-il à la sœur du représentant du peuple, entrez dans la chapelle et priez... »

Puis, retournant vers Hector :
« Venez rendre l'honneur à qui vous sauva la vie! »

XXII

Quand le ciel s'ouvre.

La cabane de Roscoff présentait un sinistre aspect. La première salle, remplie de voisins, de curieux, d'affairés, se trouvait dans un désordre absolu. Dans le premier moment de stupeur causé par la blessure du marin, Marianic vida l'armoire pour trouver du linge et faire de la charpie. Des ligatures de toile traînaient à côté des habits de Roscoff brunis et roidis par de grandes plaques de sang. Un câble enroulé, une vareuse humide, formaient un ruisseau sur le sol ; la lanterne répandait une lueur fumeuse. On parlait bas dans cette pièce ; mais, bien que chacun affaiblît le volume de sa voix, il résultait de l'ensemble un bourdonnement continuel. Un des gardiens sauvé par Roscoff restait appuyé contre la muraille, prêtant l'oreille au bruit léger sortant de la chambre du blessé. Il n'avait pas été possible de coucher Roscoff dans son hamac, et la pauvresse de la grand'lande le fit transporter dans la chambre d'Anaïk. Le capitaine aux mains rouges ne reprenait point le sentiment de la vie. Sa tête blessée, contusionnée, sanglante, restait plongée dans les oreillers qui s'imbibaient lentement de sang. Le médecin, après avoir pansé les plaies, était reparti pour la ville en promettant de revenir. Il s'éloignait sans inquiétude, non pas sur la santé du blessé, mais au moins sur les soins dont il serait l'objet. Du premier coup d'œil, il avait reconnu dans Madeleine une fille vaillante, qui ne redoutait point la fatigue pour elle et que ne menaçaient pas de faire évanouir les soins délicats devenus nécessaires au blessé.

Ce ne fut point à Marianic, mais à la nièce de Nolrot, que le docteur donna ses instructions; la bouvière Brind'avoine se chargea de courir chez le pharmacien, et Madeleine resta seule auprès de Roscoff, tandis que Marianic vaquait aux soins urgents du ménage.

Madeleine éprouvait une immense douleur. Ses dernières forces s'épuisaient; elle sentait qu'en sortant d'une pareille épreuve rien ne saurait lui paraître pénible; et l'exil, la pauvreté, deviendraient presque pour elle des allégements à ses cuisantes souffrances. Le terme qu'elle s'était fixé était venu. Son oncle, prenant sans doute pour un caprice d'enfant ou le résultat d'une fièvre généreuse le choix qu'elle lui faisait entre l'abandon de la fortune des Kéroulas et sa présence, ou son départ et la conservation de ses biens, n'avait donné aucun signe de regret ni de désir. Madeleine allait partir quand elle apprit l'événement de la côte. Elle ne put se résoudre à s'éloigner avant de le savoir hors de danger.

La pauvre fille n'attendait aucun prix de sa sollicitude. Elle comprenait que l'âme de Roscoff et la sienne portaient un poids immense impossible à soulever et à partager.

Victimes des égarements de l'opinion, ils se rencontraient et s'unissaient dans le don mutuel d'une tendresse sans espoir.

Roscoff n'attendait rien de Madeleine; Madeleine ne demandait rien à Roscoff.

La jeune fille, en restant au chevet de ce mourant, obéissait à un entraînement généreux, pur devant Dieu;

juste devant sa conscience. Quand le capitaine aux main rouges demanderait le lendemain : « Qui donc m'a veillé et soigné ?» on lui répondrait : «C'est Mlle Madeleine, » et on ajouterait : « Elle est partie! » Pour elle, le souvenir de cette nuit presque mortuaire ne la quitterait jamais ; et Roscoff le garderait à son tour comme un appareil posé sur la blessure de son cœur, plus douloureuse mille fois que celle de son front.

Les yeux du sauveteur de la côte demeuraient fermés ; des crispations de douleur passaient par intervalles sur sa face ; un soupir soulevait sa poitrine ; mais il ne parlait pas, ne demandait rien, et se recueillait pour souffrir comme souffrent les forts.

Cependant à l'abattement général qui suivit une perte de sang abondante, succéda bientôt une fièvre ardente. La face pâle se colora, les yeux s'ouvrirent ; le délire y répandit ses flammes, et la bouche muette si longtemps laissa passer d'incohérentes paroles.

Roscoff n'avait point conscience de ce qu'il pouvait dire ; mais, de même que l'ivresse du vin facilite certains aveux, l'ivresse de la douleur ne tarda pas à lui arracher les plus mystérieux, les plus chers de ses secrets.

Il voyait tour à tour Anaïk et Guilanek ; il leur racontait sa vie décolorée, flétrie ; il les prenait à témoin de son innocence, et les adjurait d'obtenir du Ciel la cessation de son martyre. Puis, quand il s'imaginait avoir ému ces âmes entrées dans la région sereine des bienheureux, il laissait errer sa pensée sur de rares souvenirs de bonheur. Il les réunissait comme une jeune fille fait des fleurs printanières ; et tous ces souvenirs se rapportaient à une seule créature.

« Anaïk, disait-il, quand elle était enfant, ne l'as-tu pas vue s'incliner sur ta tombe ?... Plus tard je l'ai sauvée de la mort, et je croyais la sauver pour moi seul... son

apparition me fut bienfaisante comme celle d'un ange ;
je ne pus l'oublier, je ne le désirai pas... Nos douleurs
communes nous fiançaient ; je me donnais à elle et
j'attendais qu'elle comprît ma tendresse... Oh ! je l'aimais, Anaïk, moins pour sa beauté que pour ses vertus;
je l'aimais surtout parce qu'elle devinait une partie de
mon secret, ou que, sans demander, sans vouloir de
preuve de mon innocence, elle y croyait. Oh ! je cachai
avec soin ce sentiment vivace ; elle n'en put rien voir,
elle ne le devina jamais... Madeleine! chère Madeleine!
je l'ai vue dans tous mes rêves, je la trouverai dans la
mort... Un jour, je fus sur le point de tout lui dire,
cependant... Nous étions sur la grève, à l'endroit où je
l'avais sauvée... la mer nous entourait, le ciel était
bleu ; je lui tendis la main : elle y mit la sienne sans hésitation, sans trouble... J'allais lui dire : « Me la donnez-vous ? » quand une voix aiguë vibra à mon oreille...
Sais-tu ce qu'elle disait, cette voix, Anaïk ? Elle chantait
la complainte du *Capitaine aux mains rouges*... « Je
cessai de voir le ciel, Madeleine disparut ; devant moi
s'éleva un brouillard pourpre ; je sentis la fade et tiède
odeur du sang... Je regardai mes mains avec épouvante,
je les vis rouges, rouges... Je cherchai à découvrir Madeleine à travers ce nuage opaque : je n'aperçus rien
au niveau de la terre, mais dans le ciel deux grandes
ailes planaient... Ces ailes appartenaient à un ange...
Madeleine remontait vers Dieu, et me laissait seul...
L'as-tu vue, Anaïk ? l'as-tu rencontrée dans les jardins
du paradis ? t'a-t-elle parlé du maudit de la côte, de cet
homme devenu le sauveteur volontaire de tous les naufragés, et qui ne recueille en échange de son abnégation
que des malédictions et des insultes ?... Elle aurait
dû faire une chose Madeleine... cela ne lui aurait guère
coûté et m'aurait rendu bien heureux... elle aurait dû,
elle qui sans doute ne choisira pas d'époux en ce monde,

me donner la moitié d'un anneau... mariage de l'âme réservé à ceux qui ne s'uniront jamais... Elle aurait dû me dire ce qu'un jour peut-être elle pensa, quand elle me vit bouleversé par sa présence... Non ! non, Anaïk ! elle ne devait rien faire ! Le comte de Kermosaël l'aimait ; et peut-être aimait-elle le comte de Kermosaël ! »

Roscoff s'arrêta ; sa physionomie refléta une profonde souffrance ; ses mains tremblantes s'agitèrent, se joignirent ; des pleurs vinrent à ses yeux... puis il parut tendre l'oreille comme s'il percevait des sons lointains.

« Le biniou de Guilanek ! dit-il ; mais quels sons adoucis ! quelle suave harmonie !... Ste Cécile l'aura touché de ses mains de vierge et de sainte... Pauvre petit Guilanek ! la dernière fois qu'il en joua, ce fut au milieu de la fusillade anglaise. Les bombes tonnaient autour de lui ; la mitraille éclatait ; les sabres et les haches étincelaient... La grande lutte ! la belle vie ! qu'il était noble et glorieux de traîner à la remorque des navires capturés ! Le nom de Roscoff eut ses heures victorieuses. Alors les mains noires de poudre, le front balafré, l'œil étincelant, sentant s'allumer dans mon sein la foudre de la bataille, je dominais, je régnais ; on venait à moi le sourire aux lèvres, on me prophétisait un bel avenir. Un bien bel avenir !... Je l'ai cette renommée ; cette gloire, je la touche ! la popularité est mon lot !... Roscoff ! qui ne connaît Roscoff ! »

Et le blessé, se soulevant sur le coude, essaya de chanter d'une voix rauque :

    Un soir à bord de la *Thémis*
    On conduisait un gentilhomme...
    Un ordre secret fut remis :
    « Qu'on le noie ou bien qu'on l'assomme ! »

> Et plus tard au fond de la mer
> Le requin a fait sa pâture
> Du Breton de Aarta-Ker,
> Dont Roscoff a vu la torture.
> Gare à toi, taureau si tu bouges!
> Pastours, sifflez les chiens là-bas,
> Car je vais vous parler, mes gas
> Du capitaine aux mains rouges!

À mesure qu'il poursuivait le couplet, Roscoff paraissait recouvrer des forces nouvelles, et le refrain fut lancé avec une puissance et une vigueur que l'on ne semblait pouvoir attendre de lui.

Madeleine se leva. Placée en face de ce malheureux blessé, mortellement peut-être, mais atteint à l'âme d'une douleur qui le devait infailliblement tuer, elle sentait son âme prise d'une pitié si grande que, les mots lui manquant, elle ne sut que fondre en larmes.

Le bruit des sanglots de Madeleine calma subitement l'exaltation de Roscoff.

Ses idées prirent une autre direction ; il se crut transporté dans le cimetière du village, près de la fosse entr'ouverte d'Anaïk..

« Tu as encore des bouquets, n'est-ce pas, jeune fille ! Ils sont pour moi; des genêts, des bruyères... Tu t'appelles ? oh ! je me souviens, la petite Madeleine ! Et tu pleures sur moi... Pleure et prie, je me sens renaître... c'est si beau et si salutaire une larme pure, une larme d'ange ! »

Madeleine, craignant que le malade ne se refroidît brusquement, essaya de ramener les couvertures sur ses bras; Roscoff résistait. Une sorte de lutte s'engagea ; et comme les yeux de la jeune fille étaient obscurcis par les pleurs, une larme brûlante tomba sur les mains nerveuses du malade.

Il pâlit, ferma les paupières et se renversa sur les

oreillers. En ce moment Marianic rentra dans la chambre. Son visage resplendissait d'une étrange joie.

Elle courut au lit de Roscoff, appuya sa main sur l'épaule du blessé et s'écria d'une voix vibrante :

« Capitaine aux mains rouges, il faut te réveiller... la trompette de l'ange a retenti... les morts quittent le cercueil... tu vas laver tes mains du sang qui les tache. Roscoff, fusses-tu mort, je vais dire un nom qui te ferait revivre : « Kéroulas ! Kéroulas ! »

Le blessé ouvrit les yeux et les fixa sur Marianic.

La pauvresse de la grand'lande se pencha vers le capitaine :

« L'aigle revient à son aire, l'exilé quitte son île ; au nom d'Anaïk, la sœur de Brutus te le jure sur son salut, Kéroulas va revenir... »

La raison ne jetait pas encore ses lueurs divines dans le cerveau du malheureux ; cependant il répéta lentement : « Kéroulas ! le beau jeune homme ! le beau et vaillant soldat ! Kéroulas ! » Il ajouta, comme s'il se fût trouvé au sein d'un imminent danger : « A moi ! Kéroulas ! à moi !

— Taisez-vous, Marianic, dit Madeleine d'une voix étouffée ; ne voyez-vous point qu'en ravivant ce souvenir, vous augmentez son mal ?...

— Il faut que la crise ait lieu, dit la mendiante... Je le répète, dût-il en mourir, il faut qu'il le voie et le reconnaisse.

— Mais qui ? qui ?

— Vous aussi, vous doutez de la Providence !

— Je ne doute pas ; mais ce que vous laissez deviner est impossible...

— Impossible ! levez-vous, Madeleine, la messe est sonnée ; demandez un prodige, le prodige se fera ; demandez le bonheur, et le bonheur vous sera donné...

jurez de devenir la femme du capitaine, et Roscoff sera votre époux bien-aimé... »

Madeleine s'appuya chancelante contre le bois du lit.

« Je ne fais point de maléfices, reprit la pauvresse, mais je sais que l'âme de l'homme reçoit d'en haut des impressions que sa volonté doit seconder... Vous avez une bague, Madeleine ; cette bague, posez-la au doigt de Roscoff, et ensuite éloignez-vous ; allez prier... »

La jeune fille obéit, sans se rendre compte de l'influence à laquelle elle cédait. Elle tira de son cou l'anneau d'or de sa mère, le mit au doigt de Roscoff, puis quitta subitement la maison et se dirigea de nouveau vers l'église.

Aucun remords ne troublait l'âme de Madeleine ; avant la fin du jour elle serait partie, partie pour ne plus revenir... Une chose la frappait d'ailleurs dans les paroles de la pauvresse de la grand'lande : celle-ci lui ordonnait de laisser à Roscoff une sorte de talisman, et dans son délire c'est ce souvenir intime et sacré que regrettait le capitaine aux mains rouges. Madeleine allait quitter pauvre le riche domaine de Kéroulas : elle partagerait avec celui qui lui avait sauvé la vie l'unique héritage qu'elle tînt de sa famille ; gardant pour elle la sainte médaille, elle abandonnait au mourant l'anneau bénit par le prêtre. Il n'était pas probable que le malheureux recouvrât la raison avant la fin de la journée... Il ne la reverrait jamais... seulement quand il reconnaîtrait cette humble alliance du pauvre, il enverrait vers elle la meilleure, la plus reconnaissante des pensées ; Madeleine prendrait dans son âme la place souveraine, la seule qu'elle dût occuper et dont elle était si digne !

A peine l'eut-elle glissée au doigt du malade que celui-ci ferma instinctivement la main. Le cœur primait encore l'intelligence endormie...

Quand Madeleine rentra dans la cabane de Roscoff, le prêtre s'y trouvait.

Marianic avait disparu, et à son tour elle restait prosternée dans la chapelle, bénissant Dieu avec des sanglots de lui avoir permis de retrouver l'enfant de ses maîtres. La pauvre femme à demi visionnaire, et dont les intuitions ressemblaient à des prophéties, venait de voir s'accomplir la moitié du prodige demandé; l'autre ne pouvait tarder davantage, car si Kéroulas revenait, ce devait être pour le bonheur de Roscoff; et Roscoff ne pouvait être complétement heureux s'il ne devenait le mari de Madeleine, et jamais la nièce de Noirot ne consentirait à épouser l'ancien capitaine de la *Thémis* si elle-même ne pouvait lever haut la tête.

Le bonheur de tous dépendait maintenant de Noirot.

Cette âme, troublée par tant de passions mauvaises que toute la lie était remontée à la surface, ne semblait devoir être accessible à aucun sentiment honnête et généreux. Il se forme dans certaines consciences une sorte de gale morale obstruant les pores. Rien de bon n'y pénètre plus; la voix des anges n'y arrive jamais : le remords ne les atteint même pas de ses mains puissantes; elles croupissent dans leur fange immense, sans rêver même une transformation; l'immutabilité de la foi les épouvante, au lieu de les consoler... Noirot usurier, voleur, traître, assassin; Noirot pourvoyeur de la guillotine, sacrilége et régicide, vivait dans un cercle sombre.

L'avarice dominait toutes les autres passions; elle les absorbait à son profit.

Il avait voulu être riche, il l'était; sur cette jouissance de posséder, de compter, de palper de l'or, il ne se blasait pas. Pendant de longues années, et jusqu'à l'achèvement de son œuvre, qui était la restauration complète de Kéroulas, il ne dévia pas une seule fois de la ligne de conduite qu'il s'était tracée ; la logique de la passion équivaut pour sa sûreté à la logique de l'intelligence.

Noirot, pareil à un cheval dont on garnit la tête d'œillères pour l'empêcher de regarder à gauche ou à droite et de se distraire ainsi du droit chemin, arrivait à son but comme le boulet lancé, comme la lumière produite. Seulement, en raison de la puissance de désir qui est le partage de l'homme et qui atteste à la fois sa grandeur et sa faiblesse, quand Noirot se trouva en possession d'une fortune immense ; quand, jetant les yeux autour de lui, il constata que toutes les terres voisines lui appartenaient ; quand il eut achevé le dénombrement de ses prés, de ses champs, de ses bois, de ses étangs ; quand il se dit avec orgueil qu'il possédait un château garni de tourelles et une chapelle dont il avait fait restaurer les tombes, il chercha quel autre but lui restait à atteindre ; il en trouva un : la considération.

Il s'était attaché à Madeleine.

Cette jeunesse rafraîchissait son sang appauvri ; il oubliait ses cheveux blancs en voyant cette tête blonde ; l'innocence de cette âme lui semblait une égide à mettre entre lui et la justice de Dieu ; la pensée d'être séparé de Madeleine ne lui était jamais venue, même dans l'hypothèse d'un mariage. Il comptait imposer à son gendre l'obligation de laisser en cas d'absence sa jeune femme à Kéroulas. Il fallait qu'il vît Madeleine, qu'il entendît sa voix. A mesure que s'achevaient les travaux des restaurations de Kéroulas, à mesure que Noirot, secondé par un secrétaire habile et des fermiers honnêtes, fut moins obligé de s'occuper de ses affaires, il éprouva d'une façon plus absolue le besoin d'avoir auprès de lui l'enfant de sa sœur. Quand elle était là, les visions du passé s'éloignaient. Longtemps il nia le remords, longtemps il rangea les fantômes au nombre des contes de vieille femme; mais il fut cependant obligé de convenir qu'il y avait du vrai dans ces rêves, et que la conscience outragée se venge en évoquant ceux que le coupable s'efforce d'enfermer une seconde fois dans la tombe.

La résolution de Madeleine nettement exprimée à Noirot, quand elle sut l'origine de sa fortune, l'émut sans l'inquiéter. Il redoubla d'efforts pour conclure un mariage difficile; et quand Madeleine l'obligea de chasser les parasites, les faux intrigants, les faux gentilshommes et les aventuriers de sa maison, il demeura singulièrement indécis.

Nous le répétons, il ne pouvait s'imaginer que Madeleine renonçât de son plein gré à la possession d'une immense fortune; lui qui avait commis tous les crimes pour accaparer celle de Kéroulas, n'admettait pas que l'on devînt volontairement pauvre.

Cependant le silence de Madeleine l'effrayait un peu.

Plus cette eau semblait dormante, plus il la croyait profonde.

Il tenta d'obtenir quelques renseignements par Marthon; la brave femme répondit d'une façon vague qui augmenta la perplexité de Noirot.

Le jour où Roscoff faillit payer de sa vie le secours donné aux Gardien, Noirot, voyant sortir sa nièce, remarqua qu'elle venait de reprendre ce costume noir, presque pauvre, que, sur une quasi-promesse de lui, elle avait renoncé à garder.

De la part de la jeune fille, ce trait si simple devenait décisif.

Noirot consulta le calendrier; il lui apprit que le soir de ce jour même expirait le délai fixé par la jeune fille: elle avait accordé une trêve de six mois; Noirot devait choisir entre Madeleine et ses millions.

Il attendit son retour avec impatience.

La cloche du souper sonna et Madeleine ne parut pas.

Noirot envoya chercher Marthon.

« Marthon, lui dit-il, je veux te demander un conseil.

— A moi, ignorante !

— Il s'agit de Madeleine.

— Alors, soyez tranquille, je comprendrai...

— Marthon, je te demande de l'attention et de l'indulgence. Pour toi, bonne et douce chrétienne, je suis un misérable, un aventurier, pis que cela !

— Monsieur ! dit Marthon.

— Laisse-moi continuer... J'ai fait des choses qui répugnent à ton opinion politique, à ta conscience morale, à ta croyance religieuse... Noirot est un septembriseur, Noirot est un porteur de carmagnole, un pourvoyeur de la guillotine... Je ne me défends point, je m'accuse... Je suis une bête fauve dont la tanière sauvage a été changée en une cage dorée de parade, voilà tout... Cette bête fauve, ce loup, cet ours, emporta un soir avec lui dans sa demeure un agneau beau et doux, et cet agneau, il l'aima de toute la force d'un cœur qui jusque-là n'avait pu que haïr. Tu le sais, ce que tu appelles la Providence, ce que je nomme le hasard, jeta dans mes bras une enfant inconnue, la fille d'une sœur dont je me souvenais à peine, et qui était morte en rougissant de moi.. Madeleine prit subitement mon cœur tout entier. Sa gentillesse, sa grâce, m'apprivoisèrent. Je devins l'esclave de cette enfant. Dès le premier jour, elle m'imposa des vouloirs que je subis... Orpheline adoptée par trois aveugles et une mendiante, elle demanda asile pour tous, et je logeai les vieillards frappés de cécité, et je gardai Marthon chez moi... Plus tard on me fit comprendre que je devais par amitié pour Madeleine me séparer d'elle, et Madeleine est allée à

Vannes dans le couvent dont sœur Marie-des-Anges est supérieure... Elle revint plus charmante que jamais, et pourtant bien changée... On lui avait appris trop de choses là-bas... Elle s'inquiéta de l'origine de ma fortune... la connut... et de cette heure la repoussa... Elle, ma fille! osa un jour me mettre en demeure de renoncer à cette richesse ou de me séparer d'elle... Je crus à un caprice d'enfant exaltée, à un scrupule religieux exagéré; je me trompais... Elle m'assigna six mois pour me décider... Je crus devoir employer ce temps à lui chercher un établissement convenable : elle repoussa tous les hommes prétendant à sa main, et s'enferma dans cette gravité de mauvais augure que chaque semaine vit grandir... Les mois ont passé, les décades, les jours... hier était le dernier... hier elle a revêtu une robe de pauvre fille... demain elle quittera Kéroulas !

— Oui, monsieur, répondit Marthon.

— L'ingrate! s'écria Noirot.

— Oh! ne l'accusez pas, dit la vieille femme; elle vous regrette plus que vous ne sauriez le croire... Mais comment voulez-vous qu'elle croie à votre affection, quand vous estimez la fortune, et quelle fortune! plus que sa présence!

— Il y a un secret dans le cœur de Madeleine, reprit Noirot.

— Elle ne me l'a point confié...

— Vous l'avez compris du moins!

— Puisque vous le connaissez, pourquoi le demandez-vous!

— Oh! je comprends, elle fuit Kéroulas et ce village... Elle a peur de la cabane autant que du château... Elle rougit de son oncle, et n'ose s'avouer que le capitaine aux mains rouges...

— Silence, monsieur! dit Marthon : à cette heure

peut-être il est devant Dieu pour lui demander justice...

— Roscoff...!

— Se meurt, et Madeleine est à son chevet avec l'abbé Colomban et la pauvresse de la grand'lande.

— Ah! si Marianic voulait... murmura Noirot.

— Elle veut comme Madeleine que Kéroulas retourne à ses maîtres.

— Reverrai-je Madeleine?

— Elle viendra vous dire adieu.

— Adieu! mais que deviendrai-je quand elle sera partie?

— Vous compterez le prix de vos fermages, monsieur Noirot.

— Ah! Marthon, j'attendais de vous un peu de pitié.

— En avez-vous pour Madeleine?

— Si elle me regrettait, elle ne partirait pas.

— Il est une chose qu'elle préfère au bonheur : le devoir!

— La moitié... dit-il, je veux bien donner la moitié de ma fortune... »

Marthon se leva et s'approcha de Noirot.

« Je suis pauvre comme Madeleine, et j'agirais comme elle... Vos confidences me donnent le droit de vous adresser une parole sévère; souvenez-vous-en, et rien ne sera perdu : vous avez commis de grandes fautes, expiez-les... On vous traite en paria, maintenant que vous affichez un luxe d'emprunt : redevenez pauvre, et l'opinion publique vous reviendra, et vous garderez Madeleine, et vous trouverez tous les honnêtes gens prêts à vous tendre la main...

— Je réfléchirai..., dit Noirot ébanlé.

— Gardez-vous-en bien; obéissez à un sentiment spontané, épargnez à votre nièce la peine de faire à votre honneur une dernière sommation... Signez l'abandon de ces biens avant son retour... courez le lui porter... allez au-devant de sa reconnaissance, et vous aurez deux fois mérité sa tendresse. »

Noirot se leva.

Il levait le front plus haut, comme si sa résolution venait de se formuler.

« Merci, dit-il, Marthon ! merci ; tu seras contente. »

Noirot ne se coucha pas.

Toute la nuit il marcha dans sa chambre.

A l'aube, il s'accouda sur la table, plongea sa tête dans ses mains et se mit à réfléchir.

Enfin, brusquement il saisit une plume, traça d'une façon assez irrégulière une lettre de deux pages adressée à sœur Marie-des-Anges, écrivit sur une grande feuille de papier un libre abandon de tous les biens formant le domaine de Kéroulas aux héritiers de ce nom, ouvrit une cassette, en tira les diamants qui lui restaient, les joignit à la lettre qui devait le soir même être expédiée à Vannes, prit le papier sur lequel sa renonciation était écrite, traversa le parc avec une hâte fébrile, et suivit le chemin menant à la cabane de Roscoff.

Un peu avant lui, l'abbé Colomban et le vicomte Hector avaient pris le même sentier.

Pendant que tant de passions diverses s'agitaient dans l'âme des divers personnages de ce drame, Roscoff, bercé par son délire même, retombait dans de douces idées... Sa pensée ne quittait ni Madeleine, ni sa sœur, ni Guilanek ; la mort évoquait ces ombres chères... Au moment où Madeleine lui avait mis l'anneau au doigt, il avait tressailli ; en ouvrant ses mains jointes, il sentit cette bague et parut s'inquiéter de sa provenance. Marianic examinait le malade avec un croissant et poignant intérêt ; il ne recouvrait pas toute sa raison, mais des lueurs lumineuses flottaient parmi ces ténèbres.

Madeleine revint, et, comme elle rentrait, Roscoff rouvrit les yeux.

Cette fois la vision se grava dans son cerveau; son âme se troubla :

« Chère fiancée, dit-il, tu viens au-devant de moi... j'ai pleuré, j'ai souffert! Dieu est bon, le ciel s'ouvre... Je te reconnais, longtemps je t'ai appelée... tu as passé au doigt du mort l'anneau de fiançailles que tu refusais au maudit! non, tu ne le refusais pas, car tu savais, toi! le Seigneur t'avait fait l'âme trop pure pour que tu pusses croire au crime... Madeleine! nous aurons dans le ciel des noces éternelles! »

La jeune fille restait immobile; son regard seul parlait au regard ranimé de Roscoff.

Alors la porte s'ouvrit.

L'abbé Colomban parut.

« Je vous reconnais, ami, dit doucement le malade... Si l'huile du bon Samaritain avait pu me faire vivre, vous m'auriez sauvé... il fallait la main même de Dieu pour me guérir... Vous me le disiez : Nous nous rejoindrons là-haut, tous trois... tous trois... je n'en vois que deux pourtant, mon père, vous et Madeleine... mais l'autre, l'autre! où est-il?... Veut-il donc me renier encore?... Son témoignage me manquera-t-il au ciel comme sur la terre?... L'autre, l'autre, ô mon Dieu!... »

L'abbé Colomban saisit la main de Roscoff.

« Qui appelez-vous, mon fils? demanda-t-il avec une expression de joie soudaine.

— Vous savez bien, le vicomte de Kéroulas... »

En ce moment l'homme qui se tenait derrière le prêtre s'avança rapidement, se plaça en pleine lumière, et s'écria :

« Roscoff! Roscoff! »

Les yeux du capitaine aux mains rouges s'allumèrent d'une joie surhumaine, il leva ses bras au ciel, essaya de pousser un cri, de dire un nom, mais ce fut impossible, et il retomba inanimé sur son lit.

XXIII

Le sang des mains de Pilate.

La commotion ressentie par Roscoff n'amena point un évanouissement. La force de l'émotion le foudroya, mais il ne resta qu'un moment immobile, et quand il se redressa, toute trace de délire avait disparu, et il ne paraissait même plus ressentir les douleurs de ses blessures.

Hector de Kéroulas se précipita dans les bras de Roscoff; tous deux s'étreignirent avec une énergie mâle, touchante chez des hommes aussi fortement trempés.

Le premier regard du capitaine aux mains rouges fut pour Madeleine.

Ce regard éloquent renfermait la plus sainte des promesses, la plus pure bénédiction.

« Grâce à vous, dit Roscoff à Kéroulas, je laisserai une mémoire sans tache.

— Qui parle de mourir? demanda l'abbé Colomban. Une tête de Breton est plus solide que nos roches; pour une fêlure au crâne pensez-vous aller si vite au cimetière? les Anglais vous en ont fait voir bien d'autres... Ce chagrin vous tuait... vous voilà heureux ; quelle raison avez-vous de mourir?

— Heureux ! » murmura Roscoff.

Mais alors et pour la première fois, il remarqua la bague passée à son doigt par Madeleine.

La jeune fille, appelée par un signe de paupières du malade, s'approcha lentement :

« Vous vous fianciez au mort ? demanda le capitaine.

— Oui, répondit Madeleine.

— Cela est digne de vous, et je vous remercie ! les cœurs de femme ont de ces délicatesses sublimes, et vous êtes supérieure à toutes les femmes... Sœur de charité, vous pansez mes bras meurtris et mon front entr'ouvert; ange compatissant, vous faites de votre pitié et de votre estime un baume céleste... Mais vous avez fait trop pour le mort, qui ne pouvait qu'emporter au ciel cet anneau de fiançailles... L'abbé Colomban affirme que je vais vivre, et je n'abuserai pas de votre générosité. »

Madeleine tendit la main avec un imperceptible tremblement.

Roscoff retira lentement la bague de son doigt. Il la laissa tomber dans la main de Madeleine, et son regard se voila d'un nuage.

Quant à la jeune fille, elle ne comprit point à quel sentiment obéissait Roscoff; elle reçut machinalement l'anneau, le serra avec une crispation involontaire, et, se détournant, elle trouva près d'elle la pauvresse de la grand'lande dont le bras la soutint.

Madeleine se méprenait d'une façon absolue. Un instant tout le bonheur de sa vie se trouva mis en question; ces deux âmes également délicates ne s'entendaient pas. Chacune, exagérant un sentiment de délicatesse, jouait une terrible partie qui pouvait être perdue à la fois pour toutes deux.

Roscoff ne pensait point avoir inspiré à Madeleine une tendresse inaliénable; cet homme de quarante-cinq ans se trouvait vieux : il jugea qu'elle avait obéi à un sentiment de compassion pour un malade qui, dans son délire, réclamait cet anneau, comme un enfant eût demandé un jouet. En recouvrant toute sa raison et sortant du tombeau comme Lazare, il se crut obligé à ne pas abuser de la confiance et de la bonté de sa garde-malade. Au fond de son âme Roscoff pensait que, si Madeleine avait obéi à un penchant de son cœur, elle renouvellerait en rougissant le don de ce talisman précieux.

Mais, de son côté, Madeleine, qui voyait toujours planer sur elle la triste renommée de Noirot, crut comprendre que le capitaine Roscoff, tout en la remerciant de sa sollicitude et de sa condescendance, refusait tout gage d'une affection qui parût prendre des proportions sérieuses.

« Ah! pensa-t-elle, avant le retour de M. de Kéroulas, le capitaine aux mains rouges pouvait bien songer à unir sa destinée à celle d'une enfant perdue! le maudit tendait la main à la nièce du paria. Victimes tous deux, l'un d'une erreur, l'autre d'un préjugé, ils se trouvaient rapprochés d'une façon presque fatale. Mais un miracle ramenait le vicomte Hector; Roscoff recouvrait subitement une considération augmentée de tout le prestige de l'héroïsme, de toute la grandeur du martyre, et il cessait de songer à celle qui n'osait encore lever la tête, et attendait, pour le faire, le baptême d'une volontaire pauvreté.

Madeleine retrouva vite son sang-froid.

L'orgueil vint en aide à son cœur.

Elle murmura deux mots à l'oreille de Marianie; puis se tournant vers le blessé :

— Capitaine, dit-elle, vous m'avez sauvé la vie, et en échange j'ai fait bien peu pour vous; une nuit de veille, voilà tout! et beaucoup de prières... Je vous quitte et vous laisse un médecin tout-puissant... Je pars pour

Vannes où m'attend sœur Marie-des-Anges... Croyez-le, jamais je ne cesserai de demander à Dieu votre bonheur. »

Roscoff ne trouva pas la force de répondre.

L'abbé Colomban pressentit une méprise, mais il ne pouvait rien dire pour forcer ces deux aveugles à lire au fond de leurs âmes.

« Vous connaissez sœur Marie-des-Anges, mademoiselle? demanda le vicomte Hector.

— Elle m'a élevée, monsieur, répondit la jeune fille.

— Avez-vous donc l'intention de prendre le voile?

— Que peut faire dans le monde Madeleine Noirot? répondit la jeune fille avec amertume... Je ne me sens point suffisamment détachée des choses de la terre pour prononcer des vœux, mais j'ai du moins assez cruellement souffert pour compatir aux malheurs des autres et pour essayer de les consoler... »

Au nom de Noirot, le jeune homme avait tressailli.

« Adieu, monsieur le curé! adieu, capitaine Roscoff! souvenez-vous, monsieur de Kéroulas, que, entrée pauvre dans votre domaine, j'en sors pauvre encore aujourd'hui. »

La jeune fille se dirigea vers la porte.

« Madeleine! s'écria Roscoff, Madeleine! »

Elle n'entendit pas ou feignit ne ne pas entendre.

D'une main presque assurée, elle souleva le loquet, mais au même moment un homme venant du dehors ouvrit la porte toute grande.

C'était Noirot.

Son visage amaigri portait les traces d'une sénilité qui la veille paraissait éloignée encore. Ses yeux rouges de larmes étaient gonflés, ses mains tremblaient. Il saisit vivement la main de sa nièce et la ramena en face de l'abbé Colomban.

Puis, tirant de sa poche l'acte qu'il avait signé une heure auparavant :

« Monsieur le curé, dit-il, voici les comptes des biens de la famille de Kéroulas... Si vous jugez convenable, après en avoir conféré avec sœur Marie-des-Anges, qui dans le monde se nommait Mlle Yvonne de Kéroulas, de me garder comme intendant du domaine, je remplirai ces fonctions avec probité. »

Noirot se tourna vers Madeleine.

La jeune fille lui jeta les bras autour du cou, et l'embrassa avec une telle effusion que Noirot, suffoqué par la joie, murmura entre deux baisers :

« Eh bien, vrai, ce n'est pas trop cher! »

Le prêtre tendit la main à l'ancien jacobin :

« Vous faites acte d'une grande abnégation, Noirot; on vous en tiendra compte. »

Marianic fit plus, elle se mit à genoux :

« L'âme d'Antoine doit recevoir un soulagement de ton sacrifice, dit-elle; que le Seigneur te bénisse et te rende la foi en lui! »

L'abbé Colomban se dirigea vers le vicomte Hector, qui, au moment de l'entrée de Noirot, s'était vivement rejeté dans l'ombre.

« Monsieur de Kéroulas, dit-il, ne voulez-vous point donner quittance à votre intendant? »

A ce nom de Kéroulas, Noirot poussa un cri.

Le vicomte vint lentement jusqu'au vieillard :

« Ne tremble pas, et ne rougis plus, dit-il; ce n'est point à l'heure où les miracles se multiplient qu'il convient de récriminer. Noirot, je te rends mon estime...

— Je ne la mérite point, balbutia le malheureux.

— Tes fautes sont effacées par ce que tu viens de faire; nulle créature humaine n'a le droit de s'en souvenir... et quant à Dieu, l'abbé Colomban te dira qu'il pardonne plus vite que les hommes. La révolution m'a ruiné : que tu aies été l'un des agents de cette révolution, cela se peut... je veux l'ignorer... je vois en toi le propriétaire légal, sinon légitime, du domaine de mes ancêtres, et je pose à mon tour des conditions. Si l'intendant Noirot n'en a pas mis dans la restitution spontanée et généreuse qu'il vient de faire, un vicomte de Kéroulas ne saurait accepter un pareil cadeau. Je rentre dans mes droits et dans le manoir que tu as rebâti, mais je refuse d'une façon absolue les revenus de Kéroulas qui se sont accumulés depuis huit ans. Ils formeront la dot de Mlle Madeleine.

— Mon Dieu ! s'écria Roscoff, tout se conjure pour empêcher que je l'épouse ; elle était jeune et belle, la voilà riche ! »

Madeleine sourit :

« Mon fiancé ne demande point de dot, dit-elle.

— Ton fiancé ! s'écria Noirot ; qui est ton fiancé !

— Le capitaine aux mains rouges, mon oncle, il ne faut pas gâter son bonheur par une question d'argent. »

On fut encore longtemps dans la cabane de Roscoff avant de bien s'entendre.

Noirot, exagérant sa probité de date récente et prenant goût à ce rôle d'homme honnête, refusait d'accepter les conditions du vicomte de Kéroulas.

« Soit ! dit celui-ci pour le forcer dans ses derniers retranchements, vous ne voulez pas d'appointements comme intendant, et vous me refusez vos services ; mais alors moi qui ne veux garder à Kéroulas que des amis et des gens dévoués, je ne vivrai point à côté d'un homme qui met son désintéressement plus haut que ma reconnaissance...

« Roscoff a lavé ses mains du sang du juste, Roscoff mon noble sauveur ne me quittera jamais et habitera avec moi la demeure où je n'espérais plus rentrer... Mlle Madeleine, devenue Mme Roscoff, suivra son mari. Si M. Noirot n'accepte pas l'hospitalité de celui dont il sauva la fortune, le vicomte de Kéroulas se tient pour offensé...

— J'accepte, j'accepte, dit Noirot.

— Mais, ajouta Madeleine, il y a de pauvres gens dans les combles et dans les communs : trois aveugles, la vieille Marthon, Huberte... les pastours.

— Ceux-là sont vos protégés, mademoiselle, et deviennent les miens.

— Et moi ! moi ! demanda Marianic.

— Vous soignerez les malades de l'hospice Roscoff, dit le prêtre... Cette cabane du capitaine aux mains rouges sera un lieu d'asile où les voyageurs et les malades recevront des secours. Les douleurs de Roscoff parlent assez haut pour qu'on les consacre par une fondation pieuse. »

Une partie de la journée s'écoula dans des entretiens intimes.

Roscoff voulut apprendre les péripéties qui s'étaient succédé dans la vie d'Hector depuis l'heure où il le sauva. Il ne se lassait point de le questionner, il ne pouvait s'empêcher de pousser des exclamations de joie.

Noirot et Madeleine conduisirent à Kéroulas le vicomte Hector, dont le retour regardé comme un miracle excita une joie spontanée, d'autant plus grande que l'on pouvait réparer une grande injustice.

Dès le lendemain, les autorités maritimes de Brest se rendirent à la cabane de Roscoff. Les hommes qui avaient flétri sa conduite le supplièrent d'oublier leurs torts. Il le fit avec une grande douceur, se contentant de répondre que les apparences l'accusaient et qu'on ne pouvait juger que sur les apparences.

Le ministère de la marine reçut un mémoire détaillé de la conduite de Roscoff, depuis son engagement dans la marine jusqu'au jour où il donna sa démission. A partir de ce moment la vie du soldat devenait une existence de dévouement d'autant plus méritoire que rien ne le payait, pas même l'estime. On voyait en lui, toujours et partout, le coupable qui tente de fléchir la colère céleste, et personne ne se demandait si cet héroïsme ne formait pas le complément d'un mâle et beau caractère.

Le couvent dont sœur Marie-des-Anges était supérieure, fut royalement doté par le vicomte Hector de Kéroulas. Il y eut au château des fêtes splendides à l'occasion des noces de Madeleine.

Le lendemain du jour où Madeleine était devenue l'heureuse femme de Roscoff, Noirot passant près de la chapelle y entra.

Il y resta deux heures.

Le lendemain il frappait à la porte du presbytère.

L'abbé Colomban et Dieu surent ce qui se dit dans cet entretien suprême; quand il fut achevé, le front du jacobin respirait l'humilité et le calme.

Cette visite, qui couronnait l'œuvre de Madeleine, fut le dernier épisode de l'histoire du *Capitaine aux mains rouges*.

TABLE DES CHAPITRES

		Pages
I.	L'oncle Roscoff.	1
II.	A bord.	16
III.	L'orpheline.	32
IV.	Les Jacobins de Brest.	49
V.	Dans les ruines.	64
VI.	Fiançailles.	81
VII.	Un passager.	100
VIII.	Révolte.	111
IX.	Ordres secrets.	129
X.	L'exécution.	141
XI.	Gullanek.	153
XII.	Sous mâts de fortune.	166
XIII.	La sœur du citoyen Brutus.	193
XIV.	La pauvresse de la grand'lande.	201
XV.	Le nouveau châtelain de Kéroulas.	217
XVI.	Rédemptions.	235
XVII.	Le Sauveteur.	248
XVIII.	Madeleine.	266
XIX.	Madeleine (suite).	283
XX.	L'héritage maudit.	300
XXI.	Un fantôme.	311
XXII.	Quand le ciel s'ouvre.	328
XXIII.	Le sang des mains de Pilate.	341

Original en couleur
NF Z 43-120-8

www.ingramcontent.com/pod-product-compliance
Lightning Source LLC
Chambersburg PA
CBHW050749170426
43202CB00013B/2358